논어 로 배우는
한자

LP 삶의 깨우침이 있는 한자 공부 **001**

論語

논어로 배우는 한자

앨
리피

　요즈음 젊은이들은 단순한 것을 좋아한다. 그런 세대에게 한자는 참 하기 싫은 공부일 것이다. 한 글자를 쓰기 위해 스무 번 넘게 펜을 놀려야 하는 경우가 적지 않고, 게다가 점 하나만 잘못 찍어도 잘못 쓴 것이 되고 말기 때문이다. 그러나 한자 공부를 안 할 도리는 없다. 한자는 우리말의 70퍼센트를 차지하는, 엄연한 우리말의 근간이기 때문이다. 오히려 국제화 시대를 맞아 한자 공부를 해야 할 필요성은 더욱 커졌다. 서양의 라틴어에 해당하는 것이 동양에서는 한자이다. 한자를 공부하지 않고서 중국어와 일본어를 배울 방법은 없다.

　《논어》에 "아는 것은 좋아하는 것만 못하고 좋아하는 것은 즐거운 것만 못하다"는 구절이 있다. 어차피 해야 할 공부라면 즐겁게 해야 한다. 그리고 실제로 한자를 즐겁게 공부할 방법이 있다는 것이 나의 생각이다. 우선 한자는 지겨운 암기 과목이라는 편견부터 지워야 한다. 나의 생각으로는 한자를 공부하는 가장 비능률적인 방법이 '암기'이다. 무조건 암기하는 것만큼 한자에 대한 흥미를 떨어뜨리는 것이 없기 때문이다.

　한자도 영어와 마찬가지로 언어이다. 영어는 영자 신문이나 영문 소설을 읽으며 '문장'으로 공부하면서 왜 한자는 '단어 암기'만을 고집하는가? 영어로 된 신문이나 소설을 읽으면 각 단어들이 문장 속에서 어떻게 쓰이는지 알 수 있을 뿐 아니라, 지적인 즐거움도 충족시킬 수 있다. 한문 공부도 마찬가지다. 한자 공부는 본래 문장 위주로 되어 있었다. 우리 조상들은 어릴 때 《小學소학》이나 《千字文천자문》으로 한자를 익혀 나갔다. 이 책들은 물론 단어가 아니라 문장으로 되어 있었다. 우리의 조상들은 문장으로 공부하면서 한자도 외우고 지적 카타르시스도 느꼈던 것이다.

《논어》는 동양철학의 최고봉이다. 흔히 "논어" 하면 무척 어려울 것이라고 생각하지만, 막상 그 원문을 접하고 나면 문장이 짧고 간결하여 처음 한문 공부하는 사람도 그리 어렵지 않게 익힐 수 있음을 알게 된다. 무엇보다 《논어》를 읽다 보면 가슴 벅찬 깨우침에 무릎을 치게 되는 감격을 맛볼 수 있다. 한 장 한 장 넘기다 보면 어느 순간 "어, 해석이 되네!" 하는 경이로운 체험과 더불어, 한자를 억지로 공부하는 것이 아니라 그것을 즐기는 자신을 발견하게 될 것이다.

이 책은 청소년부터 일반 성인에 이르기까지 누구라도 공부할 수 있도록 쉽게 씌어졌다. 그중에서도 특히 다음과 같은 독자들을 염두에 두었다. 한자 공부가 재미없다고 생각하는 청소년, 단순 암기 공부 방식에 싫증난 수험생, 《논어》를 원문으로 직접 공부해 보고 싶어 하는 일반인, 공자가 고리타분하고 보수적인 인물이라고 알고 있는 사람, 한자 공부도 하면서 지적인 즐거움을 동시에 얻고 싶어 하는 독자.

한문은 '동양 지식의 보고'이다. 한문을 모르는 것은 공간적으로는 동양의 세계를, 시간적으로는 근대 이전 우리의 지적 유산을 직접 접할 기회를 상실하는 것을 의미한다. 아무쪼록 이 책이 독자들을 한문으로 된 더 크고 심오한 세계로 이끄는 길잡이가 되었으면 하는 마음 간절하다.

2008년 6월

박민영

차례

子曰 君子不器.
자 왈 군 자 불 기

〈爲政위정〉편 12장

군자는 어떤 틀에 갇히지 않는 열린 지성인이다.
군자는 작게 쓰이지 않음으로써 크게 자랄 수 있다.

핵심 한자 풀이

子
아들 **자**

子자는 '선생님'이라는 뜻으로 존경의 의미를 담아 제자나 후손들이 옛 성현들에게 붙여 주는 말이다. 孔子공자, 孟子맹자처럼 성씨 뒤에 子자를 붙인다. 우리나라 사람으로는 유일하게 尤庵우암 송시열이 子자의 칭호를 받아 '宋子송자'라 불린다. 용례는 '아들 자'와 같다. 子女자녀 : 아들과 딸. 父子부자 : 아버지와 아들

Tip 《논어》에서 별 언급 없이 그냥 "자자"라고 하면, 그것은 공자를 일컫는다. "子曰자왈" 하면 "선생님께서 말씀하시기를"이라는 뜻이다. 君子군자란 본래 임금의 아들이나 높은 벼슬아치를 가리키는 계급적 용어였다. 그러나 공자는 그 의미를 학식과 덕행이 높은 사람이라는 윤리적인 뜻으로 바꾸어 사용했다.

曰
말하기를
왈

예전에는 '가로 왈'로 많이 외우던 한자이다. '가로'도 '말하다'라는 뜻이다.
曰可曰否왈가왈부 : 옳다느니 그르다느니 말함

君
임금 **군**

尹(다스릴 윤) + 口(입 구)

크는 '돼지머리 계'이다. 여기서는 위엄 있는 '지도자'의 얼굴을 상징한다. ノ은 지도자의 수염을, 口는 호령하는 입을 나타낸다.

金君김군 : 김씨 성을 가진 젊은 남자를 부를 때 쓰는 호칭. 君子군자 : 학식과 덕행이 높은 사람

不
아니 **불**

높이 날아가는 새의 모양이다. 높이 나는 새는 잡을 수 없으므로 부정적인 의미가 되었다.

不可불가 : 가능하지 않음. 不信불신 : 믿지 않음

器
그릇 **기**

口(입 구 2개) + 犬(개 견) + 口(입 구 2개)

口는 그릇을 옆에서 본 모양이다. 器는 제단 아래위로 '그릇'들이 많은 형상을 나타낸다. 犬는 제단 위의 개고기를 뜻하기도 하고 제단 모양을 나타내기도 한다.

器械기계 : 그릇·연장·기구 등의 통칭. 性器성기 : 생식기

직역과 해설

子　日　君子　不　器.
공자가 / 말하기를 // 군자는 / 아니다 / 그릇이

➡ 공자가 말하기를 "군자는 그릇이 아니다."

그릇은 무언가를 담는 도구이다. 그릇이 무엇을 담을 수 있는 것은 그 '틀'이 있기 때문이다.

그러므로 '君子不器군자불기'란, 군자는 일정한 틀에 갇히는

사람이 아니라는 말이다. 예를 들어 누군가 '나는 보수주의자이다'라고 말할 때, 그것은 '보수주의'라는 틀에 갇힌 사람이라는 말이다. 마찬가지로 '나는 민족주의자이다'라고 말할 때, 그것은 '민족주의'라는 틀에 갇힌 사람이라는 뜻이다.

공자는 어떠한 가치이건 확고한 형태의 진리로 품지 말라고 주문했다. 어떠한 가치를 확고한 진리로 여기면, 그 믿음은 반드시 교조화된다. 아무리 좋은 것이라도 절대 숭배의 대상으로 삼으면, 그 뜻과 가치를 잃을 뿐 아니라 여러 재앙을 낳게 된다.

공자는 심지어 자신이 최상의 가치로 삼는 仁인에 대해서도 이렇게 말했다. "사람이 어질지 못함을 너무 심하게 싫어하면 세상을 어지럽힌다." "어질지 못함을 너무 심하게 싫어하는 것"은 다름 아니라 仁인을 교조적으로 받아들이는 자의 행태이다.

신념을 갖되, '닫힌 신념'이 아니라 '열린 신념'을 가져야 한다. 공자는 요즘 말로 '열린 지성인'이 되라고 요구한 것이다.

큰 나무는 쓸모가 없다
─ '쓸모없음'과 '큼'

소위 전문가라 하면 '틀'에 갇힌 사람인 경우가 많다. 회계사는 '회계'
라는 틀에 갇힌 사람이다. 마찬가지로 기술자는 '기술'에 갇힌 사람이
다. 이런 사람들은 생활적으로 쓸모가 있다. 그러니 틀에 갇히지 않는
군자는 마땅히 쓸모가 없어 보인다. 이렇게 보면 역설적으로 쓸모없는
사람이 사회에 크게 쓰인다. 작은 용도로는 쓸모가 없지만 큰 용도로
쓸모가 있는 것이다. 장자도 같은 생각을 했다. 《莊子장자》에 이런 이야
기가 있다.

石석이라는 목수가 제나라로 여행을 하다 곡원이라는 곳을 지나다가
엄청나게 큰 가죽나무를 보았다. 그 나무의 그늘은 몇 천 마리의 소가
쉴 수 있을 정도였고, 그 줄기는 백 아름은 되었다. 높이는 산만 하였고,
그 가지 하나로 넉넉히 배를 만들 만하였다. 이 큰 나무를 구경하러 오
는 사람들로 그 근처는 마치 시장 바닥 같았다. 그러나 석은 거들떠보지
도 않고 지나가 버렸다. 그러자 그의 제자들이 이렇게 말하였다.

"선생님, 저희는 오늘날까지 이렇게 훌륭한 재목을 본 적이 없습니다.
그런데 선생님은 거들떠보지도 않으니 어찌된 일입니까?"

"그 나무는 아무 데도 쓸모가 없다. 배를 만들면 가라앉아 버리고, 널을 만들면 금방 썩고 만다. 가구를 만들면 곧 부서지고, 문짝을 만들면 진이 흘러나와 엉망이 되며, 기둥을 만들면 금방 좀이 먹고 만다. 나무가 이렇게 크게 자라나게 된 것도 사실은 쓸모가 없기 때문이다."

—《莊子장자》 4편 〈人間世인간세〉

　이 이야기를 곰곰이 음미해 보면, 장자와 공자의 '쓸모' 개념이 상당히 유사하다는 것을 알 수 있다. 여기서 장자는 큰 나무가 단순히 쓸모없다고 말한 것이 아니라, 일견 쓸모없어 보이는 나무의 그 '큼'에 대해서 말하고 있다. 공자의 말대로 군자는 큰 나무에 비유할 수 있다. 군자는 배나 기둥으로 작게 쓰이는 목재가 아니다. 군자는 쓸모 있는 목재, 곧 材재가 아니다. 군자는 목재가 되기를 거부하기 때문에 큰 나무로 성장할 수 있다. 군자는 가구나 문짝이 되지는 않지만, 수많은 사람들을 포용하는 넓은 그늘이 된다. 사람들은 그 그늘 아래로 모이게 마련이다.

子曰 辭達而已矣.
자 왈 사 달 이 이 의

〈衛靈公위영공〉편 41장

말은 소박하고 진실해야 뜻을 잘 전달할 수 있다.
뜻을 얻었으면 말을 버려라.

핵심 한자 풀이

辭
말 사

爪(손톱 조) + 幺(작을 요〈변형〉) + 冖(덮을 멱) + 又(손 우) + 辛(매울 신)

爪는 곰과 같은 동물의 손톱 모양이다.

辭典사전 : 언어를 모아서 일정한 순서대로 싣고 그 발음·용법·의미 등을 해설한 책.　主禮辭주례사 : 결혼을 축하하는 주례의 말

達
전달할 달

辶(달릴 착) + 士(선비 사〈변형〉) + 羊(양 양〈변형〉)

辶은 머리칼을 휘날리며 달리는 모습이다. '辶길게 걸을 인'보다 달리는 속도감이 느껴진다. 여기에 羊이 더해져 사람이 양을 끌고 달리는 모습이 되었다. 양을 어떤 사람에게 전달해 주려고 달리고 있다.

配達배달 : 물건을 가져다가 줌.　傳達전달 : 전하여 이르게 함

而
말이을 **이**

접속사이다.

已
이미 **이**

已이는 己기에서 파생되었다. 모양이 비슷하니 잘 구별해야 한다.

己往이왕 : 이전

> **Tip** 而已이이는 '~할 따름이다' '~할 뿐이다' '~에 지나지 않다' 등의 뜻으로 쓰인다. 한문의 관용적인 표현이므로 외워 두면 좋다.

矣
어조사 **의**

厶(나 사)+矢(화살 시)
矢의는 어조사로 '~이다'는 뜻으로 문장의 맨 끝에 자주 쓰인다. 일상생활에서는 잘 쓰이지 않지만, 한문에서는 자주 나오는 한자이다.

직역과 해설

子　日　　辭　達　而　已　矣.
공자가 / 말하기를 // 말은 / 전달 / 할 뿐이다

➡ 공자가 말하기를 "말은 (뜻을) 전달할 뿐이다."

언뜻 들으면 새삼스러울 것도 없이 당연한 내용 같다. 말이 뜻을 전달하는 것이 아니라면 무엇이란 말인가? 그러나 이 문장의 의미는 그리 간단하지 않다.

이런 예를 들어 보자. 나그네가 깊은 강을 건너려면 뗏목을 타야 한다. 강을 건너는 수단으로써 뗏목은 매우 중요하다.

그러나 뗏목이 아무리 중요하다 하더라도 강을 건넜으면 그것을 버려야 한다. 그래야 나그네는 목적지에 도착할 수 있다.

말(언어)이라는 것도 배처럼 뜻을 전달하는 수단에 불과하다. 그러므로 뜻을 얻었으면 그것을 버려야 한다. 말이 수단에 불과하다는 것을 잊고 그것에 집착하게 되면 "손가락으로 달을 가리키는데 달은 보지 않고 손가락만 보는" 우를 범하게 된다.

공자는 이 짧은 말을 통해 언어가 할 수 있는 것과 언어가 할 수 없는 것을 동시에 표현하고 있다. 언어가 할 수 있는 것이란 대강의 뜻을 전달하는 일이다. 그것이 전부이다. 그 이상은 할 수 없다. 말이 대강의 뜻이라도 충실히 전달하려면 그 표현이 화려하기보다는 소박해야 한다.

한문이 어려운 이유

한문이 어렵게 느껴지는 것은 우선은 한자의 음과 뜻을 모르기 때문이고, 그 다음으로는 각종 어조사와 숙어를 모르기 때문이다. 한자를 웬만큼 아는 사람도 한문이 어렵다고 느껴지는 것은 두 번째 이유 때문이다. 어조사와 숙어를 아는 데는 그리 많은 시간이 걸리지 않는다. 30분이면 적어도 이 책에 나오는 어조사와 숙어는 모두 외울 수 있다.

子不語 怪力亂神.
자 불 어 괴 력 난 신

<述而술이>편 22장

공자는 합리적인 사람이었다.
공자는 자연의 이치에 어긋나는 것을 믿지 않았다.

핵심 한자 풀이

Tip 不불은 '아니다'라는 뜻이지만 '～하지 않는다'라는 뜻도 있다.

語
말씀 어

言(말씀 언)＋吾(나 오)
내가 말하는 것이 '말씀'이다. 남에게 설명하거나 가르친다는
뜻이 내포되어 있다. 語學어학 : 언어를 연구하는 학문. 言語언어 :
음성 또는 문자를 이용하여 사람의 사상과 감정을 표현하는 활동

怪
기이할 괴

忄(마음 심)＋又(손 우)＋土(흙 토)
心은 심장 모양을 본뜬 것이다. 심장을 빼내 손으로 흙 속에
묻을 때의 기분을 나타낸다. 그 기분이 얼마나 '기이하겠는
가!' 怪異괴이 : 이상야릇함. 變怪변괴 : 이상야릇한 재앙이나 변화

力
힘 력

사람이 허리를 숙이고 무거운 것을 '힘'을 써서 들어 올리는
모양이다. 刀칼 도와 모양이 비슷하니 혼동하지 말아야 한다.
力器역기 : 근육운동 할 때 쓰는 기구. 指導力지도력 : 지도하는 능력

亂
어지러울
난

爪(손톱 조)+ 幺(작을 요〈변형〉)+ 冖(덮을 멱)+ 又(손 우)+ 乙(새 을〈변형〉)

새를 잡아 작은 통에 넣고 뚜껑을 덮어 놓았더니 새가 빠져 나오려고 손톱으로 긁고 난리를 치는 형국이다. 얼마나 '어지럽겠는가.' 國亂(국난) : 나라 안의 변란. 亂離(난리) : 전쟁이나 분쟁 따위로 세상이 어지러워진 사태

神
귀신 **신**

示(보일 시〈변형〉)+ 申(번개 신)

'귀신'이 번개처럼 순식간에 나타났다 사라지는 모양을 표현한 것이다. 神父신부 : 천주교의 목자. 鬼神귀신 : 죽은 사람의 넋

직역과 해설

子　　不語　　怪　力　亂　神.
공자는 / 말하지 않았다 // 괴이한 / 힘과 / 어지럽히는 / 귀신을

◉ 공자는 괴이한 힘과 (세상을) 어지럽히는
　　 귀신을 말하지 않았다.

　　공자는 제사를 매우 중요하게 생각했던 사람이다. 제사는 죽은 조상을 모시는 의례이다. 죽은 조상은 곧 귀신이다. 귀신을 모시는 데 앞장서는 사람이 神신을 말하지 않는다고 하는 것은 언뜻 보기에 앞뒤가 맞지 않는다. 이 모순을 어떻게 이해해야 할까?
　　怪力괴력이란 장풍이나 축지법, 공중 부양 혹은 주술적인 치료법 등을 말한다. 亂神난신이란 죽은 사람의 혼령이 산 사람

을 괴롭히거나, 재앙을 가져다주는 것을 말한다. 이 두 가지는 모두 자연의 이치를 벗어난 것이다. 공자는 자연의 이치를 벗어난 모든 행위를 믿지 않았다.

인간의 사고가 아직 미신과 주술적인 사고로부터 자유롭지 못했던 당시 상황을 생각해 보면 공자가 당시로서는 보기 드물게 매우 합리적이고 과학적인 사고방식을 가진 사람이었다는 것을 알 수 있다.

공자가 제사를 중시한 것은 죽은 조상의 혼령이 자손들을 괴롭히는 것을 두려워하거나 혹은 귀신의 은덕이 있기를 바라서 그런 것이 아니었다. 공자가 제사를 중요시한 까닭은 그러한 의례가 사람의 몸가짐을 정성스럽고 겸손하게 만들기 때문이었다. 공자는 의례를 죽은 사람을 위해서가 아니라 살아 있는 사람들의 인격 수양을 위해 중요하게 여겼다.

공자가 제사를 중시한 까닭

귀신을 섬기는 것에 대한 공자의 생각은 다음의 대목에서 읽을 수 있다.

계로가 귀신 섬기는 일에 대해서 묻자 공자가 말하였다.

"사람도 아직 섬기지 못하는데 어떻게 귀신을 섬길 수 있겠느냐?"

계로가 말했다.

"감히 죽음에 대해 묻습니다."

공자가 말하였다.

"삶도 아직 모르는데 어떻게 죽음을 알겠느냐?"

季路問事鬼神. 子曰 未能事人. 焉能事鬼?

曰 敢問死. 曰 未知生 焉知死?

―〈先進선진〉편 12장

이 글에서 보듯 공자는 귀신을 섬기는 것 혹은 사후 세계에 대해 부정적인 생각을 갖고 있었다. 공자의 관심은 귀신이나 죽음 같은 현실 너머가 아니라 인간, 인생, 사회 같은 현실 문제에 쏠려 있었다. '미신'에 대한 공자의 입장은 알지 못하는 세계에 대해서는 알지 못하는 채로 남겨 두자는 것이었다.

공자 사상의 핵심은 仁인, 즉 어짊이다. 공자는 인의 일순위 대상을 부모라고 보았다. 부모는 인간의 일차적 인간관계이기 때문이다. 그러니 이처럼 가장 가까운 사람에게조차 인을 행하지 못한다면 다른 사람에게 인을 행할 리 만무하다. 공자에게 부모와 조상에 대한 禮예는 인의 연장선상에 있었다.

'예'란 나를 낮추고 타인을 높이는 것이다. 제사도 부모와 조상을 높이고 나를 낮추는 예의 일부이다. 공자는 제사를 통해 타인이 존재함으로써 내가 존재할 수 있다는 것을 교육하고, 그것을 감사하게 여길 수 있다고 보았다. 예는 인간과 인간의 관계를 조화롭고 풍요로우며 평화롭게 만든다. 바로 이것이 공자가 제사를 중시한 이유이다. 흔히 생각하듯 공자가 제사를 중시한 것은 미신적인 이유가 아닌 것이다. 공자에게 제사는 현실 속에서 인을 실현하는 일이었다.

> 공자가 말하기를 "사람이 되어 어질지 못하면 예가 다 무엇이냐?
> 사람이 되어 어질지 못하면 음악이 다 무엇이냐?"
> 子曰 人而不仁 如禮何? 人而不仁 如樂何?
>
> ─〈八佾팔일〉편 3장

여기서 우리는 공자가 예를 인의 길로 인도하는 구체적인 교육의 일환으로 여겼음을 알 수 있다.

子游曰 喪致乎哀而止.
자　유　왈　　상　치　호　애　이　지

〈子張자장〉편 14장

喪禮상례는 마음이 중요하지, 형식이 중요한 것이 아니다.
예는 마음의 표현이어야 한다.

핵심 한자 풀이

子游
자 유

공자의 제자이다. 사마천의 《史記사기》 〈중니제자열전〉에는 공자와 나이 차이가 45세가 난다고 기록되어 있으며, 《孔子家語공자가어》에는 35세라고 되어 있다. 《공자가어》에 **魯**노나라 사람이라고 되어 있다. 이름은 言偃언언이다. 노나라에서 벼슬을 하여 武城무성의 재상이 되었다. 지적 능력이 뛰어났으며 균형 잡힌 인격의 소유자였다. 문학에도 뛰어난 소질이 있었다고 알려져 있다.

游
헤엄칠 유

氵(물 수)＋方(사방 방)＋人(사람 인〈변형〉)＋子(아들 자)

사람이 사방에 물을 튀기며 '헤엄치는' 모양이다.

游泳유영 : 헤엄침.　游水池유수지 : 홍수 때 하천의 수량을 조절하는 천연 또는 인공의 저수지

喪
죽을 상

亠(모자 두)＋口(입 구 2개)＋衣(옷 의〈변형〉)

亠는 옛날 갓 모양이다. 그래서 예전에는 '갓머리 두'로 외웠다. 사람이 '죽어' 상복을 입고 삼베 두건을 쓰고 슬퍼하는 모

양이다. 口는 눈물 흘리는 사람의 눈을 강조한 것이다.

好喪호상 : 오래 살고 복되게 산 사람이 죽어 치르는 喪상. 喪主상주 : 상을
치르는 당사자

致
다할 **치**

至(새가 땅에 내려앉을 지)＋攵 (칠 복)
새가 땅에 내려앉자 때려잡는 모양이다. 그러면 새가 목숨을
'다한다.'

致賀치하 : 남의 경사를 축하함. 格物致知격물치지 : 사물의 이치를 연구하
여 지식을 명확히 함

乎
～하라 **호**

乎는 '～하라' '～하도다' '～인가' 등의 뜻으로 감탄문에서 자
주 쓰인다. 앞서 나왔던 '矣의'처럼 일상생활에서는 잘 쓰이지
않지만 한문에 자주 나오는 한자이다.

哀
슬플 **애**

亠(모자 두)＋口(입 구)＋衣(옷 의〈변형〉)
사람이 죽어 상복을 입고 두건을 쓰고 '슬퍼'하는 모양이다.
口는 사람의 머리이다.

哀愁애수 : 가슴에 스며드는 슬픈 근심. 悲哀비애 : 슬픔과 설움

而
그리고 **이**

말을 이을 때 쓰는 접속사로, 여기서는 '그리고'의 뜻으로 쓰
였다.

止
그칠 **지**

어른과 아이가 길을 가다 '멈추어 섰다.' 이제 거의 다 왔다는
듯이 어른이 목적지를 손으로 가리키고 있다. ㅏ는 어른이 목
적지를 가리키는 모습이고, ㅣ는 어린아이의 모습이다. ㅡ는
언덕이다.

禁止금지 : 말려서 하지 못하게 함

子遊 曰 喪 致乎 哀 而 止.
자유가 / 말하기를 // 상은 / 다하라 / 슬픔을 / 그리고 / 그친다

◐ 자유가 말하기를
"상을 당했을 때는 슬픔을 다하고서는 그친다."

喪禮상례는 유교가 강조하는 예 중에서도 가장 중요한 것이다. 흔히 유교가 예의 형식에 과도하게 집착한다고 알고 있는데, 이 문장은 그러한 편견을 깬다.

자유는 상은 제의 형식이 중요한 것이 아니라 그 슬픔을 다하는 것, 즉 마음을 다하는 것이 가장 중요하다고 말한다. 예의 목적은 마음을 다하는 것이다. 형식은 마음을 다하는 데 필요한 것이다.

가까운 사람이 죽으면 슬퍼하는 것이 人之常情인지상정이다. 그 마음에 충실하고자 하는 것이 상례이다. 아무리 화려하게 초상을 치러도 그 마음이 다하지 않으면 그것은 허례허식에 불과하다. 반면 아무리 초라한 초상이라 하더라도 그 마음을 다한 것이면 그것은 상례에 맞는 것이다.

자유의 말은 공자의 가르침에서 나온 것이다. 자유의 말에서 우리는 공자가 애초에 의도했던 예의 원형을 들여다볼 수 있다. 그것은 예의 형식과 내용, 즉 형식과 마음의 일치이다.

子曰 唯仁者 能好人 能惡人.
자 왈 유 인 자 능 호 인 능 오 인

〈里仁이인〉편 3장

仁者인자는 어짊을 기준으로 사람을 판단하지,
개인적인 감정으로 사람을 판단하지 않는다.

핵심 한자 풀이

唯
오직 **유**

口(입 구)+隹(새 추)
먹이를 주는 어미에게 입을 벌린 어린 새의 의도는 하나이다.
'오직' 먹는 것.

唯一유일 : 오직 그것 하나뿐임. 唯(惟)獨유독 : 다만 홀로. 오직 홀로

仁
어질 **인**

亻(사람 인)+二(두 이)
사람이 남을 끌어안으려 두 팔을 벌린 모양이다. 二는 사람의
두 팔이다.

仁者인자 : 어진 사람. 仁義인의 : 어짊과 의로움

者
사람 **자**

耂(늙을 로)+日(날 일)+丶(점 주)
떨어지는 낙엽처럼 날이 갈수록 늙어 가는 것이 '사람'임을 나
타낸다. 丶는 떨어지는 낙엽을 뜻한다.

患者환자 : 아픈 사람. 記者기자 : 신문·잡지 등의 기사를 쓰거나 편집하는
사람

能
능할 **능**

厶(나 사)+月 (고기 육)+匕(비수 비 2개)
匕는 칼이 사람의 몸에 꽂혀 사람이 다리를 쭉 펴고 주저앉은 모습이다. 能은 비수를 사용하여 적을 죽일 수 있음을 나타낸다. 옛날 무사에게는 최고의 '능력'이었다. 有能유능 : 능력이 있음. 機能기능 : 작용. 활동. 어떠한 기능의 활동 능력

好
좋아할 **호**

女(여자 여)+子(아들 자)
여자와 남자가 만나면 서로 '좋아한다.' 인간의 본능적인 감정이다. 好男호남 : 좋은 남자. 愛好家애호가 : 어떤 물건이나 행위를 사랑하고 즐기는 사람

惡
미워할 **오**

亞(흉할 아)+心(마음 심)
사람을 미워하는 것은 흉한 마음이다. 옛사람들도 사람을 '미워하는 것'이 좋지 않은 감정임을 잘 알았다.
惡寒오한 : 몸이 오슬오슬 춥고 괴로운 증세. 憎惡증오 : 몹시 미워함

人
사람 **인**

사람이 걸어가는 모습이다.
成人성인 : 어른. 人福인복 : 사람을 잘 사귀어 도움을 받는 복

직역과 해설

子 日 唯 仁 者
공자가 / 말하기를 // 오직 / 어진 / 사람만이 /

能 好 人 能 惡 人.
능히 / 좋아한다 / 사람을 // 능히 / 미워한다 / 사람을

◑ 공자가 말하기를 "오직 어진 사람만이 (진정으로) 사람을 좋아할 수 있고, 사람을 미워할 수 있다."

仁者인자만이 사람을 좋아하고 미워할 수 있는 감정이 있다거나, 그러할 특권이 있다는 얘기는 아니다. 인자는 사람을 대할 때 항시 커다란 사랑으로써 대한다. 자신에게 이익이 된다고 해서 좋아하고 손해가 된다고 해서 미워하지 않는다.

인자는 오직 어진 자를 좋아하고 어질지 않은 자를 미워한다. 그렇다면 어질지 않던 사람이 나중에 어질어진다면? 사사로운 감정을 갖지 않고 다시 좋아한다. 그런 의미에서 공자는 인자만이 진정으로 사람을 좋아하고 미워할 수 있다고 말했다.

그러나 현실 속에서 사람을 평가하기란 쉽지 않다. 어진 인간과 그렇지 않은 인간이 따로 정해져 있지 않은 까닭이다. 공자는 사람을 판단할 때 金科玉條금과옥조로 삼아야 할 말을 남겼다. "좋아하는 사람의 단점을 알고, 미워하는 사람의 장점을 살핀다." 이처럼 사람을 대할 때 편견에 사로잡히지 않고 균형 감각을 유지하는 이가 곧 인자이다.

서울대생이 六육을 못 쓰는 까닭

예전에 서울대생의 70퍼센트가 1부터 10까지를 한자로 쓰지 못한다는 보도가 있었다. 내용인즉 보통 1부터 5까지는 잘 쓰는데 6에서 걸리는 학생들이 많다는 것이다. 그 이유야 물론 한자 공부를 게을리한 탓이겠지만, 잘못된 한자 공부 탓도 크다.

학생들이 6을 잘못 쓰는 데는 그만한 까닭이 있다. 머릿속으로는 6자의 모양을 대충 떠올리지만 그 모양이 정확하지 않은 것이다. 6자의 모양이 元인지 大인지 六인지가 도무지 혼동되기 때문이다. 이런 일이 벌어지는 것은 한자를 그림 외우듯이 하기 때문이다. 좀 더 획수가 많아지면 혼동은 더욱 심해진다. 한 그림의 선의 방향과 모양과 길이를 모두 머릿속에 사진기처럼 찍어 내야 하기 때문이다.

이러한 문제는 부수 이름을 알면 단번에 해결된다. 六육자는 ㅗ모자 두에 八여덟 팔이 합쳐져서 만들어진 것이다. 이것을 안다면 밑변의 八을 ㅗ에 딱 붙여야 하는지 떨어뜨려야 하는지, 혹은 人처럼 끝을 붙여야 하는지 떨어뜨려야 하는지 고민할 필요가 없어진다. 한자에 대한 자신감은 바로 부수를 아는 데서부터 생겨난다. 부수는 영어의 알파벳에 해당한다. 알파벳을 모르고서는 영어를 쓸 수 없듯이 부수를 모르면 한자를 제대로 쓸 수 없다. 일단 부수를 알게 되면 연습장에 한자를 새까맣게 써 보지 않아도 쉽게 외워진다.

子曰 君子疾沒世而名不稱焉.
자 왈 군 자 질 몰 세 이 명 불 칭 언

〈衛靈公위영공〉편 20장

군자는 말년이 되어서도 사람들이 자신을 몰라주는 것을 걱정한다.
그것은 명예욕 때문이 아니라 자신이 어질지 못해 이름이 알려지지
않았다고 생각하기 때문이다.

핵심 한자 풀이

疾
근심할 **질**

疒(병들 역)＋矢(화살 시)

전쟁터에 나가 화살에 맞아 병이 나 죽으면 어떻게 하나 하고
걱정하고 있다. 옛날 전사들에게 이는 가장 큰 '근심'이었다.

疾病질병 : 신체 기능의 이상 상태. 건강하지 않은 이상 장애. 怪疾괴질 :
괴이한 병

沒
다할 **몰**

氵(물 수)＋殳(창 수)

창에 맞으면 생명을 '다한다.' 氵는 피가 튀는 모양이다.

沒落몰락 : 멸망하여 없어짐. 沈沒침몰 : 물에 빠져 잠김

世
세상 **세**

世上세상 : 모든 사람이 살고 있는 사회를 이르는 말. 現世현세 : 지금 세상

Tip 沒世몰세는 세상을 마친다, 즉 죽는다는 뜻이다. 焉언은 '~이다'는 뜻으로 문장이 끝남을 나타내는 한자이다. 한문에서 관습적으로 쓰인다. 而이는 '그리고' '그러나'의 뜻이 있다. 둘 중 무엇을 선택할지는 문장의 내용을 보고 판단한다.

名
이름 명

夕(저녁 석)+口(입 구)

밤에는 캄캄해서 사람이 보이지 않는다. 밤에 동굴에서 사람을 찾기 위해 지은 것이 '이름'이다. 口는 동굴 모양을 나타낸다. 命名명명 : 이름을 지어 붙임. 名士명사 : 세상에 널리 알려진 사람

稱
일컬을 칭

禾(벼 화)+爪(손톱 조)+冉(부드럽게 움직이는 모양 염)

누렇게 익은 벼가 부드럽게 바람에 흔들리는 것을 손가락으로 가리키고 있다. 그것이 '일컫는' 모양이다. 옛사람은 이 글자를 만들 때 무엇을 가리킬 것인지 고심했을 것이다. 당연히 인간에게 가장 중요한 것을 가리켜야 한다고 생각했을 것이다. 그것은 '곡식'이었다. 잘 익은 벼보다 더 마음을 뿌듯하게 하는 것이 어디 있겠는가. 爪는 손가락이다.

呼稱호칭 : 불러 일컬음. 稱讚칭찬 : 좋은 점을 일컬어 기림

焉
~이다 언

正(바를 정)+匕(비수 비〈변형〉)+灬(불 화)

일반적으로 끝남을 나타낸다. 다음 용례는 '끝남'의 뜻으로 쓰인 것이다. 終焉종언 : 마지막, 최후, 죽음

子 日 君子 疾 沒世
공자가 / 말하기를 // 군자는 / 근심한다 / 세상을 마치고

而 名 不稱 焉.
그러고서도 / 이름이 / 일컬어지지 않는 것을 / (어조사)

● 공자가 말하기를 "군자는 세상을 마치도록 이름이
(남에게) 일컬어지지 않는 것을 근심한다."

　군자도 명예를 추구한다. 그러나 그것은 세속적인 명예가
아니다. 세속적인 명예란 보통 부와 권력을 가짐으로써 생긴
다. 군자가 추구하는 명예란 일신의 안위를 추구하는 그런 명
예와는 거리가 멀다.
　군자의 명예란, 인을 추구하고 그것을 실천함으로써 생기
는 것이다. 공자는 그런 실천을 죽을 때까지 하면 자연스럽게
모범으로서 타인의 입에 오르내리게 된다고 생각했다. 만약
죽을 때까지 사람들의 입에 이름이 오르내리지 않는다면, 그
것은 그 사람의 인을 행함이 모자랐기 때문이다. 이 말은 죽
을 때 어진 자로 이름을 남길 수 있도록 자기 수양을 게을리
하지 말라는 주문이기도 하다.
　군자가 인을 행하여 얻는 이득은 거의 없다. 오히려 인에 뜻
을 두면 살아생전에 겪어야 할 고초가 더 크다. 죽은 뒤에 이
름을 얻는 것도 사회적인 결실이지 개인적인 결실은 아니다.

명성을 바라지 않음으로써 명성을 얻다

남이 자신을 알아주는 것, 곧 명성을 공자가 어떻게 생각했는지 분명
히 보여 주는 일화가 있다.

자장이 물었다.

"우리들 선비는 어떻게 해야 세상 사람들에게 達人달인이라는 평을 듣
게 됩니까?"

"네가 말하는 달인이란 어떤 사람을 말하느냐?"

"사회에 나가 있어도 사람들이 알아주고, 집에 들어와 있어도 사람들
이 알아주는 그런 사람을 말합니다."

"그건 유명한 사람일 뿐 달인이 될 수 없다. 달인이란 성질이 정직하
고 바른 일 하기를 좋아하며, 남의 의견을 새겨듣고 태도를 잘 살펴보
아, 상대방의 심리를 올바르게 파악해서 언제나 겸손한 태도로 내 몸을
낮추는 것이다. 그리하여 사회에 나가서도 반드시 달인의 대우를 받게
되고, 집에 있어서도 달인의 평을 듣게 되는 것이다. 저 유명하다는 사
람들은 겉으로만 착한 듯이 보이고 행동은 달리하고 있으며, 그리고도
그 자신이 잘하는 것인 줄로 믿고 있다. 이런 사람은 사회에 나가서도

이름만 알려질 뿐이고, 집에 있어도 이름만 알려질 뿐이다."

子張曰 士何如斯可謂之達矣. 子曰 何哉 爾所謂達者. 子張對曰 在邦必
聞 在家必聞. 子曰 是聞也 非達也. 不達也者 質直而好義 察言而觀色
慮以下人. 在邦必達 在家必達. 夫聞也者 邑取仁而行違 居之不疑. 在
邦必聞 在家必聞.

— 〈顔淵안연〉편 20장

　자장은 공자의 제자로 명예욕이 많았다. 그래서 그는 스승에게 세상
에 이름이 알려지는 것에 대해 물은 것이다. 공자는 그저 세상에 이름
이 알려지는 것이 중요한 것이 아니라, 올바르게 알려지는 것이 중요
하다고 역설했다. 그렇지 않으면 헛된 명예욕을 얻으려 수단을 가리지
않게 된다. 그것은 군자의 명예와 관계없다.

　군자의 이름은 올바른 행동을 통해서 저절로 세상에 알려진다. 올바
르게 행동하고 살면 세상이 알아주든 알아주지 않든 그것은 중요한 것
이 아니다. 올바르게 학문을 닦고 실천하다 보면 그 결과로서 세상을
마칠 즈음에는 이름이 자연스럽게 알려지는 것이다. 그것은 부수적으
로 얻어지는 효과이지, 그것을 추구한 결과가 아니다. 공자는 사사로
운 욕심을 채우고자 이름을 알리는 것과 수신을 통해 저절로 이름을
얻는 것을 구분하여 자장에게 알려 주었다.

　군자의 명성은 올바른 행위와 고고한 정신의 결과이다. 그것은 명성
을 바라서 생기는 것이 아니라 오히려 바라지 않음으로써 생긴다.

子曰 君子欲訥於言 而敏於行.
자 왈   군 자 욕 눌 어 언   이 민 어 행

〈里仁이인〉편 24장

군자가 말을 아끼고 무겁게 하는 것은 단지 겸손 때문이 아니다.
그것은 자기 말에 책임지기 위함이다.
군자는 말을 하는 데는 무겁지만 인을 실천하는 데는 빠르다.

핵심 한자 풀이

欲
하고자 할
욕

谷(골짜기 곡)+欠(입 벌릴 흠)
골짜기에서 병사들을 이끌고 적을 치려 할 때 사기를 높이고
자 함성을 지른다. 그것은 전투에서 승리'하고자 함'이다.

欲求욕구 : 욕심이 생겨 구함. 欲情욕정 : 충동적으로 일어나는 욕심

訥
어눌할 눌

言(말씀 언)+內(안 내)
말이 입 안에서만 맴돌고 밖으로 잘 내뱉어지지 않는 상태이
다. 이것이 '어눌한' 것이다. 그러나 여기서는 '신중하다'는 의
미로 쓰였다.

訥辯눌변 : 더듬거리는 말솜씨. 語訥어눌 : 말을 더듬어 부드럽지 못함

於
~에 있어서
어

方(방향 방)+人(사람 인)+冫(얼음 빙)
冫는 얼음이 튀는 모양이다.

앞서 말했듯이, 而이는 '그리고' '그러나'라는 두 가지 뜻이 있다. 여기서는 '그러나'로 쓰였다.

敏
민첩할 **민**
每(매일 매)+ 攵(칠 복)
전쟁 시 매일 적을 공격한다. 적을 칠 때는 민첩해야 한다.
明敏명민 : 총명하고 민첩함. 銳敏예민 : 감각이 날카롭고 민첩함

行
행할 **행**
彳(조금 걸을 척)+ 彳(조금 걸을 척〈변형〉)
십자 모양으로 된 교차로를 그린 것이다. 여기에서 '가다' '행하다'의 뜻이 파생되었다.
行動행동 : 몸을 움직여 동작을 함. 善行선행 : 착한 행동

직 역 과 해 설

子 曰 君子 欲 訥
공자가 / 말하기를 // 군자는 / ~하고자 한다 / 신중하게

於言 而 敏 於行.
말에 있어서 / 그러나 / 민첩하다 / 행하는 데 있어서

▶ 공자가 말하기를 "군자는 말에 있어서는 신중하려고 하지만 행하는 데 있어서는 민첩하려고 한다."

이 문장은 흔히 군자는 '말보다 실천이 앞선다'는 의미쯤으로 이해된다. 그러나 이는 오해의 소지가 많다. '말보다 실천이 앞선다'는 것은 반드시 좋은 말이 아니다. 그것은 자칫 '말보다 행동이 앞선다'고 풀이될 수도 있다. 말이 앞서는 것도

문제지만, 행동이 앞서는 것도 문제이다. 행동이 앞서는 것은 자칫 경거망동이 될 수 있기 때문이다. 공자가 의도한 것은 이런 의미가 아니었다.

訥눌은 '어눌하게 말함'이 아니라 '무겁게 말함'을 뜻한다. 行행은 다름 아닌 '인'을 행하는 것이다. 그러므로 풀이하면 "군자는 말에 있어서는 무겁게 하려고 하고 인을 행하는 데 있어서는 민첩하게 하려고 한다"가 된다. 군자는 한 마디를 하더라도 책임질 수 있는 말, 실천할 수 있는 말, 인에 부합하는 말을 하고, 그것을 내뱉을 때는 '무겁게' 한다. 그러나 인을 실천할 때에는 '빠르게' 주저 없이 한다. 이것이 공자가 의도한 바였다.

子曰 性相近也 習相遠也.
자 왈 　성 상 근 야 　습 상 원 야

〈陽貨양화〉편 2장

사람들의 타고난 본성은 비슷하나, 禮예를 익힘으로써 차이가 난다.
그것은 예가 인에 다가가는 통로이기 때문이다.

핵심 한자 풀이

性
성품 **성**

忄(마음 심)＋生(날 생)
마음에서 생겨난 것이 '성품'이다.
本性본성 : 본래부터 가진 성질.　性格성격 : 사물에 구비된 고유한 성질

相
서로 **상**

木(나무 목)＋目(눈 목)
영험한 나무를 눈으로 쳐다보고 있다. 영험한 나무를 신처럼
여겨 숭배하는 모습이다. 나무와 인간이 '서로' 일상적으로 교
감하던 때가 있었다.
相對상대 : 상대자.　相互상호 : 서로

近
가까울 **근**

辶(달릴 착)＋斤(도끼 근)
달려가 적을 도끼로 공격할 수 있을 만큼 '가까운' 거리를 말
한다.
近距離근거리 : 가까운 거리.　近傍근방 : 가까운 곁

也
~이다 야

여성의 외부 생식기인 외음부를 그린 것이다. 생명이 나오는 곳이므로 '존재의 문'이라는 의미가 있다. 여기에서 존재의 긍정의 의미가 파생되었다.

習
익힐 습

羽(깃 우)+日(날 일)
몸에 깃털 달린 옷을 입는 왕자가 군주가 갖추어야 할 법도를 날이 새도록 '익히는' 모습이다. 여기서는 '습관'의 뜻으로 쓰였다.
習性습성 : 버릇이 되어 버린 성질. **慣習**관습 : 습관

遠
멀 원

辶(달릴 착)+袁(긴 옷 원〈변형〉)
치렁치렁한 긴 옷을 입고 달리려면 얼마나 불편하겠는가. 가까운 거리도 '멀게' 느껴질 것이다. **遠視**원시 : 멀리 봄. **遠距離**원거리 : 먼 거리

> **Tip** 也야는 '~이다'라는 뜻의 어조사이다. 이와 비슷한 뜻의 한자로 焉언, 矣의가 있다.

직 역 과 해 설

子 日 性 相 近 也
공자가 / 말하기를 // 성품은 / 서로 / 가깝다

習 相 遠也.
습관이 / 서로 / 멀어지게 한다

● 공자가 말하기를 "(사람들의 타고난) 성품은 서로 가깝다. (그러나) 습관이 서로를 멀어지게 한다."

　우리는 흔히 다른 민족, 다른 지역 사람, 다른 인종, 다른 계급의 사람에 대해 편견을 갖는다. 예를 들어 영국인들은 신사이고, 독일인들은 무뚝뚝하며, 프랑스인들은 친절하다. 흑인들은 야만적이고, 백인들은 문명적이다. 우리는 이런 특성들이 타고난 성품이 달라서 그렇다고 여기기 쉽다.

　공자는 그렇게 생각하지 않았다. 공자는 모든 인간이 타고난 성품은 대개 비슷하다고 보았다. 그러면 사람들을 다르게 만드는 것은 무엇인가? 그것은 '습관'이다. 그 '습관'은 역사나 사회제도 같은 인위적 환경과 자연환경의 차이로 인해 달라진다. 공자는 좋은 성품이나 나쁜 성품을 타고나는 사람은 없다고 보았다. 그것은 '습관'의 차이일 뿐이다.

　'모든 사람은 비슷하다'는 인간관은 공자의 仁인 사상에서 비롯되었다. 이런 인간관은 매우 중요하다. 그것은 아무리 나쁜 사람이라도 그 '습관'과 그것을 결정하는 환경을 바꾸면 좋은 사람으로 탈바꿈할 수 있다는 말이기 때문이다. 만약 나쁜 사람과 좋은 사람은 타고나는 것이라고 규정해 버리면, 그 대처 방법도 달라지게 된다. 나쁜 사람은 이 세상에서 제거하는 수밖에 없다. 그런 인간관은 폭력만을 유일한 해결책으로 삼게 된다.

子曰 唯上知與下愚不移.
자 왈   유 상 지 어 하 우 불 이

〈陽貨양화〉편 3장

지혜로운 자란 늘 알려고 노력하고, 배우려고 노력하는 사람이다.
지혜란 결과가 아니라 배우고 노력하는 과정 그 자체이다.

핵심 한자 풀이

唯
오직 유

口(입 구)＋隹(새 추)
먹이를 주는 어미에게 입을 벌린 어린 새의 의도는 하나, 오로지 먹는 것이다.

唯一유일 : 오직 그것 하나뿐임.   唯物論유물론: 우주 만물의 실재를 물질로 보고 정신적·관념적인 것을 모두 이에 환원시키려는 경향

> **Tip** 唯유는 '오직' '비록 ~하더라도'의 뜻이 있다. 여기에서는 '오직'이라는 뜻으로 쓰였다. 與여는 '더불어' '함께' '~와'의 뜻으로 쓰인다.

上
위 상

기하학적인 도형으로 '위'를 표현한다.

上昇상승 : 위로 올라감.   最上級최상급 : 가장 위의 계급

知
지혜로울 지

矢(화살 시)＋口(입 구)
화살이 표적 안에 딱 들어맞듯이 생각이 딱 들어맞는 것을 말한다. 그렇게 생각이 딱 들어맞을 때 '지혜롭다'고 한다. 口는

표적이다.

知慧지혜 : 슬기.　知識지식 : 알고 있는 내용

與
더불어 **여**

臼(절구 구)＋匕(비수 비〈변형〉)＋六(여섯 육〈변형〉)
떡을 만들려고 절구에 쌀을 넣고 찧는 모양이다. 절구는 혼자 찧을 수 없고 누군가와 '함께' 찧어야 한다. 六은 댓돌 모양을, 匕는 몽둥이를 나타낸다. '興일어날 흥'과 비슷하니 혼동하지 말아야 한다.

參與참여 : 참가하여 관계함.　與論여론 : 세상 사람들의 의견

下
아래 **하**

上상과 마찬가지로 기하학적인 도형으로 '아래'를 표현하였다.　下降하강 : 높은 데서 아래로 내려옴.　下流하류 : 하천의 아래편

愚
어리석을
우

禺(긴꼬리원숭이 우)＋心(마음 심)
'어리석음'을 원숭이의 마음이라고 표현했다. 朝三暮四조삼모사 일화는 중국인이 원숭이를 어떻게 생각했는지 보여 준다. 이 일화에 따르면 원숭이를 키우는 사람이 원숭이에게 먹을 것을 아침에는 세 개, 저녁에는 네 개를 주겠다고 하자 원숭이들이 싫어했다. 그래서 그 사람이 다시, 그러면 아침에 네 개를 주고 저녁에 세 개를 주겠다고 하자 원숭이가 좋아했다.

愚民우민 : 어리석은 백성.　愚昧우매 : 어리석고 사리에 어두움

移
변할 **이**

禾(벼 화)＋夕(밤 석 2개)
벼가 이틀 밤만 지나도 금방금방 자라는 것을 말한다. 농부에게 이보다 더 관심 있는 '변화'가 어디 있으랴.

推移추이 : 일이나 형편이 변하여 옮김.　變移변이 : 변화하여 다른 상태로 옮김

子 曰 唯 上知
공자가 / 말하기를 // 오직 / 가장 지혜로운 자

與 下愚 不移.
/ 와 / 가장 어리석은 자만이 / 변하지 않는다

○ 공자가 말하기를 "오직 가장 지혜로운 자와 가장 어리석은 자만이 변하지 않는다."

공자는 사람을 네 가지로 분류했다. 첫째, 선천적으로 아는 사람. 이 사람이 여기서 말하는 '上知상지'이다. 둘째, 스스로 배워서 아는 사람. 이 사람이 다음으로 지혜로운 사람이다. 셋째, 필요에 못 이겨 배우는 사람. 보통 사람이다. 넷째, 필요한 줄 알면서도 배우지 않는 사람. 이 사람이 여기서 말하는 '下愚하우'이다.

上知상지, 즉 가장 지혜로운 사람은 선천적으로 만물의 도와 진리를 이미 알고 있으므로 변하지 않는다. 반면 下愚하우, 즉 가장 어리석은 사람은 알려고 하지 않고 배우려고 하지도 않으므로 변하지 않는다. 그러나 나면서부터 아는 사람이란 사실상 이 세상에 존재하지 않는다. 그런 존재가 있다면 그것은 사람이 아니라 신일 것이다. 그러므로, 가장 훌륭한 인간형이란 스스로 배워서 아는 사람이라고 할 수 있다. 그가 바로 군자이다. 스스로 끊임없이 알려고 노력하고 배우려고 노력하는 군자형 인간은 시작은 미약하지만 그 끝은 창대하다.

子曰 歲寒然後 知松柏之後彫也.
자 왈 세 한 연 후 　 지 송 백 지 후 조 야

〈子罕자한〉편 28장

군자는 어떠한 역경에도 仁인을 버리지 않는다.
군자는 역경 속에 부각된다.

핵심 한자 풀이

歲
세월 세

止(발 지)+厂(기슭 엄)+一(한 일)+少(적을 소〈변형〉)+戈(창 과)
厂은 벼랑처럼 생긴 산기슭의 모양이다. 창을 들고 칼을 차고 산기슭에 올라서서 산 아래를 내려다보며 지난 '세월'을 회상하는 늙은 장수의 모습이다. 歲月세월 : 흘러가는 시간. 歲時風俗세시풍속 : 일상의 생활이나 사철의 풍속

寒
추울 한

宀(지붕 면)+艸(풀 초〈변형〉)+人(사람 인)+冫(얼음 빙)
지푸라기가 깔린 마굿간에서 사람이 '추워서' 벌벌 떠는 모습이다. 宀은 마굿간 지붕을, 艸은 지푸라기를, 冫은 얼음처럼 추움을 나타낸다. 寒食한식 : 동지로부터 105일째 되는 날. 寒氣한기 : 추운 기운

Tip '세월'이라는 뜻의 歲세와 '춥다'는 뜻의 寒한을 합치면 '추워지다'는 뜻의 歲寒세한이 된다.

然
그럴 **연**

月(고기 육)+犬(개 견)+大(클 대)+灬(불 화)

犭는 개가 걷는 모양을 세워 놓은 것이다. 큰 개고기를 불에 굽고 있다. 그 옛날에는 이보다 더 '그럴듯한' 풍경은 없었을 터. *自然*자연 : 우리가 경험하는 물질적 대상의 전체. *必然*필연 : 그리 되는 수밖에 다른 도리가 없음

後
뒤 **후**

彳(조금 걸을 척)+幺(작을 요)+夊(칠 복)

함께 사냥을 하러 걸어가는데 '뒤로' 처지는 사람이 있다. 그래서 빨리 가자고 등을 살짝 친다.

*後發*후발 : 뒤에 출발함. *最後*최후 : 맨 마지막

> **Tip** 원문에서 첫 번째 後후는 '뒤'라는 뜻으로, 두 번째 것은 '늦다'는 뜻으로 쓰였다. 知지는 '지혜롭다'는 뜻도 있지만 '알다'는 뜻도 있다.

松
소나무 **송**

木(나무 목)+公(공평할 공)

소나무는 항상 푸르다. 계절에 상관없이 사철 공평하게 푸른 나무가 '소나무'이다. *松津*송진 : 소나무에서 나는 끈끈한 액체. *海松* 해송 : 바닷가에 사는 소나무의 총칭

柏
잣나무 **백**

木(나무 목)+白(흰 백)

잣나무의 열매인 잣은 희다. 그래서 흰 나무가 '잣나무'를 뜻하게 되었다.

*側柏*측백 : 편백과의 상록 교목. *松柏*송백 : 소나무와 잣나무

> **Tip** 松柏송백은 소나무와 잣나무를 일컫는데, 절개의 상징으로 한문에서 자주 쓰인다.

之
~의 **지**

'갈 지'로 주로 알고 있으나, 한문에서는 '~의'의 뜻으로 더 자주 쓰인다.

彫
시들 **조**

周(두루 주)+ 彡(터럭 삼)

나무에서 골고루 나뭇잎이 떨어지는 모양이다. 周는 골고루,
彡은 나뭇잎이 떨어지는 모양이다.

彫刻조각 : 나무·돌·금속 따위에 서화를 새기거나 물상을 새기는 일.   浮
彫부조 : 모양·형상을 도드라지게 새긴 조각. 양각

Tip 彫조는 본래 '새기다'라는 뜻이나, 여기에서는 '지다' '시들다'로 쓰이고 있
다. 즉, 凋조와 같은 뜻으로 쓰였다.

직역과 해설

子　日　歲寒然後知
공자가 / 말하기를 // 추워진 / 연후에야 / 안다

松　柏　之後彫也.
소나무와 / 잣나무 / 의 / 늦게 / 짐을 / (어조사)

▶ 공자가 말하기를 "추워진 연후에야 소나무와
　　잣나무가 늦게 지는 것을 안다."

　　겨울이 다가오면 나무들은 잎을 떨군다. 그러나 소나무나
잣나무는 그 푸르름을 오래 유지한다. 공자는 소나무와 잣나
무에서 역경을 맞으면 더욱 진가를 발휘하는 군자의 모습을
발견했다. 날이 추워진다는 것은 역경을 의미한다.
　　보통 때에는 군자와 소인이 크게 다르지 않다. 그것은 한여
름 소나무와 잣나무의 푸르름이 다른 나무들의 푸르름과 구
별되지 않는 것과 같다. 그러나 역경이 닥치면 비로소 군자의

제 면모가 드러난다. 소인은 역경에 쉽게 꺾이고 자신의 안위만을 추구하지만, 군자는 의연히 제 뜻을 굽히지 않는다. 그것은 한겨울이 되어서야 소나무와 잣나무의 푸르름이 비로소 눈에 띄는 것과 같다.

군자가 역경에 강한 것은 단지 남보다 인내심이 더 강하기 때문이 아니다. 그것은 仁인의 역사적 위력을 믿기 때문이다. 죽음의 역경 앞에서도 꺾이지 않는 인에 대한 종교적인 헌신성이야말로 군자의 진면목이라 할 수 있다.

인의 역사적 가치는 한순간 만발했다가 지는 꽃과는 다르다. 공자의 비유는 적절했을까? 그런 것 같기도 하다. 공자의 사상이 2천 년 넘게 동양 사회를 지배하는 정신이 되었으니.

子曰 君子求諸己 小人求諸人.
자 왈 　 군 자 구 저 기 　 소 인 구 저 인

〈衛靈公위영공〉편 21장

군자는 모든 일이 자신에게서 비롯된다고 생각하고, 소인은 모든 일
이 남에게서 비롯된다고 생각한다. 그러므로 군자는 자신을 이끌어
가는 힘이 강하지만 소인은 그렇지 못하다.

핵심 한자 풀이

求
구할 **구**

一(한 일)+丨(막대 곤)+水(물 수〈변형〉)+丶(점 주)
벼랑에서 미끄러져 물에 빠진 사람에게 긴 막대기를 건네 '구
하려는' 형상이다. 一은 벼랑 끝을, 丨는 막대기를, 丶는 물방
울을 나타낸다.
求道者구도자 : 도를 구하는 사람.　欲求욕구 : 욕심이 생겨 구함

諸
모든 **제**

言(말씀 언)+者(사람 자)
말할 수 있는 모든 사람, 즉 어린아이를 제외한 모든 사람을
말한다.
諸般제반 : 모든 것.　諸君제군 : 여러분. 손아래 사람에게 쓰는 말

Tip 諸제는 '모든'이라는 뜻이나 여기서는 그렇게 번역하면 안 된다. 여기에서
는 '之于지우'의 준말로 쓰였다. 之于지우는 '~에게서'라는 뜻이다. 諸제의
중국어 발음은 쮜[zhu]이고 之于지우의 발음은 쯔위[zhiyu]이다. '쯔위'를 빨

51

리 발음하면 '쮜'가 되므로 之于지우의 준말로 諸제를 썼다. 그러므로 여기에서 諸제는 '모든'의 뜻이 아니라 '~에게서'이다.

己
자기 기

화살에 연결된 끈을 그린 것이다.
利己이기 : 자기 한 몸의 이익만을 꾀함.　自己자기 : 그 사람 자신

小
작을 소

작은 날벌레 모양이다.
小型소형 : 작은 형태.　縮小축소 : 작게 함

Tip
人인은 '사람'이라는 뜻 외에도 '타인', 즉 '남'이라는 뜻이 있다. 小人소인의 人인은 '사람'이라는 뜻이지만, 求諸人구제인에서의 人인은 '남'이라는 뜻이다. 小人소인은 군자의 반대 의미로 한문에서 많이 쓰인다.

직역과 해설

子　曰　君子　求
공자가 / 말하기를 // 군자는 / 구하고 /

諸己　　小人　求　諸人.
자기에게서 // 소인은 / 구한다 / 남에게서

▶ 공자가 말하기를 "군자는 자기에게서 구하고
　　소인은 남에게서 구한다."

문장만 보아서는 도대체 '무엇'을 구한다는 것인지 알 길이 없다. 그 '무엇'에 대한 언급이 없으면 '모든 것'을 가리킨다고

보면 된다. '모든 것'은 여러 가지로 해석이 가능하다. '필요한 것'으로 해석하여 군자는 필요한 모든 것을 자신에게서 구하지만 소인은 남에게서 구한다고 볼 수 있고, 책임의 문제로 해석하여 일이 잘되건 못되건 군자는 그 책임을 자신에게서 찾지만, 소인은 그 책임을 남에게서 찾는다고 볼 수도 있다.

일이 잘못되면 군자는 성찰하고 반성하여 그 일을 修身수신의 계기로 삼는다. 일에는 수많은 변수들이 작용하게 마련이다. 지혜로운 자는 그러한 변수들까지 고려한다. 그래서 일이 잘못되었을 때 군자는 그러한 변수들을 포괄하여 깊이 생각하지 않은 것을 반성하는 것이고, 소인은 그와 반대로 자신은 완벽하게 일을 잘 추진했는데 다른 변수나 타인 때문에 일을 그르쳤다고 탓하는 것이다. 삶의 태도 면에서 군자는 주체적이지만 소인은 그렇지 못하다. 군자의 이러한 자세는 남을 미워하지 않고 크게 포용하게 하지만, 소인의 태도는 남을 탓하고 미워하게 한다.

子曰 君子矜而不爭 群而不黨.
자 왈 군 자 긍 이 불 쟁 군 이 불 당

〈衞靈公위영공〉편 22장

군자는 긍지가 있되 독선적이지 않다.
또한 군자의 주변에는 사람들이 모여들게 마련이지만
군자는 그것을 편 가르는 데 이용하지 않는다.

핵심 한자 풀이

矜
자랑할 긍

矛(창 모)＋今(이제 금)
성인이 되어 창을 든 전사가 되었을 때의 자긍심을 표현했다.
'나는 이제 전사가 되었음'을 '자랑하고' 싶은 마음.
矜持긍지 : 믿는 바가 있어 스스로 자랑하는 마음.　自矜心자긍심 : 스스로
자랑하는 마음

Tip 여기서 而이는 두 번 다 '그러나'의 의미로 쓰였다.

爭
다툴 쟁

爫(손톱 조)＋尹(다스릴 윤〈변형〉)
손톱을 세워 힘으로써 상대방을 제압하려고 '다투는' 모습이
다. 分爭분쟁 : 패로 갈라져 다툼.　抗爭항쟁 : 대항하여 싸움

群 | 君(임금 군)+羊(양 양)
무리 **군**
유목 생활이 일반적이던 옛날에는 주로 양을 쳤다. 주거를 옮길 때에는 한 '무리'의 사람들과 양들을 함께 몰고 다녔다.
群衆군중 : 한곳에 떼를 지어 모여 있는 사람의 무리.　群集군집 : 떼를 지어 모여 있음

黨 | 尙(숭상할 상〈변형〉)+黑(나쁜 마음 흑)
편 지을 **당**
사람들 사이를 이간질하여 '편을 나누는' 것은 나쁜 마음을 숭상하기 때문이다. 편 짓는 것을 안 좋게 여긴 옛사람들의 가치관을 읽을 수 있다.
與黨여당 : 정부의 편인 정당.　黨爭당쟁 : 당파는 이루어 서로 싸움

Tip 흔히 群군과 黨당 모두 '무리'의 의미로 해석되지만, 여기에서 群군은 '사람들과 어울린다'는 의미로, 黨당은 '편을 짓는다'는 의미로 쓰였다.

직역과 해설

子　日　君子　矜而
공자가 / 말하기를 // 군자는 / 긍지가 있지만 /

不爭　群而　不黨.
다투지 않는다 // 어울리지만 / 편을 짓지 않는다

▶ 공자가 말하기를 "군자는 긍지가 있지만 (남과) 다투지 않고, (사람들과) 어울리지만 편을 짓지 않는다."

仁인을 추구하는 군자는 자기 삶의 태도에 매우 높은 긍지

와 자신감, 확신을 가지고 있다. 그러나 그것을 가지고 남을 이기려고 하지 않는다. 자긍심이 높은 것과 오만한 것은 다르기 때문이다. 군자의 자긍심은 자신의 내면을 향한 것이지, 남을 향한 것이 아니다. 그러므로 남에게 자랑하지 않는다.

다른 사람에게 자신의 주장을 이야기하더라도 예를 갖추어 이야기하므로 다른 사람이 불쾌해하지 않는다. 그러므로 다툼이 일어나지 않는다. 군자는 또한 다른 사람을 짓밟고 자신에게 이득이 되는 행동에 나서지 않는다. 그러므로 경쟁이 일어나지 않는다.

군자는 이치와 도에 따라 행동하여 사람들 사이를 조화롭게 만들지 편을 가르는 행동은 하지 않는다. 군자는 어느 한 부류나 일파, 혹은 정치 세력의 이익에 야합하지 않는다. 그러므로 특정 세력의 편을 들어주는 일이 없고 언제나 義의에 견주어 행동하므로 공정하다.

子曰 君子不以言擧人 不以人
자 왈 군 자 불 이 언 거 인 불 이 인

廢言.
폐 언

〈衛靈公위영공〉편 23장

군자는 남의 말을 듣고 사람을 판단하지 않는다.
또한 사람이 보잘것없다 하여 그 말을 버리지 않는다.

핵심 한자 풀이

Tip 以이는 '~로써'라는 뜻이다. 한문에 자주 나오는 한자로 반드시 알아 두
어야 한다.

擧
추천할 거

與(더불어 여)＋手(손 수)
어떤 사람과 함께하고자 손을 들어 '추천하는' 것이다.

廢
버릴 폐

广(집 엄)＋發(떠날 발)
집을 버리고 떠나는 것이다. 유목 생활을 하던 시절에는 살던
집을 버리고 '떠나는' 것이 일상적인 일이었다.
廢棄폐기 : 못쓰게 된 것을 버림.   廢水폐수 : 폐기한 물

子 曰 君子不 以言 擧 人
공자가 / 말하기를 // 군자는 / 않는다 / 말로써 / 추천한다 / 사람을 //

不 以人 廢 言.
않는다 / 사람으로써 / 버린다 / 말을

● 공자가 말하기를 "군자는 말로써 사람을 추천하지 않고, 사람으로써 말을 버리지 않는다."

우리는 흔히 말 잘하는 사람을 과대평가하는 경향이 있다. 그러나 군자는 그런 잘못을 저지르지 않는다. 이 문장의 의미는 '어떤 사람이 말을 잘하는 것을 듣고는 그것이 곧 덕이 많은 것으로 생각하여 추천하지 않는다'는 뜻이다. 덕이 있는 사람은 말을 통해 그 덕을 드러내기도 하지만, 말을 잘하는 사람이 반드시 덕이 있는 것은 아니다.

군자는 또한 사람에 대한 평가를 그 말에 대한 평가로 연장시키지 않는다. 그 사람이 지위가 있건 없건, 가난하건 부유하건, 혹은 악한 사람으로 소문난 사람이건, 선한 사람으로 소문난 사람이건 상관없이 그 말이 옳으면 취한다. 사람은 누구나 좋은 말과 의견이 있을 수 있고, 배울 구석이 있다고 생각하는 것이 군자이다. 공자는 이처럼 인간에 대한 열린 관심과 애정을 가지고 겸손하게 사람들의 말을 경청할 수 있는 사람이 군자라고 생각했다.

子曰 道聽而塗說 德之棄也.
자 왈　도 청 이 도 설　덕 지 기 야

〈陽貨양화〉편 14장

군자는 진흙탕 싸움에 끼어들어 仁인을 논하지 않는다. 그것은 자신의 덕도 훼손시키고 상대방을 설득시킬 수도 없기 때문이다.

핵심 한자 풀이

道 길 도

辶(달릴 착)+首(머리 수)
首는 새의 깃털을 꽂은 머리의 형상이다. 새의 깃털은 지도자나 높은 계급의 사람만이 꽂았다. 귀한 사람이 말을 타고 달리는 모습을 '길'로 표현했다.

道路도로 : 통행하는 길.　求道구도 : 도를 구함

Tip 여기서 道도는 '군자의 道도' 할 때의 관념적인 '道도', 즉 '인을 향한 길'이라는 뜻으로 쓰였다. 辶수가 붙어 있는 塗도는 '진흙탕 길'을 뜻한다. 이 역시 물리적인 의미의 진흙탕 길이 아니라 '이익 다툼이 난무하는 길'을 의미한다.

聽 들을 청

耳(귀 이)+王(임금 왕)+悳(덕 덕〈변형〉)
덕이 있는 왕은 귀를 열어 백성들의 목소리를 잘 '듣는다.'

聽衆청중 : 강연이나 설교 등을 듣는 군중.　視聽시청 : 보고 듣기

塗
진흙길 **도**

氵(물 수)＋余(산 사)＋土(흙 토)
물을 축축하게 머금은 산의 '진흙길'이다.

塗料도료 : 물체 겉에 발라 썩지 않게 하거나 아름답게 하는 재료. 니스나 페인트 따위를 말함

說
말씀 **설**

言(말씀 언)＋八(여덟 팔)＋兄(맏 형)
모자를 쓴 맏형이 하는 말이 '말씀'이다. 언제나 장자들의 목소리가 제일 컸다. 八은 모자이고, 兄은 우두머리를 뜻한다.

說明설명 : 풀어서 밝힘.   解說해설 : 문제를 알기 쉽게 풀어서 설명함

德
덕 **덕**

彳(조금 걸을 척)＋悳(덕 덕〈변형〉)
彳을 눈과 심장의 그림과 결부시켰다. 눈은 보는 것을, 심장은 생각하는 것을 가리킨다. 이 문자의 본래의 뜻은 마나(초자연력)와 닮은 것이라는 견해가 많다.

厚德후덕 : 두터운 덕행.   人德인덕 : 인복

棄
버릴 **기**

亠(모자 두)＋厶(나 사)＋果(열매 과〈변형〉)
모자를 쓴 내가 썩은 열매를 '버리는' 모습이다.

廢棄폐기 : 못 쓰게 된 것을 버림. 抛棄포기 : 하던 일을 중도에 그만둠

직역과 해설

子 日   道廳而 塗
공자가 / 말하기를 // 도를 / 듣고서 / 진흙탕 길에서 /

說 德之棄也.
말하는 것은 / 덕의 / 버림이다

● 공자가 말하기를 "도를 듣고 진흙탕 길에서 말하는 것은 덕의 버림이다."

道도는 '인의 길', 塗도는 진흙탕 길인데 '자기 이익을 위해서는 수단과 방법을 가리지 않는 진흙탕 싸움이 벌어지는 길'을 의미한다. 둘 다 비유적 표현이라고 할 수 있다. 온갖 권모술수가 난무하는 싸움은 공자가 살았던 춘추시대의 특징이다.

공자는 진흙탕 싸움에 끼어들어 '인의 도'를 말하지 말라고 했다. 왜 그랬을까? 그것은 진흙탕 싸움을 하는 사람들은 '인의 도'를 듣고 이성적으로 판단할 상태가 아니기 때문이다. 그들의 관심은 오직 '상대방을 어떻게 하면 이길 수 있을까'에 치중되어 있다. 그런 사람에게 '인의 도'를 말해 봤자 먹혀들지 않는다. 자칫 잘못하면 오히려 욕을 듣거나 그 싸움에 말려들 수도 있다. 그래서 그것은 결국 '덕을 버리는 행위'가 되기 십상이다.

진흙탕 싸움에 몰두하던 사람이 그 싸움에서 한 발짝 물러난다면? 그때는 이성이 돌아와 있을 것이므로 '인의 도'에 대해 말하면 말이 통할 가능성이 높다. 그렇다면 자신의 덕도 훼손시키고 상대방도 설득시키지 못하는 상황에 뛰어드는 것과, 자신의 덕도 지키고 상대방도 설득시킬 수 있을 때 '인의 도'를 말하는 것 중 무엇을 택해야 할까? 당연히 후자일 것이다.

子曰 君子喩於義 小人喩於利.
자 왈 군 자 유 어 의 소 인 유 어 리

〈里仁이인〉편 16장

군자가 의로움에 깨우치고 소인이 이익에 깨우치는 것은 타고난 본
성이 다르기 때문이 아니다. 군자는 仁인에 뜻을 두고 소인은 인에 뜻
을 두지 않기 때문이다.

핵심 한자 풀이

喩
깨우칠 **유**

口(입 구)+兪(점점 유)

창문에서 빛이 들어와 점점 방 안이 밝아지는 모습이다. 사람
이 무엇을 깨우치는 모양이 이와 비슷하다고 생각한 것이다.
口은 창문이다.

比喩비유 : 무엇을 직접 설명하지 않고 빗대어 설명하는 일

義
옳을 **의**

羊(양 양)+我(나 아)

유목 시대에 양은 최대의 재산이고, 양을 치는 것은 가장 일
반적인 생계 수단이었다. 사람들이 양을 치는 것은 당연한 것
이고 '옳은' 것이었다.

義士의사 : 의리와 지조를 굳게 지키는 사람.   義俠心의협심 : 남의 어려움
이나 억울함을 풀어 주려고 제 몸을 희생하는 마음

利
이득 이

禾(벼 화)+ 刂 (칼 도)
가을이 되어 낫으로 벼를 수확하면 '이득'이 생긴다.
利益이익 : 물질적이나 정신적으로 보탬이 된 것.   利害이해 : 이익과 손해

직역과 해설

子　日　君子　喩　於義
공자가 / 말하기를 // 군자는 / 깨우치고 / 의로움에 //

小人　喩　於利.
소인은 / 깨우친다 / 이득에

◉ 공자가 말하기를 "군자는 의로움에 깨우치고
소인은 이득에 깨우친다."

군자가 의로움에 깨우치는 것은 그 뜻을 인에 두었기 때문
이다. 인은 무조건 만물을 포용하는 것을 의미하지 않는다.
의로움에 견주어 보아 맞으면 포용하고 그렇지 않으면 버린
다. 뜻을 인에 두면 의로움을 기준으로 행동하게 되고, 의로
움을 기준으로 행동하다 보면 점점 군자가 되어 간다.
　소인이 이익에 깨우치는 것은 그 뜻을 인에 두지 않기 때문
이다. 인에 뜻을 두지 않는 자는 반드시 자신의 신변을 중심
으로 생각하게 된다. 자신의 신변에 이로우면 택하고 신변에
이롭지 않으면 버린다. 신변에 이롭다는 것은 주로 '쾌락'을
말한다. 쾌락 중심의 행위에는 도덕이 개입할 틈이 없다. 사
람이 뜻을 어디에 두느냐는 이처럼 매우 중요하다.

군자는 자신을 바르게 하고자 하는 사람이다. 자신을 바르게 하고자 하는 사람은 반드시 의로움에 따라야 한다. 의로움에 따르지 않고서 바르게 되는 방법은 없기 때문이다.

어조사

일단 어조사만 알아도 한문을 대하는 데 어느 정도 자신감이 생길 것이다. 우리가 일상적으로 쓰는 한자에는 어조사가 잘 쓰이지 않기 때문에 처음 한문을 접하는 사람은 낯설게 느낄 수밖에 없다. 그러나 한문을 읽으려면 어조사를 반드시 알아야 한다. 어조사에는 已이 · 乎호 · 哉재 · 之지 · 焉언 · 矣의 · 也야 · 與여 · 云운 · 爾이 등이 있다.

긍정문 끝에 쓰일 때 : 아무런 뜻이 없음. 단지 문장이 끝남을 나타냄.

부정문 끝에 쓰일 때 : 乎호 · 哉재 · 與여 등이 의문이나 반문을 나타냄.

문장의 중간에 쓰일 때 : 아무런 뜻이 없음. 단지 잠깐 쉬는 語氣 어기, 즉 쉼표 역할을 함.

子溫而厲 威而不猛 恭而安.
자 온 이 여 위 이 불 맹 공 이 안

<述而술이>편 40장

공자는 따뜻하면서 엄격했고, 위엄이 있으면서 사납지 않았고,
공손하면서도 사람을 편안하게 하였다.
공자는 성품과 언행에서 놀라운 균형 감각을 갖추고 있었다.

핵심 한자 풀이

溫 온화할 온 | 氵(물 수)+昷(어질 온〈변형〉)
물의 성격은 어질다. 남과 다투지 않고 낮은 곳을 향해 흐른다. 물처럼 어진 사람은 마음이 '온화하다.'
溫和온화 : 성질과 태도가 온순하고 부드러움. 溫乾온건 : 날씨가 따뜻하고 습기가 없음

厲 엄격할 여 | 厂(기슭 엄)+萬(일만 만)
높은 곳에 장군이 서서 일만 대군을 호령하는 모습이다. '괴롭힐 려'로도 읽힌다.
厲色여색 : 얼굴빛을 엄하게 함. 노기를 띰

威 위엄 위 | 厂(기슭 엄)+一(한 일)+女(여자 여)+戈(창 과)
여전사가 기슭에서 창을 들고 서 있는 모양으로 위엄 있음을 표현했다. 남자 전사가 창을 들고 서 있는 것은 흔한 풍경이

지만, 여전사가 창을 들고 서 있으니 더욱 '위엄'이 있다.

威力위력 : 사람을 복종시키는 강한 힘. 威風위풍 : 엄숙하여 범하기 어려운 모습

猛
사나울 **맹**

犭(개 견)＋孟(맏 맹)

우두머리 개가 특히 '사납다.'

猛獸맹수 : 사나운 짐승. 勇猛용맹 : 용감하고 사나움

恭
공손할 **공**

共(함께 공)＋忄(마음 심〈변형〉)

마음과 몸이 따로 노는 것이 아니라, 마음과 몸이 하나가 되어 예를 갖추어야 '공손한' 것이다.

恭賀공하 : 공경하여 축하함. 恭敬공경 : 공손히 섬김

安
편안할 **안**

宀(집 면)＋女(여자 여)

무녀가 집 안에서 무릎을 꿇고 제사를 올리는 모습이다. 그 모습이 '편안해' 보인다.

安定안정 : 안전하게 자리 잡아 편안히 좌정함. 保安보안 : 사회의 안녕과 질서를 보전함

직 역 과 해 설

子　溫而　厲　　威而
공자는 / 온화하면서도 / 엄격하고 // 위엄이 있으면서도 /

不猛　　恭而　安.
사납지 않았으며 // 공손하면서도 / 편안했다

◯ 공자는 온화하면서도 엄격하고, 위엄이 있으면서 도 사납지 않았으며, 공손하면서도 편안했다.

공자의 인품을 이야기한 대목이다. 공자는 사람을 대할 때 온화하면서도 엄격한 데가 있었고, 위엄이 있으면서도 사납지 않았으며, 공손하면서도 사람을 불편하게 하지 않았다는 것이다. 이는 공자가 놀라운 균형 감각을 갖고 행동했음을 말해 준다.

過恭非禮과공비례라는 말이 있다. 지나치게 공손한 것은 예의가 아니라는 말이다. 지나치게 공손한 것은 자연스럽지 못하고 사람을 불편하게 만든다. 공손하면서도 사람을 편하게 한다는 것은 쉬운 일이 아니다. 그러기 위해서는 결국 행동이 적절해야 한다. 그러므로 행동만이 아니라 마음까지 일치되어야 한다. 그렇지 않으면 가식적으로 보여 역시 사람을 불편하게 만든다.

공자의 이러한 균형 감각은 인으로써 터득된 것이다. 공자는 인을 추구했기에 인간에 대한 근본적인 가능성을 열어 놓았으며, 원칙이 있으면서도 사람들과의 관계에서 조화롭게 행동했다. 남에게는 용서와 관용으로 대하고 자신에게는 철저히 엄격했던 공자의 인품은 많은 사람들에게 흠모의 정을 불러일으켰을 것이다.

子絶四 毋意 毋必 毋固 毋我.
자 절 사 무 의 무 필 무 고 무 아

〈子罕자한〉편 4장

仁인을 추구하면 자기 본위의 사고와 언행으로부터 자유로워진다.
군자의 의지는 자신에게서 벗어난 개방적 의지이다.

핵심 한자 풀이

絶
끊을 절

糸(실 사) + 色(얼굴빛 색)

목에 줄을 걸어 사람을 사형시켜 목숨을 '끊는' 것을 형상화했다. 糸는 밧줄이고, 色은 얼굴이다.

絶斷절단 : 끊어 냄.　絶地절지 : 멀리 떨어진 외진 땅

> **Tip** 絶절은 어떤 행동을 '끊다', 즉 '~하지 않다'는 뜻으로 쓰였다.

四
넷 사

囗(지역 국) + 八(여덟 팔)

囗은 일정한 경계나 성곽, 울타리를 나타낸다.

四角形사각형 : 네 개의 꼭지각을 이루고 네 개의 선분으로 싸인 평면형.
四經사경 : 詩經시경, 書經서경, 易經역경, 春秋춘추를 일컫는다

毋
~하지 말라 무

금지하는 말이다.

毋妄言무망언 : 망령된 말을 하지 마라

意
예측할 **의**

音(소리 음)＋心(마음 심)

옛날에는 땅에 귀를 대고 땅이 울리는 소리로 적이 쳐들어오는지를 예측했다. 소리를 듣고 판단하는 것은 보고 판단하는 것이 아니므로 마음으로 예측하는 것이다. 우리가 흔히 '뜻 의'로 알고 있는 글자이다. 용례는 이에 따랐다.

意中의중 : 마음속.   **意志**의지 : 뜻

 意의는 '예측하다'는 뜻인데, 여기서는 '억측하다'는 뜻으로 쓰였다.

必
반드시
이루어낼
필

心은 심장이고, ノ은 화살을 뜻한다. 전쟁에 나가면 적의 심장에 화살을 꽂는 것이 '반드시' 해야 할 임무였다.

必勝필승 : 꼭 이김.   **必要**필요 : 꼭 소용이 됨

固
고루할 **고**

囗(지역 국)＋古(옛 고)

옛것을 울타리에 넣어 놓고 그것을 '굳게' 지키는 모양이다. 여기서 '완고하다'는 의미가 파생했다. 囗은 울타리이다.

固守고수 : 굳게 지킴.   **完固**완고 : 완전하고 견고함

我
나 **아**

亻(사람 인)＋丿(삐침 별〈변형〉)＋戈(창 과)

긴 칼을 옆에 차고 창을 든 사람의 모습이다. 丿은 칼을 나타낸다. 옛날에는 이 모습이 가장 자랑스럽고 당당한 모습이었다. 이런 모습을 한 사람은 이것이 '나다' 하고 보이고 싶었을 것이다.

我執아집 : 자신의 뜻을 내세워 버팀.   **自我**자아 : 자기

子 絶 四 毋意 毋必

공자는 / 끊었다 / 네 가지를 // 억측하지 말라 // 반드시 해야 한다고 생각지 말라 /

毋固 毋我.

고집 부리지 말라 // 나에게 집착하지 말라

❯ 공자는 네 가지를 하지 않았다. 억측하지 말라.
반드시 (무엇을) 해야 한다고 생각지 말라.
고집 부리지 말라. 나에게 집착하지 말라.

공자는 정해진 틀에 자신을 억지로 꿰어 맞추는 것, 이것만은 기필코 이루어 내야겠다고 하는 것, 완고하게 고집을 부리는 것, 자신에게 집착하는 것을 하지 않았다. 이 네 가지는 조금씩 다르지만 결국 하나로 꿰어질 수 있다. 그것은 모두 자기 본위와 관계가 있다.

첫째, 사람이 어떤 틀에 갇혀 있으면 자신을 그 틀에 꿰어 맞추게 된다. 그것이 '억측'하는 것이다. 예를 들어 어떤 사람이 나를 미워한다고 생각한다고 하자. 나는 그 사람이 다른 사람에게 무슨 말을 건네는 모습만 보아도 나를 욕하고 있다고 생각한다. 그 사람이 나를 미워하고 있다고 생각하기 때문에 그 사람의 행동이나 말은 모두 나를 미워하는 것과 관련이 있을 것이라고 생각하는 것이다.

둘째, 이것만은 기필코 이루어 내겠다고 하는 것은 좁은 소견에서 나온 것이다. 그리고 좁은 소견은 대체로 사적인 욕심에 기인한다. 사적인 욕심은 폐쇄적인 의지를 낳는다. 반면에

仁인은 개방적인 의지를 낳는다. 왜냐하면 인을 추구하는 과정은 자신에게서 빗어나는 과정이기 때문이다. 인을 추구하고자 하는 사람은 자연스럽게 자신의 아집에서 벗어나게 된다. 고집을 부리지 않을 뿐 아니라 자신에게 집착하지도 않는다. 이것이 셋째와 넷째이다. 이 네 가지는 그물망처럼 얽혀 있으며, 사실은 '자기 본위'라고 하는 하나의 문제로 귀결된다고 할 수 있다.

子曰 學而不思則罔 思而不學
자 왈　학 이 불 사 즉 망　사 이 불 학

則殆.
즉 태

〈爲政위정〉편 15장

배우는 것은 생각하는 힘을 키워 주고, 생각하는 것은 배우는 힘을 키워 준다. 이 두 가지가 함께 조화되어야 자기 도야가 이루어진다.

핵심 한자 풀이

學
배울 **학**

두 개의 손[手]＋爻(문자 효)＋冖(덮을 멱)＋子(아들 자)
다소 추상적 구성이다. 문자를 손으로 잡고 아들의 머리에 덮어씌우는 것이다. '배우는' 것을 이렇게 표현했다.

學教학교 : 일정한 목적·설비·제도 및 규칙에 따라 교사가 지속적으로 피교육자에게 교육을 실시하는 기관.　**學問**학문 : 배워서 익힘

思
생각할 **사**

田(밭 전)＋心(마음 심)
농부가 밭에 온 마음을 쏟는 것이 곧 '생각하는' 것이다. 농사꾼이라면 머릿속에 오직 밭에 대한 생각밖에 없는 것이 정상이다.

思想사상 : 생각이나 의견. 통일된 판단 체계.　**思考**사고 : 자기 개인의 생각

則
곧 즉

貝(조개 패) + 刂(칼 도)
則은 '~하면 ~하다'라는 뜻으로 한문에서 자주 나오는 표현이다.

罔
그물 망

网(그물 망〈변형〉) + 亡(망할 망)
网이 변형된 것이다. 망의 음을 나타내려 亡이 차용되었다. 아래 용례 '罔極망극'의 뜻은 '그물'이 아니라 '굴레'의 뜻에 가깝다. '굴레가 한이 없다.' 즉, 은혜의 테두리가 한이 없다는 뜻이다. 罔極망극 : 임금이나 부모의 은혜가 너무 커서 갚을 길이 없음

Tip 罔망은 '그물'이라는 뜻이나, 여기서는 '그물처럼 생각이 얽힌다'는 의미로 쓰였다.

殆
위태로울
태

歹(앙상한뼈 알) + 台(기를 태)
아이를 기르는 데 아이가 병이 들어 앙상한 뼈만 남을 정도로 여위었다. 어머니의 마음에 아이가 얼마나 위태롭게 보일 것인가. 危殆위태 : 안전하지 못하고 위험함

직역과 해설

子 曰 學而 不思則 罔
공자가 / 말하기를 // 배우고 / 생각하지 않으면 / 얽히고

思而 不學則 殆.
생각하고 / 배우지 않으면 / 위태롭다

◐ 공자가 말하기를 "배우기만 하고 생각하지 않으면, 얽히고 생각하기만 하고 배우지 않으면 위태롭다."

배우는 것은 좋은 일이나 그것으로는 부족하다. 배우기만 하고 그것을 곰곰이 생각해 보지 않으면 그 참뜻을 이해하지 못하고 혼동스럽게 된다. 모름지기 배운 것은 곰곰이 되새겨 봄으로써 참뜻을 이해할 수 있고, 그럼으로써 자신의 것으로 만들 수 있다.

생각하는 것은 좋은 일이나 그것으로는 부족하다. 생각하기만 하고 배우지 않으면 자기 본위적이고 독단적인 생각에 빠지기 쉽다. 인간은 누구나 자기 생각이 '옳다'고 생각하는 경향이 있기 때문이다. 그러나 그 생각이란 특수한 자신의 경험과 환경에 갇힌 것이기 쉽다. 그것을 알지 못하고 자기 생각만이 옳다고 여기는 사람은 위험하다.

배우는 것과 생각하는 것은 서로의 역량을 끌어올려 주는 역할을 한다. 배우는 사람은 생각하는 힘이 커지고, 생각하는 사람은 더 잘 배울 수 있다. 둘 중 하나라도 소홀히 하면 결국 배우고 생각하는 힘 둘 다 상쇄된다. 결국 지성인이 되려면 배우는 것과 생각하는 것을 모두 충실히 해야 한다.

子曰 巧言亂德 小不忍 則亂
자 왈 교 언 란 덕 소 불 인 즉 란

大謀
대 모

〈衛靈公위영공〉편 26장

세련된 말은 덕과 거리가 멀다. 덕은 꾸미지 않는 소탈함에서 나온
다. 인을 이루고자 하는 사람은 작은 일에 성내지 않는다.

핵심 한자 풀이

巧
세련될 **교**

工(장인 공)＋丂(활 궁〈변형〉)
장인이 만든 활은 보통 사람이 만든 활보다 훨씬 '세련되다.'
여기에서는 부정적인 의미가 내포된 '번지르르하다'는 뜻으
로 쓰였다. 技巧기교 : 솜씨가 아주 묘함. 工巧공교 : 때나 기회가 우연
히 좋거나 나쁘다

謀
꾀할 **모**

言(말씀 언)＋某(아무개 모)
아무개를 꼬드겨 어떤 일을 함께 하자고 말하고 있다. 그것이
'꾀하는' 것이다.
謀議모의 : 어떤 일을 꾀하고 논함. 逆謀역모 : 반역을 도모함

직역과 해설

子 曰 巧 言 亂 德
공자가 / 말하기를 // 번지르르한 / 말은 / 어지럽힌다 // 덕을

小 不仁則 亂 大 謀.
작은 일을 / 참지 못하면 / 어지럽힌다 // 크게 / 꾀하는 일을

➡ 공자가 말하기를 "번지르르한 말은 덕을 어지럽힌다. 작은 일을 참지 못하면 크게 꾀하는 일을 어지럽힌다."

말을 잘한다는 것은 두 가지 어감이 있다. 하나는 말을 정교하고 세련되게 구사한다는 것이고, 다른 하나는 말만 번지르르한 것이다. 같은 미인이라도 '아름답다'고 하는 것과 '겉만 번지르르하다'고 하는 것은 천지 차이다. 공자가 질타하고자 한 것은 후자였다.

'巧言교언'은 말을 정교하게 구사하는 것과는 거리가 멀다. 그것은 '말을 잘하는 것'으로, 비판받을 바가 못 된다. 왜냐하면 배움이 늘면 쓰는 어휘와 논리력이 향상되어 대개 말을 잘하게 되기 때문이다. 우리가 공부하면서 알 수 있는 것처럼 공자 역시 말을 잘하는 사람이었다. 공자가 질타하고자 한 것은 '말을 잘하는 것'이 아니라, 말을 과장하거나 선의로 포장

하는 것이다. 그런 말은 덕을 훼손한다고 본 것이다.

"작은 일을 참지 못하면 크게 꾀하는 일을 어지럽힌다"는 것은 작은 어려움을 참지 못하면 큰일, 즉 仁인을 이룰 수 없다는 말이다. 인을 향해 나아가면서 직면하는 작은 어려움들은 큰일을 위해서 감수해야 하는 것일 뿐 아니라, 그 자체로 '修身수신(자신을 닦음)'에 도움을 주는 장애물들이다. 그러므로 군자는 어려움이 닥치는 것을 싫어하지 않으며, 그것을 오히려 스스로를 경계하는 계기로 삼는다.

공자는 왜 말 잘하는 자를 미워했나?

이런 일화가 있다.

　자로가 子羔자고에게 費邑비읍의 邑宰읍재〔읍의 재상〕를 시키자 공자가
말하였다.

"남의 자식을 해치는구나."

자로가 말했다.

"백성이 있고 사직이 있는데 어찌 반드시 책을 읽은 후에만 배우겠습
니까?"

공자가 말하였다.

"이런 까닭에 말만 그럴듯하게 하는 자를 미워하는 것이다."

子路使子羔爲邑宰. 子曰 賊夫人之子. 子路曰 有民人焉 有社稷焉 何必
讀書然後爲學? 子曰 是故惡夫佞者.

—〈先進선진〉편 26장

자고는 공자의 제자로 공자보다 40세나 연하였던 것으로 알려져 있
다. 자로가 공자보다 9세 밑이니, 자로가 자고를 읍재시킨 때는 자고

가 아직 많이 어렸을 것이다. 이에 공자는 아직 한창 공부해야 할 나이에 자고를 벼슬에 앉힌 자로를 나무란 것이다. 그러자 자로가 어찌 배움을 책을 통해서만 얻겠습니까, 정치를 하면서도 배우지 않겠습니까, 하고 자신을 합리화했다.

공자는 자로가 자신의 필요성 때문에 자고를 읍재시켰다고 생각한 것일까? 아니면 아무리 선의에서 그런 것이라도 아직 많이 모자란 아이에게 감당할 수 없는 직책을 수여한 것은 결과적으로 자고를 망치는 행위라고 생각했는지도 모르겠다. 여하튼 공자는 자로가 이치에 맞지 않는 행동을 하였다고 생각했다.

말을 그럴듯하게 한다는 것은 그럴듯한 명분을 세운다는 말이다. 그래서 자신의 치졸한 행적도 모두 세상이 필요로 했기 때문이요, 그럴 만한 이유가 있었기 때문이라고 변명하는 것이다. 이러한 태도는 수양에 치명적인 영향을 준다. 변명은 필연적으로 자기 성찰을 가로막기 때문이다. 공자는 이것을 잘 알고 있었기에 자로를 나무란 것이다.

子羔
자고
공자의 제자로, 이름은 高柴고시이다. 자로가 衛위나라 정변에 휘말려 죽을 때 자고가 자로의 거침없는 행동을 말렸다는 기록이 《史記사기》와 《左傳좌전(춘추좌씨전)》에 나온다. 《좌전》에 의하면, 공자는 위나라 정변 소식을 듣고 "자고는 살아 돌아오겠지만 자로는 죽을 것이다." 말했다고 전해진다.

子曰 三軍可奪帥也 匹夫不可
자 왈　삼 군 가 탈 수 야　필 부 불 가

奪志也.
탈 지 야

〈子罕자한〉편 25장

아무리 강력한 권력을 가진 자라 하더라도 사람의 뜻을 빼앗을 수는 없다. 뜻을 갖고 살아가는 사람과 그렇지 않은 사람과 큰 차이가 있다.

핵심 한자 풀이

軍
군사 **군**

冖(덮을 멱)＋車(수레 차)
수레에 무기와 식량을 싣고 가는 사람들이 '군사'이다. 무기는 천이나 가죽으로 덮여 있었다.
國軍국군 : 국가의 군대.　　軍警군경 : 군대와 경찰

Tip 三軍삼군은 공자 시대의 큰 제후국 군대로 병사가 3만 7,500명이었다 한다.

可
허락할 **가**

'옳다'는 뜻도 있다.
可能가능 : 할 수 있음.　不可불가 : 할 수 없음

奪
빼앗을 **탈**

大(클 대)+隹(새 추)+寸(마디 촌)
덩치가 큰 사람이 작은 사람이 잡은 새를 빼앗는다. 작은 사람을 寸손가락만 하다고 과장했다.
奪取탈취 : 빼앗아 가짐.   **掠奪**약탈 : 폭력을 써서 빼앗음

帥
장수 **수**

官(벼슬 관)+巾(수건 건)
巾은 '투구'를 나타낸다. 투구를 쓴 관리가 '장수'이다.
元帥원수 : 장수의 으뜸

匹
평범할 **필**

匚(덮을 혜)+儿(사람 인)
조그마한 집에 사는 사람이 평범한 사람이다. 匚는 조그만 방을 그린 것이다. **匹夫**필부 : 한 사람의 보통 남자. 신분이 낮은 사내

夫
사나이 **부**

一(한 일)+大(클 대)
칼이 목에 떨어져도 끄떡하지 않고 가슴을 펴고 당당히 서 있는 사람이 사나이다. 一은 칼을 나타내고, 大는 당당히 서 있는 사람을 나타낸다.
夫婦부부 : 남편과 아내.   **士大夫**사대부 : 문벌 높은 사람

志
뜻 **지**

士(선비 사)+心(마음 심)
선비의 마음속에는 반드시 '뜻'이 있다.
鬪志투지 : 싸우고자 하는 의지.   **意志**의지 : 뜻

子 曰 三軍 可　奪帥　也
공자가 / 말하기를 // 삼군이 / 허락할 수 있다 / 장수를 빼앗기는 것을 / (어조사) //

匹夫　不可　奪志　也.
평범한 사나이가 / 허락할 수 없다 / 뜻을 빼앗기는 것을 / (어조사)

● 공자가 말하기를 "삼군이 장수를 빼앗기는 것을 허
   락할 수는 있다. (그러나) 평범한 사나이가
   뜻을 빼앗기는 것을 허락할 수는 없다."

문장이 수동형으로 되어 있어서 얼른 의미가 파악되지 않
는다. 이것을 능동형으로 바꾸면 "삼군의 장수를 빼앗을 수
는 있어도 필부의 뜻을 빼앗을 수는 없다"가 된다. 삼군의 장
수를 뺏는 것은 군사적 힘이 우월하면 가능한 일이지만, 뜻을
뺏는 것은 그 뜻이 아무리 하찮은 사람의 것이라 하더라도 힘
으로 되지 않는다. 뜻은 눈에 보이는 것이 아니기 때문이다.
공자는 나이 열다섯에 학문에 뜻을 두었다고 한다. 조그맣고
힘없는 열다섯 살 소년의 뜻이 나중에 동양 사회를 지배하는
사상이 된 것이다. 인생을 살아가면서 뜻을 세우는 것은 매우
중요하다. 아무리 하찮아 보이는 뜻일지라도 그 당사자에게
는 강력한 위력을 발휘할 수 있다. 공자는 그 위대한 힘의 원
천에 대해 말하고 있다.
공자가 말한 뜻은 '仁인'이다. 인에는 완성이 없다. 인은 과
정만이 있을 뿐이다. 그러므로 인에 뜻을 두는 것은 그 자체
로 이미 '인의 길'에 들어섰다고 할 수 있다.

子曰 知者不惑 仁者不憂 勇
자 왈　지 자 불 혹　인 자 불 우　용

者不懼.
자 불 구

〈子罕자한〉편 29장

아는 사람, 어진 사람, 용감한 사람은 각기 다른 사람이 아니다.
그것은 군자의 세 측면이다.

핵심 한자 풀이

> **Tip** 者는 사물을 가리키는 '것'이 아닌 '사람'으로 쓰였다. 그러므로 知者지자
> 는 '안다는 것'이 아니라 '아는 사람'이 된다.

惑
미혹할 **혹**

或(혹은 혹)+心(마음 심)
혹은 이렇지 않을까, 혹은 저렇지 않을까 하고 이랬다저랬다
하는 마음이 '미혹한' 것이다.
迷惑미혹 : 정신이 헷갈려서 갈팡질팡 헤맴.　惑星혹성 : 행성

憂
근심할 **우**

面(얼굴 면)+冖(덮을 멱)+心(마음 심)+夂(뒤쳐져올 치)
얼굴을 숙이고 뒤쳐져서 걸어오는 모양이다. '근심이' 많으면
사람이 이렇게 걷는다. 고개를 숙인 것을 덮었다고 표현했다.
憂愁우수 : 우울과 수심.　憂患우환 : 근심이나 걱정되는 일

勇
용감할 **용**

厶(나 사〈변형〉)＋用(쓸 용〈변형〉)＋力(힘 력)
マ는 厶를 뒤집어 놓은 모양이다. 내가 있는 힘을 다 쓰는 것
이 '용감한' 것이다.

勇氣용기 : 씩씩한 의기.　蠻勇만용 : 사리를 분간하지 않고 함부로 날뛰는
용맹

懼
두려워할
구

忄(마음 심)＋目(눈 목 2개)＋隹(새 추)
붙잡힌 새가 떨며 눈을 동그랗게 뜨고 있는 형상이다. 이런
마음이 '두려운' 마음이다.

驚懼경구 : 놀랍고 두려움.　疑懼心의구심 : 의심하고 두려워하는 마음

직역과 해설

子　　日　　　知者　　不惑
공자가 / 말하기를 // 아는 사람은 / 미혹됨이 없고 //

仁者　　不憂　　　勇者　　　不懼.
어진 사람은 / 근심이 없고 // 용감한 사람은 / 두려움이 없다

▶ 공자가 말하기를 "아는 사람은 미혹됨이 없고, 어진
사람은 근심이 없고, 용감한 사람은 두려움이 없다."

知者지자란 '인이 갖는 가치와 의미'를 아는 사람이다. 그 가
치와 의미를 알고 있으므로 남의 말에 유혹되거나 갈팡질팡
하지 않는다. 그것을 '미혹됨이 없다'고 표현했다.
仁者인자란 인간을 사랑하는 사람이다. 사람을 배척하지 않
으므로 근심이 없다. 남을 짓밟거나 자신을 내세우지 않으므

로 남과 다툼으로써 생기는 근심도 없다. 재물에 욕심을 부리지 않으므로 재물로 인한 근심도 없다.

勇者용자가 두려움을 갖지 않는 것은 義의를 전세로 행동하기 때문이다. 용기는 그저 몸이 날래고 힘이 세거나 위험을 두려워하지 않는다고 생기는 것이 아니다. 참된 용기는 자신이 의로움을 위해 행동한다고 자부할 때 생겨난다.

공자의 말은 결국 모두 仁인을 전제로 한 말이다. 知지란 인을 아는 것이요, 勇용이란 인의 하위 개념인 義의를 기준으로 한 것이다.

한문의 접속사

접속사는 문장이나 단어를 연결해 주는 한자를 가리킨다. 접속사에는 다음과 같은 것이 있다.

而이 : 그리고, 그러나, 그렇지만, 그러면서, 그래서 등의 다양한 뜻이 있다. 이 뜻은 전체 문장의 의미를 파악해서 알아낼 수밖에 없다.

與여 : ~와 혹은 ~과의 뜻이 있다.

又우 : 또한

且차 : 또한

雖수 : 비록 ~일지라도

子曰 君子病無能焉
자 왈 군 자 병 무 능 언

不病人之不己知也.
불 병 인 지 불 기 지 야

〈衛靈公위영공〉편 19장

군자는 자신으로부터 구하므로 자신이 무능한 것을 걱정하지
남이 자신을 알아주지 않는 것을 걱정하지 않는다.

핵심 한자 풀이

Tip 焉언과 也야는 어조사로 문장의 끝에서 '〜이다'의 뜻으로 쓰였다. 之지
는 '〜의'의 뜻으로 쓰였다.

病
근심할 **병**

疒(병들 역)+丙(남녘 병)
사람이 병이 들면 마음도 나약해져서 '근심'도 많아진다. 근심
이 많은 것과 병이 드는 것은 같다. 丙은 음을 나타내고자 차
용한 것이다. 疾病질병 : 신체 기능의 장애.　病院병원 : 병자를 진찰·
치료하려고 설비해 놓은 건물

無
없을 **무**

人(사람 인〈변형〉)+장작개비 쌓아 놓은 모양+灬(불 화)
장작개비를 모아 불을 질러 태우면 무엇이든 모두 '없어진다'
고 보았다.

無謀무모 : 깊은 사려가 없음.　無利子무이자 : 원금에 대한 이자가 붙지 않음

子 曰 君子 病 無能 焉
공자가 / 말하기를 // 군자는 / 근심한다 / 무능을 / (어조사) //

不病 人之 不己知 也.
근심하지 않는다 / 사람들의 / 자신을 알아주지 않음을 / (어조사)

● 공자가 말하기를 "군자는 (자신의) 무능을 근심하지
사람들이 자신을 알아주지 않는 것을
근심하지 않는다."

공자는 늘 修身수신을 강조한다. 禪선불교를 연상시키는 이러한 공자의 사상은 다른 중국의 사상가들과도 구별되는 것이다.

군자는 사람들이 자신의 훌륭한 점을 알아주지 않는다고 해서 사람들을 원망하지 않는다. 공자의 사상에서 남을 원망한다는 것은 큰 잘못이다. 왜냐하면 원망한다는 것은 자신이 무능한 책임을 바깥으로 전가시키는 것이기 때문이다. 그것은 곧 내면의 성찰을 가로막아 수신을 회피하는 결과를 낳고, 결국 군자로 이르는 길도 막히게 된다.

원망은 자기 발전을 가로막고, 폐쇄적인 세계에 자신을 가두어 놓는다. 원망이 극한으로 치닫게 되면 주체의 소멸에 다다르게 된다. 세상에 자신을 도와주는 것은 아무것도 없으며,

그러므로 자신의 힘으로 할 수 있는 일은 아무것도 없다고 여기게 되는 것이다. 원망하지 않는 것, 그것은 공자의 주체성 선언인 것이다.

공자는 어떤 일이 잘못되었을 때 그 직접적인 원인이 자신에게 있지 않다 하더라도 작게는 그러한 변수를 스스로 깊이 고려하지 못한 탓이며, 크게는 자신의 실천이 모범에 이르지 못하여 사회를 변화시키지 못한 탓이라고 보았다. 그러므로 남을 원망하거나 운이 없다고 생각하는 일 따위는 있을 수 없다.

子曰 衆惡之 必察焉
자 왈 중 오 지 필 찰 언

衆好之 必察焉.
중 호 지 필 찰 언

〈衛靈公위영공〉편 28장

군자는 사람들의 말을 듣고 사람을 평가하지 않는다. 군자는 남들이
싫어하는 사람의 장점을 보고, 남들이 좋아하는 사람의 단점을 본다.

핵심 한자 풀이

衆
무리(사람들)
중

血(피 혈)＋人(사람 인 3개〈변형〉)
피로 뭉쳐진 사람들, 즉 부족 '무리'를 나타낸다. 血은 제의 때
희생물을 넣은 그릇을 그린 것이다. '皿그릇 명'과 비슷하니 혼
동하지 말아야 한다. 群衆군중 : 한곳에 떼를 지어 모여 있는 사람의
무리. 觀衆관중 : 구경꾼들

Tip
之지는 '~의'라는 뜻이 아니라 '그 사람'이라는 뜻으로 쓰였다. 여기에서
之지는 지시대명사이다. 必필은 '반드시 ~해야 한다'는 뜻이다.

察
살필 찰

宀(지붕 면)＋祭(제사 제)
집에서 제사를 지낼 때는 빠진 것이 없는지 잘 '살펴야' 한다.
觀察관찰 : 사물을 주의하여 살펴봄. 不察불찰 : 잘 살피지 않아서 생긴

子曰　衆　惡　之必　察焉
공자가 / 말하기를 // 사람들이 / 미워하다 / 그를 / 반드시 / 살펴보아야 한다 //

衆　好　之必　察焉.
사람들이 / 좋아하다 / 그를 / 반드시 / 살펴보아야 한다

공자가 말하기를 "사람들이 그를 미워하더라도 반드시 살펴보아야 하며, 사람들이 그를 좋아하더라도 반드시 살펴보아야 한다."

군자는 사람들의 말을 듣고 사람을 판단하지 않는다. 그 말은 특정한 세력에서 나온 말일 수도 있고, 질투와 시기에서 나온 말일 수도 있으며, 근거 없는 비방에서 나온 말일 수도 있다. 또한 말을 전하는 과정에서 과장되거나 축소될 수 있으며, 그 사람의 진심을 모르고 판단한 것일 수도 있다.

예를 들어, 사람의 뜻은 올바르나 무뚝뚝하여 사람들이 싫어할 수도 있고, 사람의 뜻은 그르나 말이나 표정을 꾸미고 비위를 잘 맞추어 사람들이 좋아할 수도 있다. 또한 아름다운 겉모습만 보고 좋아할 수도 있고, 못생겨서 싫어할 수도 있다. 그런 까닭에 군자는 사람들이 좋아하지 않는 사람이라도 편견 없이 살펴보아 판단하며, 사람들이 좋아하더라도 역시 다시 살펴보아 판단한다.

군자가 사람을 판단하는 기준은 소인들이 판단하는 것과는 다르다. 소인은 자신에게 이익이 되는 이를 좋아하지만, 군자는 의로운 것과 어진 것을 기준으로 삼는다. 그러므로 군자는

뭇 사람들이 싫어하는 사람에게서 장점을 발견할 수 있고, 뭇 사람들이 좋아하는 사람에게서 단점을 발견할 수 있다. 그러므로 이진 자만이 능히 사람을 좋아하고 미워할 수 있다고 하는 것이다.

子曰 聽訟吾猶人也
자 왈 청 송 오 유 인 야

必也使無訟乎!
필 야 사 무 송 호

〈顔淵안연〉편 14장

백성은 법으로 다스리는 것이 아니라 인으로 다스려야 한다.
그래야 관료와 백성이 진심으로 따른다.

핵심 한자 풀이

聽
판단할 **청**

耳(귀 이) + 王(임금 왕) + 悳(덕 덕)
덕이 있는 왕은 귀를 열어 백성들의 목소리를 잘 듣고 '판단한다.'
聽衆청중 : 강연이나 설교를 듣는 군중.   視聽시청 : 보고 듣기

訟
소송할 **송**

言(말씀 언) + 公(공적일 공)
정식으로 많은 사람들 앞에서 공적으로 말하여 잘잘못을 따지는 것이 '소송'이다.
訟事송사 : 백성끼리 분쟁을 관부에 호소하여 그 판결을 구하는 일.   爭訟쟁송 : 서로 송사를 다툼

吾	五(다섯 오)+口(입 구)
나 **오**	口는 사람을 가리키고 五는 단지 음을 나타내고자 차용한 것이다. 吾等오등 : 우리들

猶	犭(개 견)+八(여덟 팔)+酉(닭 유)
~과 같다 **유**	'오히려'의 뜻이나 '~과 같다'는 뜻도 있다.

Tip 猶유는 '~과 같다'는 뜻으로, '猶人유인'하면 '나도 남만큼은 한다'는 뜻이 된다. 必也使無訟乎필야사무송호에서 也야는 어조사가 아니고 '또한'이라는 뜻이다.

使	亻(사람 인)+吏(아전 리)
시킬 **사**	아전은 관청에서 근무하는 낮은 벼슬아치로서, 원님이 '시키는' 일을 하는 사람이다.

使用사용 : 물건을 쓰거나 사람을 부림.　　天使천사 : 천자의 使者사자

Tip 使사는 '시키다' '~하게 하다'는 뜻으로 '使無사무' 하면 '없어지게 하다'는 뜻이 된다.

직역과 해설

子	曰	聽訟	吾	猶人	也
공자가	말하기를 //	소송을 판단하는 것은 /	나도 /	남만큼은 한다 /	(어조사)

必也	使無	訟	乎.
반드시 /	또한 / 없어지게 하다 /	소송을 /	(어조사)

◉ 공자가 말하기를 "소송을 판결하는 것은
나도 남만큼은 한다. (나는) 또한
반드시 소송을 없어지게 하려는 것이다.

소송은 법적 행위이다. 법의 목적은 사회질서를 어지럽히는 사람에게 신체적 처벌이나 물질적 손실을 입힘으로써 질서를 바로잡으려는 것이다. 공자는 이러한 방법을 매우 회의적으로 생각했다.

법을 엄중히 하여 다스리면 사람들은 그것을 따르기는 하나 위법이 되지 않는 것만 생각한다. 법에 걸리지 않는 것만 중시하고 양심에 걸리는 것은 중시하지 않게 된다. 법에 걸리지만 않는다면 나쁜 짓도 서슴지 않는다. 백성만 그러한 것이 아니라, 관료들 역시 군주의 명령을 따르기는 하나 욕을 먹지 않을 정도로만 따른다. 그 결과 우리가 흔히 이야기하는 伏地不動복지부동이 빚어진다. 겉으로는 아무런 문제가 없는 것 같지만 보여주기식 행정과 관료주의가 난무하게 되는 것이다.

공자가 생각하는 이상적인 사회는 법이 아니라 인과 덕으로써 다스려지는 덕치사회였다. 군주가 인과 덕으로 다스리면 근처의 어진 사람이 달려오고, 어진 관료는 다시 어진 사람을 추천한다. 어진 관료를 상전으로 모시는 부하들은 부정한 짓을 하지 못한다. 이렇게 되면 백성들은 자연스럽게 군주를 따르게 된다는 것이 공자의 생각이었다. 공자는 덕치가 눈에 잘 보이지는 않지만, 미묘하면서도 거대한 기류를 형성한다고 보았다. 공자가 군주들에게 끊임없이 덕치를 요구한 이유가 여기에 있었다. 공자는 덕치를 통해 인간 분쟁의 근본적인 원인을 제거하려고 한 것이다. 덕이 법보다 우월한 통치원리가 되는 사회, 그것이 공자가 꿈꾸는 사회였다.

지시대명사

아래 단어들은 지시대명사로, 무엇을 가리키는 데 쓰인다.

斯사 : 이(것)

其기 : 그(의)

之지 : 이(것), 그(것)

是시 : 이(것)

者자 : 이(것)

법치냐, 덕치냐?

季康子계강자가 공자에게 정치에 대해 물었다.

"만약 無道무도한 자를 죽여 백성들로 하여금 有道유도한 데로 나아가게 한다면 어떻습니까?"

공자가 대답하였다.

"당신이 정치를 한다면 어떻게 죽이는 방법을 쓰십니까? 당신이 착하고자 하면 백성들도 착해집니다. 군자의 덕은 바람이고 소인의 덕은 풀이라서 바람이 불면 풀은 반드시 눕게 됩니다."

季康子問政於孔子曰 予殺無道以就有道 何如? 孔子對曰 予爲政 焉用殺? 予欲善而民善矣. 君子之德風 小人之德草 草上之風必偃.

—〈顔淵안연〉편 20장

계강자가 무도한 자를 죽인다 한 것은 법을 엄하게 만들어 백성들을 다스리면 백성을 바르게 할 수 있지 않느냐는 것이다. 계강자의 생각은 법을 엄하게 정하고 그것을 엄중하고 공평하게 모든 이에게 적용함으로써 나라를 바르게 다스릴 수 있다는 法家법가의 생각과 같다. 계강자의 이러한 사고는 사실 그리 나쁜 것은 아니다. 엄정하고 공평한 법

집행은 근대 민주주의 사상의 뿌리이다. 그러나 공자는 이러한 통치 방법을 불신하고 그 실효성도 의심했다. 공자의 생각은 다음의 일화에서 잘 드러난다.

> 葉公섭공이 공자에게 말했다.
> "우리 무리에 행실이 곧은 자가 있는데, 그 아비가 양을 훔치자 자식이 그에 대해 증언을 했습니다."
> 공자가 말했다.
> "우리 무리의 곧은 자는 그와 다릅니다. 아비는 자식을 위해 숨겨 주고 자식은 아비를 위해 숨겨 주니 곧음은 그 가운데에 있는 것입니다."
> 葉公語孔子曰 吾黨有直躬者 其父攘羊而子證之. 孔子曰 吾黨之直者 異於是. 父爲子隱. 子爲父隱 直在其中矣.
>
> —〈子路자로〉편 18장

이 이야기는 공자의 사상과 법가 사상이 어떻게 다른지 첨예하게 보여 준다. 그러면서 공자에게 씌워진 '철저한 혈육 중심주의자'란 혐의가 어디에서 비롯되었는지 말해 준다. 공자가 혈육 앞에서는 어떠한 공공선이나 의로움도 무용지물이 된다고 주장했다는 것이다. 그러나 공자가 《논어》 곳곳에서 義의를 강조했다는 점을 떠올리면 이러한 의심은 접어도 좋을 듯 싶다. 그러면 공자가 주장하고자 했던 것은 무엇이었을까?

섭공은 통치자로서 백성들의 준법 의식이 곧 의로움이라고 말한 반면, 공자는 법이 곧 의로움은 아니며 의로움이란 인간의 사랑과 휴머니티에 기반한다고 말한 것이다. 그렇다고 해서 공자가 양을 훔친 것이 잘했다고 말하는 것은 아니며, 혈육 앞에서는 어떠한 정의도 쓸모없다고 주장하는 것도 아니다. 다만 공자는 의로움이란 법의 테두리를 뛰어넘는 개념이며, 그것은 인간의 사랑과 휴머니티의 실현에 있음을 이야기하고 있을 따름이다.

현실 정치에서 한 번도 德治덕치를 경험해 보지 못한 우리로서는 덕치에 대한 미심쩍음을 떨쳐 버리기가 쉽지 않다. 그러나 법을 아무리 엄정하게 적용해도 범죄와 부패의 고리를 끊는 것이 쉽지 않음은 잘 안다. 공자의 이야기는 사람살이의 근본 도리나 원칙과 관련이 있다.

季康子
계 강 자

노나라의 대부이다. 노나라의 실권을 장악하고 있던 세 가문(孟氏, 叔氏, 季氏) 중 가장 세력이 큰 계씨 가문을 이끌었다. 哀公애공 3년에 아버지 季桓子계환자의 뒤를 이어 대부가 되었다. 애공 11년, 외유 중에 있던 공자를 불러들이고 자로, 염유 등 공자의 제자들을 기용했다. 공자가 종종 그를 신랄하게 비판했음에도 불구하고 비교적 공자를 존중했고 예의도 갖추었다. 정치인으로서도 비교적 민심을 얻었던 것으로 전해진다.

子曰 君子成人之美
자 왈 군 자 성 인 지 미

不成人之惡 小人反是.
불 성 인 지 악 소 인 반 시

〈顔淵안연〉편 17장

군자가 타인의 장점을 키워 주는 것은 타인도 仁인을 추구하도록 유도하기 때문이다. 소인이 사람의 단점을 키워 주는 것은 타인도 이익을 추구하도록 유도하기 때문이다.

핵심 한자 풀이

成
이룰 성

厂(기슭 엄)+亻(사람 인〈변형〉)+戈(창 과)
창을 들고 언덕에 서 있는 지도자가 된다면 그것은 크게 '이룬' 것이다.
成功성공 : 목적을 이룸.   成果성과 : 이루어진 결과

美
좋을 미

羊(양 양)+大(클 대)
예로부터 양은 큰 재산이었다. 양이 큰 것이 가장 '좋고' 아름다운 것이었다.   美學미학 : 미의 본질과 구조를 해명하는 학문.   美容미용 : 용모를 아름답게 단장함

惡
악할 **악**

亞(흉할 아)+心(마음 심)

흉한 마음이 '악한' 것이다.

惡魔악마 : 악 또는 불의를 의인화시켜 나타낸 것.　改惡개악 : 고쳐서 도리어 나빠지게 함

反
반대 **반**

厂(기슭 엄)+又(손 우)

언덕을 오르려면 손으로 언덕 밖을 잡고 올라야 하는데 언덕 안쪽을 잡고 있다. 그래서는 오를 수가 없다. '반대로' 된 것이다.　反轉반전 : 일의 형세가 뒤바뀜.　贊反찬반 : 찬성과 반대

是
~이다 **시**

日(태양 일)+疋(발 필)

疋은 뾰족구두를 신은 발목 모양과 비슷하다. 태양 아래에 있는 발 달린 모든 것을 말한다. 곧 '태양 아래 존재하는 모든 것'이다. 여기에서 '존재' 혹은 '있다'는 의미가 파생되었다.

직역과 해설

子　曰　君子　成　人之　美
공자가 / 말하기를 // 군자는 / 이루게 하고 / 사람의 / 좋은 점을 //

不成　人之　惡　小人　反是.
이루게 하지 않는다 / 사람의 / 나쁜 점을 // 소인은 / 반대이다

⬄ 공자가 말하기를 "군자는 사람의 좋은 점을 이루게 하고 사람의 나쁜 점을 이루게 하지 않는다. 소인은 반대이다."

사람은 누구나 좋은 점과 나쁜 점을 가지고 있다. 훌륭한 인격자가 되려면 좋은 점은 발전시키고 나쁜 점은 없애 나가야 하는 것이 당연한 이야기일 것이다.

군자가 인을 실천하는 것은 분명 자기 수양에 도움이 되는 일이지만, 그렇다고 자기만족을 위해서만 실천하는 것은 아니다. 그것은 스스로 모범이 되어 어진 사회를 만들기 위해서이다. 군자는 인의 실천자이자 전파자이다. 군자가 인을 전파시키는 방법은 각자 가진 품성에서 인의 싹(좋은 점)을 발견해 그것을 발전시키는 것이다.

소인에게도 인의 싹이 있다. 그러나 그는 인에 뜻을 두지 않으므로 그 싹을 발전시키지 않는다. 인에 뜻을 두지 않은 사람은 자연스럽게 자기 이익만을 추구하게 된다. 소인의 실천은 자기 이익을 위한 것이므로, 자신도 모르는 사이에 이기주의의 전파자가 된다. 그러므로 소인은 자연스럽게 사람의 나쁜 점을 발전시키게 된다. 이기주의는 자신을 위한 일처럼 보이지만, 자기 발전을 저해한다는 점에서 자신을 버리는 것이다.

子曰 知之者 不如好之者.
자 왈　지 지 자　불 여 호 지 자

好之者 不如樂之者.
호 지 자　불 여 락 지 자

仁인을 아는 것은 인을 좋아하는 것만 못하고,
인을 좋아하는 것은 인을 즐기는 것만 못하다.

핵심 한자 풀이

Tip 之지는 '~의'의 뜻이므로 앞에 동사가 오면 명사를 꾸미는 관형어가 된다. 그러므로 '知之지지'는 '아는'이 되고 '好之호지'는 '좋아하는'이 된다.

者 ~하는 것 자	耂(늙을 로)+日(날 일)+丶(점 주) 여기서 者는 '사람'이 아니라 '~하는 것'이라는 뜻으로 쓰였다.
如 ~만 하다 여	女(여자 여)+口(입 구) 如는 '~와 같다'는 뜻이고, 不如불여는 '~만 같지 못하다' '~만 못하다'는 뜻이다.

樂
즐길 **락**

么(실타래 요)+白(흰 백)+么(실타래 요)+木(나무 목)
娛樂오락 : 쉬는 시간에 재미있게 놀아서 기분을 즐겁게 하는 일. 食道樂식
도락 : 여러 음식을 맛보며 먹는 일을 취미로 삼는 일

> 子　曰　知之者　不如　好之者.
> 공자가 / 말하기를 // 아는 / 것은 / ~만 못하다 / 좋아하는 / 것 //
>
> 好之者　不如　樂之者.
> 좋아하는 / 것은 / ~만 못하다 / 즐거운 / 것

🔁 공자가 말하기를 "아는 것은 좋아하는 것만 못하고,
좋아하는 것은 즐거운 것만 못하다."

이 말을 잘못 이해하면 공자가 쾌락을 옹호한 것으로 알기
쉽다. 좋아하는 것이 아는 것보다 낮고, 즐거운 것이 좋아하
는 것보다 낮다는 식으로 말이다. 그러나 修己수기를 늘 강조
하는 공자가 쾌락을 주창했을 리 없다. 그러면 공자는 무슨
말을 하려 했던 것일까?

이 말 역시 仁인에 관한 것이다. 공자는 인을 아는 것이 인
을 좋아하는 것만 못하고, 인을 좋아하는 것이 인을 즐기는
것만 못하다고 말하고 있는 것이다. 이는 인을 체현해 나가는
세 가지 단계라고 보아도 무방하다.

첫째, 인을 아는 것은 인을 머리로 이해하는 단계이다. 스
승에게 듣고 책으로 보아 '아, 인이란 이런 것이구나!' 하고 인

의 가치와 의미를 이해하는 것이다. 인은 철학과 도덕의 합일이다. 그것은 철학과 도덕의 결합이 아니라, 그 둘을 따로 분리해서 생각할 수 없는 하나의 실체이다.

이것을 이해하면 둘째 단계, 즉 인을 좋아하는 단계로 이행한다. 이 단계에 이르면 그것을 추구하고 실천하려고 노력하게 된다. 인을 소중하게 생각하고, 자신이 인을 추구한다는 사실에 자긍심을 갖게 된다. 그러나 그것을 '의도적으로' 추구한다는 사실 자체가 인을 대상화하는 단계를 넘어서지 못했음을 반증한다.

셋째 단계는, 인을 즐기는 단계이다. 이 단계는 인과 자신이 완전히 하나가 된 상태이다. 그러므로 자신이 인을 행하고 있다는 인식조차 없다. 인을 행한다는 자긍심도 없다. 행동은 자유롭고 아무런 거리낌이 없다. 그러나 그렇게 행동해도 인에서 벗어나지 않는다. 이것이 인을 즐기는 경지이다. 공자는 이런 단계에 이르러야 한다고 말하고 있는 것이다.

子曰 奢則不孫 儉則固.
자 왈 사 즉 불 손 검 즉 고

與其不孫也 寧固.
여 기 불 손 야 녕 고

〈述而술이〉편 38장

사치는 예를 넘어선 것이고, 쩨쩨한 것은 예에 미치지 못한 것이다.
사치가 쩨쩨한 것보다 못한 것은 오만한 마음을 낳기 때문이다.

핵심 한자 풀이

奢
사치할 **사**

大(클 대)+者(물건 자)
큰 물건을 쓰는 것이 '사치'하는 것이다. 大를 '많다'로 해석할
수도 있다. 물건을 많이 쓰는 것도 '사치'다.
奢侈사치 : 분수에 지나치게 치레함.　豪奢호사 : 호화로운 사치

孫
손자 **손**

子(아들 자)+系(이을 계)
아들의 뒤를 이은 것이 '손자'이다.
長孫장손 : 맏손자.　後孫후손 : 몇 대가 지난 뒤의 자손

Tip 孫손은 원래 '손자'라는 뜻이나 여기서는 遜겸손할 손과 같은 뜻으로 쓰
였다. 不孫불손으로 쓰였으니 '겸손하지 못하다'는 뜻이다.

儉
검소할 검

亻(사람 인)＋僉(여러 사람 첨)

집 안에 사람이 많으면 무엇이든 '검약할' 수밖에 없다. 口도 역시 사람이다. 여기에서는 다소 부정적인 의미의 '군색하다'는 뜻으로 쓰였다.

儉約검약 : 검소하게 절약함.　節儉절검 : 절약하고 검소하게 함

> **Tip** 也야는 별 뜻 없이 문장 가운데서 잠깐 멈추는 효과를 표시한다. 일종의 쉼표처럼 생각하면 되겠다.

固
고루할 고

囗(지역 국)＋古(옛 고)

固는 고집스럽고 완고하여 앞뒤가 꽉 막힌 것을 의미한다.

固守고수 : 굳게 지킴

與
～하기보다는 여

'～과' '～하다'는 뜻이나 '～하기보다는'이라는 뜻도 있다.

其
그 기

其는 지시대명사로서 어떤 사물이나 사람을 가리킨다.

寧
차라리 녕

宀(지붕 면)＋心(마음 심)＋皿(그릇 명)＋丁(넷째천간 정)

丁寧정녕 : 추측컨대. 틀림없이

> **Tip** '與其여기 A 寧녕 B'는 'A하기보다는 차라리 B하다'는 뜻의 한자 숙어이다. 이 표현은 숙어이니 외우는 수밖에 없다.

子 曰　奢則　不孫　儉則　固.
공자가 / 말하기를 // 사치하면 / 불손해지고 / 군색하면 / 고루해진다 //

與其不孫也　寧　　固.
불손하기보다는 / 차라리 / 고루한 것이 낫다

◉ 공자가 말하기를 "사치하면 불손해지고 군색하면 고루해진다. 불손하기보다는 차라리 고루한 것이 낫다."

　사치를 하는 것이나 쩨쩨한 것은 모두 중용에 어긋난다. 그리고 모두 마음을 다한 것이 아니라는 점에서 禮예에도 어긋난다. 그러나 둘 중 하나를 선택한다면? 공자는 차라리 쩨쩨한 것이 낫다고 말하고 있다. 그 이유는 무엇일까? 남에게 돈을 펑펑 쓰는 사람이나 의례를 사치스럽게 치르는 사람은 '내가 이만큼 차려서 정성을 다했으니 할 만큼은 했으렷다!' 하고 생각하는 경향이 있다. 물질적으로 풍족하게 한 것이 예를 다한 것이라고 생각하는 것이다. 이런 생각은 사람을 오만하게 만든다. 반면, 남에게 혹은 의례를 치르는 데 쩨쩨한 사람은 다소 각박하게 할지언정 그런 오만한 마음은 품지 않는다. 그래서 공자는 "불손한 것보다는 고루한 것이 낫다."고 한 것이다. 예는 사람을 겸손하게 하기 위한 것이지, 불손하고 오만하게 만들기 위한 것이 아니다. 소비주의 시대에 살고 있는 우리는 거꾸로 생각하기 쉽다. 사치를 하지 않으면 상대방에 대한 예의가 아니라고 생각하는 것이다. 남에게 대접받을 때도 상대방이 나에게 돈을 많이 쓸수록 내가 대접받고 있다고 여긴다. 우리는 공자의 말을 곰곰이 되새겨 보아야 한다.

子曰 志士仁人 無求生以害仁
자 왈 지 사 인 인 무 구 생 이 해 인

有殺身以成仁.
유 살 신 이 성 인

자신의 목숨을 소중히 여기되, 먹고 사는 문제에 집착해 仁인을 버려서는 안 된다. 인은 개개인의 수명을 넘어서는 가치를 갖는다.

핵심 한자 풀이

士 선비 사
팔을 활짝 벌리고 있는 당당한 사람이 '선비'이다.
義士의사 : 의리와 지조를 굳게 지키는 사람.　勇士용사 : 용맹스러운 사람

生 살 생
땅에서 나무가 자라나는 모습이다. 나무의 가지들이 생생하게 '살아 있다.' 生命생명 : 목숨. 사물을 유지하는 기간.　先生선생 : 교사의 존칭. 남의 경칭

害 해칠 해
宀(지붕 면)＋丰(풀이 무성할 봉)＋口(입 구)
宀은 '지붕 면'이고 冖은 '덮을 멱'이다. 혼동하지 말아야 한다. 口는 문을 나타낸다. 지붕과 문 사이에 풀이 무성하면 사람에게 '해롭다.' 독충이나 뱀 같은 짐승들이 서식하기 때문이다.

害毒해독 : 해와 독.   危害위해 : 위험과 재해

有
있을 **유**

人(사람 인〈변형〉)+ 月(달 월)
땅에는 사람이 있고 하늘에는 달이 '있다.' 그 밖에 또 무엇이
있겠는가.   所有소유 : 갖고 있음.   有限유한 : 수·양·물체의 크기, 공
간의 넓이, 시간의 계속 등에 한계가 있음

殺
죽일 **살**

乂(벨 예)+丶(점 주)+木(나무 목)+殳(창 수)
木은 몽둥이를 뜻한다. 나무 몽둥이나 칼, 창으로 '죽이는' 것
을 나타낸다. 丶는 피가 튀는 모양이다.
殺氣살기 : 무섭고 거친 기운.   自殺자살 : 스스로 제 목숨을 끊음

身
몸 **신**

임신한 여인의 모습을 형상화하였다. 多産다산이 곧 생존의
조건이었던 시대에 아이를 가진 여인의 모습처럼 소중하고
아름다운 몸이 어디 있으랴.
身體신체 : 사람의 몸.   肉身육신 : 육체

직 역 과 해 설

子　日　　志士　　仁人　　　無求
공자가 / 말하기를 // 뜻있는 선비와 / 어진 사람은 // 구하는 것이 없고 /

生 以害 仁　　有殺　身 以成 仁.
삶을 / 해침으로써 / 인을 // 죽이는 것은 있다 / 몸을 / 이룸으로써 / 인을

◎ 공자가 말하기를 "뜻있는 선비와 어진 사람은 인을
해침으로써 삶(목숨)을 구하는 것이 없고 인을
이룸으로써 몸을 죽이는 것은 있다."

109

'殺身成仁살신성인'이라는 말로 유명한 장이다. 그러나 이것을 오해하면 자칫 '인을 이루기 위해서는 자신의 목숨을 함부로 다루어도 좋다'는 뜻으로 이해하기 쉽다. 그러나 이 문장의 어감을 잘 곱씹어 보면, 공자의 의도가 그런 것과는 거리가 멀다는 것을 알 수 있다. 공자가 살신성인을 말한 것은 '목숨을 부지하기 위해 인을 해쳐야만 하는 상황'을 전제로 한 것이다. 즉, 인을 위해서 언제 어디서나 목숨을 버릴 준비를 하라는 뜻이 아니라, '목숨을 부지하기 위해 인을 해쳐야 하는 상황에서는 목숨을 버려서라도 인을 위하는 쪽을 선택해야 한다'는 뜻이다.

우리가 알아야 할 것은, 공자는 타인의 목숨이건 자신의 목숨이건 인간의 목숨을 소중하게 여기지 않은 적이 없다는 것이다. 목숨을 던져 실현될 인이라면 목숨을 던지겠지만, 인이란 어느 개인이 한순간 목숨을 버린다고 해서 실현되고 말고 하는 것이 아니다. 공자가 말하고자 한 것은 인을 해치면서까지 먹고 사는 문제에 집착하지 말라는 것이다. 그리고 만약 인이냐, 삶이냐 하는 양자택일에 부딪쳤을 때는 과감히 인을 택하라는 주문이다.

子貢問友. 子曰 忠告而善道之
자 공 문 우   자 왈   충 고 이 선 도 지

不可則止 毋自辱焉.
불 가 즉 지   무 자 욕 언

〈顔淵안연〉편 24장

나의 충고가 상대에게 받아들여지지 않을 때는 강요하지 말고,
자신의 덕이 부족함을 반성해야 한다.

핵심 한자 풀이

貢
바칠 공

工(장인 공)＋貝(조개 패)
장인이 조개로 장식한 귀중한 물건을 '바친다.' 예전에는 조개
로 장식한 나전칠기 같은 물건이 매우 귀한 공예품이었다.
租貢조공 : 옛날, 종주국에게 속국이 때맞추어 예물로 물건을 바치던 일.
貢獻공헌 : 힘써서 이바지함

問
물을 문

門(문 문)＋口(입 구)
문 입구에 서서 들어가도 되느냐고 '묻는' 것이다.
問答문답 : 묻고 답함.   質問질문 : 의문·이유를 캐어 물음

友
벗 우

人(사람 인〈변형〉)＋又(손 우)
사람과 사람이 만나 손을 맞잡은 모양이다. 손을 맞잡은 것이
'벗'이다. 校友교우 : 동창의 벗.   友情우정 : 벗 사이의 정

忠
충성 충

中(가운데 중)+心(마음 심)

마음이 어느 쪽으로 치우치지 않고 가운데 있는 것이 충이다. 충이 중용의 도에 가까움을 느낄 수 있다. 공자가 말한 충은 '인을 향한 수신'에 충실한 것을 의미했지, 나라에 대한 충성을 의미한 것은 아니었다.

忠誠충성 : 진정에서 우러나는 정성.　忠情충정 : 충성스럽고 참된 정

告
알릴 고

牛(소 우〈변형〉)+口(입 구)

목동의 입에서 소를 부르는 소리가 들린다. 목동은 해가 졌으니 집에 돌아가자고 소에게 '알린다.'

告知고지 : 알림. 통지함.　報告書보고서 : 보고하는 문서

Tip 而이는 여기에서 '~하여'로 해석하는 것이 자연스럽다.

善
잘할 선

羊(양 양 〈변형〉)+ 丶(점 주 2개)+口(입 구)

'착할 선'으로도 읽는다. 목동이 양의 입에 먹이를 주는 모습이다. 丶는 먹을 것을 단순화한 것이다. 이것은 얼마나 착하고 잘하는 행위인가. 옛사람들은 착한 것이 '잘하는' 것이었다. 善行선행 : 착하고 어진 행실.　僞善위선 : 본심에서가 아니라 겉으로만 하는 착한 행실

道
이끌 도

辶(달릴 착)+首(머리 수)

뿔이 난 소의 고삐를 잡고 앞으로 가는 모양이다. 소를 '이끄는' 모양이다.

Tip 여기에서 之지는 '그'라는 지시대명사로 쓰였다.

自
스스로 자

自然자연 : 우리의 경험 대상의 전체.　自發자발 : 스스로 발동함

辱
욕되게 할
욕

辰(하늘 신)+寸(손가락 촌)
불만이 많은 사람이 하늘을 향해 손가락질하며 욕하는 모양
이다. 하느님을 향해 삿대질하는 것보다 더 '욕되게 하는' 것
이 어디 있겠는가.

侮辱모욕 : 깔보고 욕되게 함.   恥辱치욕 : 수치와 모욕

직역과 해설

子貢 問 友. 子 曰 忠告而善 道之
자공이 / 물었다 / 벗을 // 공자가 / 말하기를 / 충고 / 하여 / 잘 / 그를 이끌되 //

不可則 止 毋 自 辱 焉.
불가능 / 하면 / 그쳐서 // ~하지 말라 / 스스로 / 욕되게 하다 / (어조사)

❂ 자공이 벗에 대해 물었다. 공자가 말하기를
"충고하여 그를 잘 이끌되 불가능하면 그쳐서
스스로 욕되게 하지 말라."

군자는 벗을 인의 길로 이끈다. 그러나 정성껏 충고했는데
도 친구가 듣지 않으면 충고하기를 그쳐야 한다. 그렇지 않고
계속 충고하면 친구 사이만 멀어질 뿐이며, 모욕을 당할 수도
있기 때문이다. 그것은 합리적인 방법이 아니다. 그럴 경우
나중에 적당한 때를 보아 다시 충고하는 것이 낫다.
공자가 이렇게 말한 것은 단지 모욕을 당할까 봐 두려워서
가 아니다. 정성스럽게 충고했는데도 친구가 듣지 않는 것은
자신의 덕이 부족하기 때문인 경우가 많다. 똑같은 충고인데
도 사람에 따라 듣고 싶은 마음이 생기기도 하고, 그렇지 않

113

기도 한 것은 그 덕이 다르기 때문이다. 상대방이 자신의 충고를 듣지 않을 때는 물러나 덕을 더 쌓아야 한다. 부족한 덕으로 상대에게 계속 인을 강요해서는 실효가 없다.

친구에게 충고를 그치는 것은 자신의 덕을 뒤돌아보라는 의미이지, 모욕당하는 것을 두려워하라는 의미가 아니다. 모욕당하는 것은 부차적인 것일 뿐이다. 말이 통하는 것은 사람의 인덕을 배경으로 할 때만 가능한 것이다.

子貢
자 공

공자의 제자로 공자보다 31세 어렸다. 衛위나라 사람으로 이름은 端木賜단목사였다. 성격이 원만하여 사람들이 좋아했다. 위나라와 魯노나라에서 벼슬을 했으며, 집에 천금을 쌓아둘 정도로 부유했다 한다. 가난해도 아첨하지 않았고 부유해도 교만하지 않았다. 齊제나라에서 죽었다.

子貢問君子. 子曰
자 공 문 군 자 　 　 자 왈

先行其言 而後從之.
선 행 기 언 　 이 후 종 지

〈爲政위정〉편 13장

말하기 전에 그것을 먼저 행하는 것이 군자의 태도이다. 말한 것을 지키지 못할까 걱정한 탓이기도 하지만, 인식한 것을 실천해 옮김으로써 비로소 깨우치기 때문이다.

핵심 한자 풀이

先
먼저 **선**

牛(소 우〈변형〉)+儿(사람 인)
소가 사람보다 '먼저' 앞서 가는 모양이다. 사람이 소를 이끌어야 하는데 그 반대이다. 先王선왕 : 선대의 임금. 돌아간 임금. 先生선생 : 교사의 존칭. 남의 경칭

Tip 其기는 '그'라는 뜻으로 대명사이다. '其言기언' 하면 '그 말'이라는 뜻이 된다. 한문에 자주 나오는 한자이다.

從
좇을 **종**

彳(조금 걸을 척)+人(사람 인 2개)+止(발 지〈변형〉)
시종인 듯 보이는 두 사람이 종종걸음으로 주인을 '좇는' 모습이다. 追從추종 : 뒤를 따라서 좇음. 從事종사 : 어떤 일을 일삼아서 함

Tip 之지는 '그것'의 뜻으로 지시대명사이다. 여기서는 '言언'을 가리킨다.

직역과 해설

子貢 問 君子. 子 曰 先
자공이 / 물었다 / 군자를   공자가 / 말하기를 // 먼저 /

行 其言 而 後 從 之.
행하고 / 그 말을 // 그리고 / 후에 / 좇는다 / 그것을

➡ 자공이 군자에 대해 물었다. 공자가 말하기를
"먼저 그 말을 행하고 난 후에 그 말을 좇는다."

　　말보다 실천을 강조하는 공자의 말이다. 여기서 말하는 '실천'이란 '인의 실천'을 말한다. 공자는 말이 실천을 앞서기보다 실천이 말을 앞서기를 바랐다. 말이 실천을 앞서는 것은 사람의 값어치를 떨어뜨린다. 왜냐하면 말은 하기 쉽고 실천은 하기 어려운 까닭에 대개 말은 남고 실천은 모자라게 되기 때문이다. 그런 일이 반복되는 사람은 타인에게 신뢰를 잃게 되어, 타인을 인의 길로 이끌 수 없게 된다.
　　말이 실천을 앞서는 것은 자기 수양에도 전혀 도움이 안 된다. 말을 먼저 뱉는 사람은 우선 실천보다 말로 사람들에게 인정받게 되어, 말로 인을 전파하는 것이 곧 인을 실천하는 것이라는 착각에 빠지기 쉽다. 말로써 타인의 인정을 받은 사람은 말의 위력에 도취되어 자충수를 반복하게 될 위험이 있다. 말이란 타인을 도취시키기도 하지만, 말하는 자신도 도취시켜 오만하게 만든다.

子曰 過而不改 是謂過矣.
자 왈 과 이 불 개 시 위 과 의

〈衛靈公위영공〉편 30장

진정한 잘못은 잘못을 저지르는 것이 아니다. 잘못을 저지르고도 고치지 않고 그것을 변명하는 것이 진짜 잘못이다.

핵심 한자 풀이

過
잘못 **과**

辶(달릴 착)+骨(뼈 골〈변형〉)
전쟁터에서 적들과 싸우러 달려 나가는 것은 辶으로 형상화되었고, 잘못되어 죽은 것은 骨로 형상화되었다.

過勞과로 : 지나치게 일하여 고달픔.　過誤과오 : 잘못. 과실. 실책

Tip 而이는 문맥상 '~하고도'로 번역하는 것이 자연스럽다.

改
고칠 **개**

己(자기 기)+ 攵(칠 복)
자신을 채찍질해 '고치는' 것이다. 올바른 마음가짐을 위해 자신을 가혹하게 다루었던 옛사람들의 정신이 엿보인다.

改變개변 : 고쳐 바꿈. 변경.　改革개혁 : 새롭게 뜯어 고침

是
이것 **시**

日(날 일)+疋(발 필)
'~이다'는 뜻이 아니라, '이것'이라는 뜻의 대명사로 쓰였다.

謂
일컬을 위

言(말씀 언) + 胃(마음 위)
마음의 말씀이 '일컫는' 것이다.

所謂소위 : 이른바.　　可謂가위 : 과연. 참

子　曰　　過而　不改
공자가 / 말하기를 // 잘못하고도 / 고치지 않는 것 /

是　謂　過矣.
이것을 / 일러 / 잘못이라 한다

➡ 공자가 말하기를 "잘못하고도 고치지 않는 것,
이것을 일러 잘못이라 한다."

일생을 살면서 잘못을 저지르지 않고 살아가기란 불가능하다. 인간이 잘못을 저지르고 사는 것은 거의 필연이다. 문제는 잘못을 인식하고 그것을 고치느냐 그렇지 않느냐 하는 것이다. 이것의 여부에 따라 한 인간의 정신적 경향이 결정된다.

공자가 말하는 인은 잘못을 전제로 한다. 밤이 있어야 낮이 있듯이 잘못이 있어야 어짊이 있다. 어짊은 잘못을 배제하는 것이 아니라 잘못을 고쳐 나가는 것이다. 어짊은 어느 한순간에 이루어지는 것이 아니다. 수많은 잘못을 반성하고, 그것을 고쳐 나가는 과정을 통해 인은 구현된다.

잘못을 반성하지 않으면 정신적 발전을 이루지 못할 뿐 아니라, 그 수준을 도리어 퇴보시킨다. 잘못을 반성하지 않으려면 온갖 변명으로 잘못을 덧칠해야 하기 때문이다. 이 변명은 사람이 갖고 있는 인의 싹을 자른다. 공자가 잘못을 고치지 않는 것을 강도 높게 실책한 것은 그 때문이다.

子曰 攻乎異端 斯害也已.
자 왈　공 호 이 단　사 해 야 이

이단을 공격하는 것은 仁인을 해치는 행동이다. 이단이라고 몰아부치
는 것 자체가 닫힌 사고의 결과물일 뿐 아니라, 덕의 부족함을 반증하
는 증거이기 때문이다.

핵심 한자 풀이

攻
공격할 공

工(장인 공)+攵(칠 복)
工은 음을 나타내고자 차용한 것이다. 적을 '치는' 모양이다.
挾攻협공 : 양쪽으로 끼고 들이침.　攻襲공습 : 습격하여 침

乎
~에 대하여
호

여기에서 乎는 어조사가 아니라 '~에 대하여'의 뜻으로 쓰였
다.

異
다를 이

田(밭 전)+共(함께 공)
존경하는 사람과 대화하는 사람을 그린 것인데, 두 손을 들어
머리를 싸안고 있다. 고귀한 사람을 쳐다보면 눈이 부시므로
머리를 감싸고 있는 것이다. 고귀한 사람은 이처럼 일반인과
는 '다르다'. 머리를 과장해서 그렸는데 가면을 쓴 사람이라
는 설도 있다. 差異차이 : 서로 차가 있게 다름.　異見이견 : 다른 의견

端
끝 단

立(설 입)＋耑(끝 단)

하늘에 제사를 지내고자 부족민들을 모아 놓고 벼랑 끝에 신 모양이다. 尖端첨단 : 뾰족한 끝.　極端극단 : 맨 끄트머리

> **Tip** 異端이단은 '자기가 믿지 않는 설이나 이론'을 말한다.

斯
이 사

其(그 기)＋斤(도끼 근)

'이'라는 뜻의 지시대명사이다. 한문에서 자주 나오는 한자이다.

> **Tip** '也已야이'는 '已矣이의'와 마찬가지로 '~할 뿐이다'는 뜻이다.

직역과 해설

子	曰	攻	乎異端	斯	害也已
공자가 / 말하기를 // 공격하다 / 이단에 대하여 // 이는 / 해로울 뿐이다					

▶ 공자가 말하기를 "이단에 대해 공격하는 것,
이는 해로울 뿐이다."

이 장은 오랫동안 攻공을 '공부하다'로 해석하여 "이단을 공부하는 것은 해롭다"고 잘못 해석되어 왔다. 공자의 사상을 국교로 삼았던 조선에서 치열한 이단 논쟁이 있었던 것은 이런 오역과도 밀접한 관련이 있다. 공자의 인은 사람을 사랑하는 사상이다. 그런데 자신과 조금 다른 생각을 갖고 있다고

하여 이단으로 몰아붙이는 것은 이 정신에 위배된다. 그렇다면 공자가 이단에 대한 공격을 해롭다고 주장한 까닭은 무엇일까?

우선 이단은 정통을 전제로 한다. 그것은 내가 옳고 너는 그르다는 것을 상정한 것이고, 그러한 생각은 반드시 '도그마'에 빠질 수밖에 없는 구조를 가지고 있다. 그것은 명백히 폐쇄적인 체계이다. 공자에게 학문의 최종적인 목적은 자기 변혁을 이루어 내는 것이다. 철저한 자기 변혁을 통해 타인을 포용하는 것이 공자 사상의 핵심임을 안다면 이단을 공격하는 것이 왜 해가 되는지 이해할 수 있을 것이다. 이단을 공격하는 것은 자신의 학문과 덕행이 모자라다는 사실을 드러낼 뿐이다. 또한 '외부에 대한 공격'은 '내면세계의 절대 완성'을 추구한 공자의 사상과 정면으로 배치된다.

子曰 學如不及 猶恐失之.
자 왈 학 여 불 급 유 공 실 지

〈泰伯태백〉편 18장

배움에는 만족이 없다. 배우는 자는 자신이 항상 부족하다고 생각하는 자세를 가져야 한다.

핵심 한자 풀이

Tip 及급은 '미치다' '이르다'의 뜻이므로 不及불급은 '미치지 못하다'가 된다. 之지는 지시대명사로 앞 문장 學如不及학여불급을 가리킨다.

如 ~처럼 여
女는 음을 차용하기 위해 쓰였다. 한문에서 자주 쓰이는 한자이다.

及 미칠 급
사람이 벼랑에서 손으로 나뭇가지를 간신히 잡은 모양이다. 손이 나뭇가지에 '미쳤다.' 위태로운 광경이지만 나뭇가지를 잡았으니 이제는 살았다. 及第급제 : 과거 시험에 합격함. 及落급락 : 물가나 시세 따위가 갑자기 떨어짐

猶 오히려 유
犭(개 견)+八(여덟 팔)+酉(닭 유)
'~과 같다'는 뜻도 있다.

恐
두려울 **공**

工(장인 공)＋凡(무릇 범)＋心(마음 심)
工은 음을 나타내고자 차용한 것이고, 凡는 '두려워서' 눈을
똥그랗게 뜬 모양이다.
恐怖공포 : 무서움과 두려움.　**恐喝공갈** : 올러서 무섭게 함

失
잃을 **실**

牛(소 우〈변형〉)＋大(클 대)
유목민들에게 소나 양은 가장 큰 재산이었다. 그중에서도 사
람의 마음을 가장 아프게 한 것은 큰 소를 '잃어버렸을' 때이
다.　**喪失상실** : 잃어버림.　**失望실망** : 희망을 잃어버림

직역과 해설

子　曰　　學　如不及
공자가 / 말하기를 ∥ 배우라 / 못 미치는 것처럼 ∥

猶　恐　失之.
오히려 / 두렵다 / 그것을 잃을까

➲ 공자가 말하기를 "못 미치는 것처럼 배우라.
오히려 그것을 잃을까 두렵다."

이 글은 배움의 자세가 어떠해야 하는지를 가르치고 있다.
배움에는 '이제는 내가 미쳤구나. 알만큼 알았구나' 하는 마음
이 있으면 안 된다는 말이다. 배움에는 항시 '나는 아직도 멀
었구나' 하는 마음을 가져야 한다. 많이 모르는 것만이 아니
라 깊이 알지 못하는 것도 늘 자각해야 한다. 하나를 배워 알
면, 그 의미를 생각하고 또 생각하여 그것을 완전히 자신의

것으로 만들어야 한다.

배움에서 스스로 만족할 만한 수준에 이르렀다고 생각하는 사람은 오만하게 되고 더 이상 진진이 없게 된다. 사신이 미치지 못했다고 생각해야 간절함이 생기고 진지하게 된다. 공자는 이것이 군자의 자세라고 생각하였다. 미치지 못해서 안절부절못하는 마음, 그 마음을 공자는 소중하게 여겼다. 공부를 열심히 하되, 열심히 해서 만족할 만한 성과를 얻었다고 생각하기보다는 오히려 만족하지 못했다고 생각하는 것, 공자는 그 마음가짐을 제자들이 잃을까 봐 걱정했던 것이다.

인간의 마음과 의지를 나타내는 한자

인간의 감정을 나타내는 한자에는 대개 心마음 심이 들어가 있다. 惡미워할 오, 愛사랑할 애, 憂근심할 우, 憤성낼 분, 憙기쁠 희, 怨원망할 원, 快유쾌할 쾌, 그리고 이 장에 나온 恐두려울 공이 그렇다. 인간의 의지를 나타내는 것에도 心마음 심이 들어간 경우가 많다. 意뜻 의, 忠충성 충, 志뜻 지, 必반드시 필 등이 그렇다. 인간의 감정이나 의지를 나타내는 한자에는 心마음 심이 대개 포함되어 있다고 생각하면 한자를 익히는 데 도움이 될 것이다.

子曰 溫故而知新 可以爲師矣.
자 왈 　온 고 이 지 신 　가 이 위 사 의

〈爲政위정〉편 11장

배움이란 옛것을 새롭게 아는 것이다.
옛것을 새롭게 되새기지 않고 배우는 방법이란 없다.

핵심 한자 풀이

溫
데울 **온**

氵(물 수)＋囚(죄수 수)＋皿(그릇 명)

그릇에 물을 넣고 '데우는' 모양이다. 囚는 물이 끓는 모양을
추상적으로 나타낸 것이다.　溫度온도 : 덥고 찬 정도. 온도계가 나
타내는 도수.　氣溫기온 : 대기의 온도

Tip 溫온은 '데우다'는 뜻으로, 여기에서는 '그 의미를 되살리다'는 뜻으로 쓰
였다.

故
옛 **고**

古(옛 고)＋攵(채찍질할 복)

채찍질을 하면 '획' 하는 소리가 난다. 세월은 이처럼 '획' 지나
가 버리는 법. 지나간 세월은 '옛날'이 된다. 古는 의미를, 攵
은 옛날을 형용하고자 붙였다.
古宮고궁 : 옛 궁전.　古國고국 : 역사가 오랜 나라

Tip 而이는 문맥상 '~하여'로 번역하는 것이 바람직하다.

新
새로울 **신**

立(설 입)＋木(나무 목)＋斤(도끼 근)

예전에는 무언가를 '새롭게' 만들려면 대부분 나무를 이용했다. 집도 도구도 나무로 만든다. 그러기 위해서는 도끼질이 필수적이다. 서서 나무에 도끼질을 하는 모습이다.

刷新쇄신 : 나쁜 폐단을 없애고 새롭게 함.　新藥신약 : 새로 제조·판매되는 약품

Tip 可以가이는 '~할 수 있다'는 뜻이다.
爲위는 '~으로 삼다'는 뜻이다.

직역과 해설

子　日　溫故而　知新
공자가 / 말하기를 // 옛것을 되살려 / 새롭게 아는 것 //

可以爲　師　矣.
삼을 수 있다 / 스승으로 / (어조사)

○ 공자가 말하기를 "옛것을 되살려
새롭게 아는 것을 스승으로 삼을 수 있다."

　　옛사람들의 가르침이나 지식을 배워 익히고 그 의미를 다시 생각해 보아 그 의미를 새롭게 깨닫는 그 행위를 스승으로 삼아야 한다는 말이다. 옛것을 배우는 것을 보수적으로 생각할 필요는 없다. 모든 지혜나 지식을 쌓는 유일한 길은 결국 옛것을 공부하는 것이다. 옛것을 공부하지 않으면 무엇을 공부한단 말인가? 더구나 오늘날까지 살아남은 옛 지적 유산들

은 인간과 사회의 가장 본질적인 문제들을 탐구했기에 소멸되지 않는 생명력을 갖고 있다.《논어》의 생명력도 바로 이런 점에 기인한다. 옛 지적 유산들은 늘 새롭게 해석되어야 할 가치가 있다. 그것이 "새롭게 아는 것"이다.

당대를 사는 사람들은 모두 자신이 '특수한 시대'에 살고 있다고 생각한다. 그러나 물질문명이 아무리 달라져도 인간이 고심하고 있는 본질적인 주제들은 여전히 변함이 없는 경우가 많다. 시대의 특수성을 뛰어넘는 보편적이고 본질적인 지혜의 보고가 '옛것'에 있다. 그 지혜는 단순한 '생활의 지혜'가 아니라 인간과 사회, 우주에 대한 통찰이요 깨달음이다.

子曰 古者言之不出
자 왈 고 자 언 지 불 출

恥躬之不逮也.
치 궁 지 불 체 야

〈里仁이인〉편 22장

말이 행동에 미치지 못할까 하여 말을 아끼는 행위는 배우는 자의 진실한 마음에서 비롯되는 것이다. 말을 아끼지 않는 자가 어떻게 자기 수양에 성실할 수 있으랴.

핵심 한자 풀이

出
날 출

동굴 또는 집처럼 사방이 둘러싸인 곳에서 나오려는 사람의 발을 그린 것이다.

出生출생 : 태아가 모체에서 태어남.　脫出탈출 : 몸을 빼어 나옴

Tip 不出불출은 '하지 않다'는 뜻이다.

恥
부끄러워할
치

耳(귀 이)+心(마음 심)

마음의 목소리를 들어야 '부끄러움'을 알게 된다. 부끄러움이란 양심의 목소리를 듣는 것이다. 남을 속일 수는 있어도 양심을 속일 수는 없다. 양심은 마음에서 나온다.

羞恥수치 : 부끄러움.　恥辱치욕 : 수치와 모욕

躬
자신 **궁**

身(몸 신)+弓(활 궁)
몸에 활을 맨 당당한 모습의 전사가 바로 나 '자신'이다.
躬行궁행 : 몸소 실행함

逮
미칠 **체**

辶(달릴 착)+隶(붓 율〈변형〉)
이 한자는 及미칠 급, 至미칠 지와 달리 다소 정신적인 측면을 강
조한다. 붓이 달린다는 것은 붓글씨를 쓰는 것을 말한다. 붓
글씨를 쓰는 것은 공부하는 것이다. 공부를 해서 자기 도야가
일정한 수준에 '미치는' 것을 가리킨다.
逮捕체포 : 죄인을 잡음.   連逮料연체료 : 세금 납부 등을 지체했을 때 기간
에 따라 지급하는 추가 요금

직 역 과   해 설

子   曰   古者 言之 不出
공자가 / 말하기를 // 옛 사람들 / 말의 / 하지 않음은 //

恥   躬之 不逮   也.
부끄러워함이다 / 자신의 / 미치지 못함을 / (어조사)

◎ 공자가 말하기를 "옛사람들이 말을 하지 않은 것은
자신의 미치지 못함을 부끄러워했기 때문이다."

옛사람들이 말을 아낀 것은 자신의 행동이 그에 미치지 못
할 것을 부끄러워했기 때문이다. 옛사람들의 진중한 생활 태
도를 엿볼 수 있다. 그것은 단지 겸손하게 보이기 위함이 아
니라, 배우는 자의 자세에 충실한 것이었다. 배우는 자는 항

상 不及불급, 즉 내가 아직 미치지 못했다는 자세를 유지해야 한다. 이는 학문의 수준에 따라 결정되는 문제가 아니다. 학문이 아무리 높아도 건지해야 할 자세이다. 옛사람들은 미침〔及〕의 수준을 한없이 높은 곳에 두어 자신을 채찍질했던 것이다.

학문의 목적은 많이 아는 것에 있지 않았다. 공부를 열심히 하다 보면 많이 아는 것은 필연적인 결과이겠지만, 공부의 일차적인 목적은 많이 아는 것을 남에게 과시하거나 그것을 이용해 벼슬을 하는 데 있지 않았다. 우선은 자기의 몸과 마음을 닦는 데 있었다. 그러므로 학문의 몸가짐이 일상생활의 몸가짐과 다르지 않았다.

子曰 里仁爲美. 擇不處仁
자 왈 　이 인 위 미　　택 불 처 인

焉得知?
언 득 지

〈里仁이인〉편 1장

어짊에 머무르는 것은 미학적으로 아름답다.
어짊에 머무르지 않고서 지혜로울 수는 없다.

핵심 한자 풀이

里
마을 리

田(밭 전)＋土(흙 토)
밭과 흙이 모여 '마을'을 이룬다. 里長이장 : 행정구역인 里리의 사무를 맡아보는 사람. 里程標이정표 : 이정을 적어 세운 푯말 또는 표석

Tip 里이는 '마을'이라는 뜻이나, 여기서는 '머물다'는 뜻으로 處처와 같은 의미로 쓰였다.

爲
~하다 위

爫(손톱 조)＋象(코끼리 상〈변형〉)
코끼리 코에 손을 대고 있는 사람을 그린 것이다. 코끼리를 능숙하게 '다루는' 뛰어난 솜씨를 말한다. 여기에서 '하다' '되다'의 뜻이 파생되었다.

Tip 爲위는 '~하다'는 뜻이다. '爲美위미' 하면 '아름답다'는 뜻이 된다.

擇
택할 **택**

才(손 수)+睪(줄 끌어당길 역)
사형수들을 쭉 세워 놓고 목매달아 죽이는 광경이다. 어떤 줄을 끌어당기느냐에 따라 먼저 죽고 나중에 죽는 것이 결정되었다. 揀擇간택 : 왕·왕자·왕녀의 배우자를 고름. 選擇선택 : 골라 가림

處
머물 **처**

虍(호랑이 호)+夂(천천히 걸을 쇠)+几(의자 궤)
호랑이가 자신의 보금자리에서 앉았다가 어슬렁거리며 천천히 걷다가 하는 모양이다. 几는 보금자리를 뜻한다. 호랑이가 한곳에 '머무는' 모양을 나타냈다.
居處거처 : 한군데를 정하여 두고 항상 기거함. 處女처녀 : 성숙한 미혼의 여성

焉
어찌 **언**

正(바를 정)+匕(비수 비〈변형〉)+灬(불 화)
焉은 어조사로 쓰이지만, '어찌'라는 뜻도 가지고 있다. 여기서는 '어찌'로 쓰였다. 주로 反問반문할 때 쓰인다.

得
~할 수 있다 **득**

彳(조금 걸을 척)+日(태양 일)+一(한 일)+寸(마디 촌)
'~할 수 있다'는 뜻이다. 한문에서 자주 나오는 용법이다.

子 曰 里仁 爲美.
공자가 / 말하기를 // 인에 머물면 / 아름답다

擇 不處仁 焉 得知?
선택한다면 / 인에 머물지 않는 것을 // 어찌 / 지혜로울 수 있겠느냐?

◐ 공자가 말하기를 "인에 머물면 아름답다. 인에 머물지 않는 것을 택한다면 어찌 지혜로울 수 있겠느냐?"

인간의 행위 중에 가장 아름다운 것은 무엇일까? 그것은 가난하고 힘없는 사람을 돕는 것, 이성을 사랑하는 것, 부모가 자식을 돌보는 것, 이웃과 평화롭게 지내는 것, 작은 음식이라도 나누어 먹는 것 등일 것이다. 그것은 모두 공자가 말한 '인'에 해당한다. 공자가 "인에 머물면 아름답다"고 한 것도 그런 의미이다.

이것은 이해하기 어렵지 않다. 그러나 인에 머물지 않으면 지혜로울 수 없다는 두 번째 문장은 선뜻 이해되지 않을 것이다. 오늘날처럼 자기 이익을 극대화시키는 방법들이 '지혜'로 여겨지는 사회에서는 특히 그렇다. 그러나 자신만 잘살겠다는 전략들이 지혜가 될 수 있는가 곰곰이 생각해 보면 곧 그렇지 않음을 알 수 있다. 왜냐하면 나란 존재는 가족, 친구, 동료, 선후배들뿐 아니라, 내가 모르는 수많은 타인들 없이는 존재할 수 없는 존재이기 때문이다. 나는 직간접적으로 모든 사람과 관계 맺으며 살고 있다. 나는 그들을 필요로 한다. 타인이 없으면 내가 존재할 수 없다는 사실만으로도 내가 타인을 어질게 대할 이유는 충분하다. 그것이 참된 지혜인 것이다.

子曰 苟志於仁矣 無惡也.
자 왈 구 지 어 인 의 무 악 야

〈里仁(이인)〉편 4장

어질게 되면 존재의 울타리를 뛰어넘는 깨우침을 얻게 되므로
선과 악의 구별이 없어진다.

핵심 한자 풀이

苟
진실로 **구**

艹(풀 초)＋句(글귀 구)
苟且구차 : 군색스럽고 구구함

Tip 矣의가 문장의 중간에 쓰일 때는 也야처럼 잠시 멈추는 효과, 즉 쉼표와
같은 역할을 한다.

직 역 과 해 설

子	曰	苟	志	於仁
공자가 /	말하기를 //	진실로 /	뜻을 둔다면 /	어짊에 /

矣	無	惡	也.
(쉼표 역할) //	없다 /	악은 /	(어조사)

⦿ 공자가 말하기를
"진실로 인에 뜻을 둔다면 악은 없다."

이 문장은 어짊에 뜻을 둔 사람에게 일어날 수 있는 인식의 혁명을 말한다. 그 혁명이란 "악이 없다"는 것이다. 악은 선을 전제로 한다. 그런 점에서 이는 "선이 없다"는 말도 포함한다.

인이란 사람을 사랑하는 것이다. 그러나 그것이 어떤 차원에서 가능한지를 알기란 쉽지 않다. 우리는 일상적으로 미워하고 싫은 사람이 생기는 것을 경험한다. 그렇다면 인은 그런 사람들을 억지로 참고 사랑해야 한다는 말일까? 만약 그렇다면 '인내'이지 '인'이 아니다. 모든 사람을 진정으로 사랑하기 위해서는 선도 없고 악도 없다는 인식의 혁명이 일어나지 않으면 안 된다.

선과 악은 우주의 진리가 아니라 인간의 진리이다. 인간은 사회성이 매우 강한 동물로 그 선과 악을 주로 자신과 자신의 군집에 이로운가 그렇지 않은가를 따져서 판별하기 일쑤다. 그러나 집단의 논리를 떠난 군자에게는 그런 감정이 없다. 선과 악을 없애는 근본적인 방법은 선과 악으로 나누는 이분법적 사고를 뛰어넘는 것이다. 그러면 아무리 악한 사람이라도 가엾게 여겨진다. 그것은 아무리 악동이라도 부모가 그를 미워할 수 없는 것과 같다. 고매한 정신적 높이가 따뜻한 감정을 낳는 것이다.

子曰 仁遠乎哉?
자 왈 인 원 호 재

我欲仁 斯仁至矣.
아 욕 인 사 인 지 의

〈述而술이〉편 32장

仁인은 인간의 의지로만 달성될 수 있다. 인에 다가가기가 힘들다고 불평만 하는 사람은 인을 달성할 수 없다. 능력이 없어서가 아니라 스스로 포기하기 때문이다.

핵심 한자 풀이

Tip 乎호와 哉재는 문장의 끝에 쓰여 의문이나 반문을 나타낸다. 乎호와 哉재가 같이 쓰였으니 더 강렬한 반문의 어감을 나타낸다.

斯
이것 사

其(그 기)＋斤(도끼 근)
도끼를 가리키며 '이것'이라고 하고 있다. 옛날에 도끼는 매우 귀중한 물건이었다. 斯文사문 : 유학자의 경칭

至
이를 지

一(한 일)＋厶(나 사)＋土(흙 토)
표적 또는 지면을 맞춘 화살을 그린 것이다. 여기에서 '이르다' '도달하다'의 의미가 파생되었다.
冬至동지 : 1년 중 밤이 가장 긴 날.　至大지대 : 더 없이 큼

> 子 日 仁 遠乎哉?
> 공자가 / 말하기를 // 어짊이 / 멀다고?
>
> 我 欲仁 斯 仁 至矣.
> 내가 / 어질고자 하면 // 이것이 / 인에 / 이르는 것이다.

➡ 공자가 말하기를 "어짊이 멀다고?
내가 어질고자 하면 이것이 인에 이르는 것이다."

제자들이 인에 이르기가 어렵다는 말을 했을 때 공자가 반
문한 말 같다. 공자는 인이 멀리 있는 것이 아니라, 어짊에 뜻
을 두고 그 의지와 노력을 굳건히 하면 다가오는 것이라고 말
하고 있다. 사람이 인에 다가가는 것이지, 인이 사람에게 다
가오지는 않는다.

인에 다가가려면 인간의 주체적인 결단과 의지, 노력이 필
요하다. 이는 인에 이르는 유일한 통로이다. 어질고자 하고
어질기 위해 노력하는 것, 그 이외에 어떤 방법이 있겠는가?
그것은 인에 이르기가 어렵다고, 인이 너무 멀리 있다고 한탄
하는 제자들에게 공자가 해 줄 수 있는 유일한 말이었다. 그
러면서 인을 향해 더 굳건한 의지와 노력을 경주하라고 촉구
했다.

공자는 인간의 주체적인 의지와 힘이 가장 중요하다고 생
각했다. 인간의 주체적인 힘으로 자신과 사회를 바꾸어 나갈
수 있다고 믿었다. 인에 이르지 못하도록 정해진 사람은 없
다. 어떤 사람이 인에 이르지 못하는 것은 능력이 부족해서가

아니라 의지가 부족하기 때문이다.

'나'와 '너'

'나'를 나타내는 말 - 吾오 · 我아

'너'를 나타내는 말 - 予여 · 女여

女는 '여자'라는 뜻도 있으나 한문에서는 곧잘 '너'로 쓰인다.
문장의 내용을 보고 '여자'로 쓰였는지 '너'로 쓰였는지 파악할
수밖에 없다.

子曰 人之過也 各於其黨.
자 왈 　인 지 과 야 　 각 어 기 당

觀過 斯知仁矣.
관 과 　사 지 인 의

〈里仁이인〉편 7장

집단은 집단의 이익을 추구한다. 그것은 善선이나 義의와 근본적으로 관련이 없다. 그런 점에서 집단의 논리는 군자가 추구해야 할 바가 아니다.

핵심 한자 풀이

過
잘못 **과**

辶(달릴 착)+骨(뼈 골)
전쟁터에서 적들과 싸우러 달려나가는 것은 辶으로 형상화되었고, '잘못'되어 죽은 것은 骨로 형상화되었다.

過勞과로 : 지나치게 일하여 고달픔.　　過誤과오 : 잘못. 과실. 실책

Tip　也야는 문장의 중간에 쓰여 역시 쉼표 역할을 하고 있다.

各
각기 **각**

夊(뒤쳐져올 치)+口(입 구)
夊는 사람이 고개를 숙이고 힘없이 걷는 모양이다.
두 사람이 걷는데 함께 걷지 않고 한 사람은 앞에 가고 한 사람은 뒤에 떨어져서 '각자' 걷는 것을 표현한 것이다. 口는 사

람을 나타낸다.

各自각자 : 각각의 자신.　各層각층 : 각각의 층. 여러 층

於
~로부터
어

方(방향 방)＋人(사람 인)＋冫(얼음 빙)
方은 괭이나 보습을 그린 것이다. 의미가 확대되어서 땅이 되었고, 여기에서 '방향' '장소' '사방'의 의미가 파생되었다.

觀
볼 관

雚(황새 관)＋見(볼 견)
황새를 '보는' 모습이다. 옛사람들의 눈에는 고고한 자태의 황새가 가장 멋진 것으로 보였나 보다. 雚관은 음을 나타내기도 한다.

觀客관객 : 구경하는 이.　觀察관찰 : 사물을 주의하여 살펴봄

Tip 'A 斯사 B'는 'A하는 것이 B하는 것이다'는 뜻이다. 그냥 '이것'이라고 해석해도 무방하지만 이렇게 해석하는 것이 더 자연스럽다.

직역과 해설

子　日　人之　過　　也　　各
공자가 / 말하기를 // 인간의 / 잘못은 / (쉼표 역할) // 각자 /

於其黨.　觀過　斯　知仁　　矣.
그 집단으로부터이다. 잘못을 보는 / 것이 / 인을 아는 것이다 /(어조사)

➡ 공자가 말하기를 "인간의 잘못은
각자 (속해 있는) 그 집단으로부터 나온다.
(이) 잘못을 보는 것이 인을 아는 것이다."

인간은 사회적 동물이기에 누구나 어느 집단에 속해 살 수밖에 없다. 그런데 인간 인식의 비극은 이 집단의 논리에 예속되어 세상을 바라본다는 사실이다. 집단은 항상 '우리'와 '남'이라는 폐쇄적 경계를 설정한다. 내가 속한 집단이라는 것은 대부분 우연에 의한 것이다. 나의 가정, 국가, 민족, 직장, 모임 등은 넓은 안목에서 바라보자면 아주 우연적인 것이다. 스스로 선택한 집단이라고 하더라도 우연 속에서의 선택일 뿐이다.

집단은 개인보다 집단 우선의 논리, 집단 이익의 논리를 생산한다. 그리고 그럴싸한 대의명분을 갖다 붙인다. 그러나 어떠한 명분을 갖다 붙이더라도 집단 중심적 '이익'을 추구한다는 본질을 벗어나지 않는다. 또, 집단의 논리는 주로 남과 우리를 가르고 그에 따른 차별과 배제의 원리를 기본으로 삼는다. 그것은 군자가 추구해야 할 진리가 아니다. 공자는 누구보다 집단의 논리를 넘어서는 진리를 추구했으며, 집단의 논리를 뛰어넘지 않고서는 진정한 인의 인식에 다다를 수 없다고 보았다. 그런데 2,500년이 지난 지금 학연과 지연으로 인한 부패상의 원조를 공자로 꼽는 것은 커다란 아이러니가 아닐 수 없다.

子曰 事父母幾諫 見志不從
자 왈 사 부 모 기 간 　 견 지 부 종

又敬不違 勞而不怨.
우 경 불 위 　 노 이 불 원

〈里仁(이인)〉편 18장

부모님의 의견에 상충되는 말을 할 때는 조심스럽게 하고, 따르지 않더라도 공경하는 마음을 버려서는 안 된다.

핵심 한자 풀이

事 섬길 **사**
一(한 일)＋口(입 구)＋彐(돼지머리 계)＋丨(막대 곤)
돼지머리 고기를 포함한 각종 음식을 막대에 꿰어 만든 산적이다. 산적은 맛있는 음식을 표현한 것이다. 맛있는 음식을 웃어른께 대접하여 '섬기고' 싶어 하는 마음이다.

Tip 事사는 '일 사'로 많이 알고 있으나 '모시다'는 뜻도 가지고 있다. 여기서는 '모시다'로 쓰였다.

父 아버지 **부**
돌도끼를 든 족장, 즉 부족의 '아버지'를 표현했다.
父母부모 : 아버지와 어머니.　父子부자 : 아버지와 아들

母
어머니 **모**

'어머니'의 유방을 강조한 글자이다.

母子모자 : 어머니와 아들.　母女모녀 : 어머니와 딸

幾
위태로울
기

幺(작을 요〈2개〉)＋戍(지킬 수〈변형〉)

幺는 모양이 '糸실 사'와 비슷한데, 원래는 실을 감아 놓은 '실타래'를 가리켰다. 그 실타래가 작은 것에서 작다는 뜻이 나왔다. 작은 무기로 적을 막으려니 '위태로울' 수밖에 없다.

諫
간할 **간**

言(말씀 언)＋柬(분간할 간)

옳고 그른 것을 분간하여 그것을 고치도록 말씀드리는 것이 '간하는' 것이다. 諫言간언 : 간하는 말

> **Tip** 幾諫기간은 '은근히 간하다'는 뜻의 숙어이다.

見
볼 **견**

目(눈 목)＋儿(사람 인)

'보는' 사람을 나타낸다. 目은 눈을 강조한 것이다.

見學견학 : 실지로 보고 학식을 넓힘.　私見사견 : 자기 개인의 의견

從
따를 **종**

彳(조금 걸을 척)＋人(사람 인〈2개〉)＋止(발 지〈변형〉)

시종인 듯 보이는 두 사람이 종종걸음으로 주인을 '따르는' 모습이다. 追從추종 : 뒤를 따라서 쫓음.　從事종사 : 어떤 일을 일삼아서 함

又
또 **우**

문장과 문장을 이어 주는 접속사이다.

敬
공경할 **경**

艹(풀 초)＋句(글귀 구)＋攵(칠 복)

회초리로 때리면서 글귀를 가르치는 엄한 스승을 나타낸다. 그런 스승은 '공경할' 만하다. 艹는 회초리를 나타낸다.

敬禮경례 : 경의를 표하고자 인사하는 일.　尊敬존경 : 높여 공경함

違
거스를 위

辶(달릴 착)＋韋(어길 위)

남들은 한쪽으로 달리는데 자기만 홀로 어기고 반대로 달리고 있다. 반대로 달리는 것이 '거스르는' 것이다.

違反위반 : 법령·협정·계약 등을 어기는 일.　違法위법 : 법을 어기는 일

勞
힘쓸 노

火(불 화 2개)＋冖(덮을 멱)＋力(힘 력)

불이 났는데 그것을 덮어서 끄려고 '애쓰고' 있다. 火火는 큰 불길을 나타낸다. 큰 불길을 잡기란 쉽지 않으니 힘이 많이 들 것이다.　勞力노력 : 힘들여 일함.　勞動者노동자 : 노동력을 제공하여 그 임금으로 살아가는 사람

Tip 而이는 문맥상 '∼하되'로 번역하는 것이 바람직하다.

怨
원망할 원

夕(밤 석)＋민(무릎 꿇은 사람 절)＋心(마음 심)

마음이 한밤중처럼 어두워져 고개를 떨구고 앉아 있는 모습이다. 남을 원망하는 모습이 이러하다.

怨望원망 : 남이 한 일을 억울하게 또는 못마땅하게 여겨 탓함.　哀怨애원 : 통사정하여 애절히 바람

직역과 해설

子　曰　事　父母　幾諫　　見志
공자가 / 말하기를 // 섬김에 / 부모를 / 은근히 간하고 / 뜻을 보이시더라도 /

不從　又　敬　不違　勞而　不怨.
따르지 않을 // 또한 / 공경하고 / 거스르지 않으며 // 힘을 쓰되 / 원망하지 않아야 한다.

◐ 공자가 말하기를 "부모를 섬김에 은근히 간하고 (그것을) 따르지 않을 뜻을 보이시더라도 또한 공경하고 (부모님을) 거스르지 않으며 힘을 쓰되 원망하지 않아야 한다."

공자의 효는 어짊을 향한 수행과 밀접한 관련이 있다. 앞서 말했듯이 인간은 구체적인 어떤 장소에서 구체적인 어떤 사람들과 부대끼며 사는 실존적 존재이다. 그러므로 인의 실천은 가까운 사람들과의 관계로부터 시작될 수밖에 없다. 그 가장 가까운 어짊의 장이 자식과 부모와의 관계이다. 공자가 효를 중요하게 여긴 것은 바로 이 때문이다. 효는 자기 수신의 필요성 때문에 생겨난 것이지, 부모의 말씀이 무조건 옳다는 관념에서 생겨난 것이 아니다.

공자가 말하는 효는, 우리가 흔히 생각하듯 부모의 권위에 대한 절대 복종을 의미하지 않는다. 공자는 부모도 잘못한다는 것을 부정하지 않았다. 문제는 그 잘못을 간하는 태도이다. 부모님의 의견에 반대되는 말을 여쭐 때에는 은근하고도 간곡해야 한다. 부모님이 그 말을 따르지 않더라도 여전히 공경하는 태도를 버려서는 안 되며, 그것을 따르도록 애는 쓰되 부모님을 원망해서 안 된다. 공자는 어기지 말아야 하는 것이 '부모의 뜻'이 아니라 '부모에 대한 예'라고 말하고 있다.

子罕言 利與命與仁
자 한 언 이 여 명 여 인

<子罕자한>편 1장

공자는 이익은 추구하지 않았으므로 말하지 않았고, 천명과 인은 말로 설명되는 것이 아니었으므로 말하지 않았다.

핵심 한자 풀이

罕
드물 **한**

罒(그물 망)＋干(방패 간)
원래 글자인 网보다 변형인 罒가 한자에서 더 자주 나온다.
稀罕희한 : 매우 드묾. 罕有한유 : 드물게 있다

利
이익 **이**

禾(벼 화)＋刂(칼 도)
가을이 되어 낫으로 벼를 수확하면 '이득'이 생긴다.
利益이익 : 물질적·정신적으로 보탬이 되는 것. 利害이해 : 이익과 손해

命
명령 **명**

人(사람 인)＋一(한 일)＋口(입 구)＋卩(구부린 사람 절)
卩은 사람이 허리를 굽힌 모양이다. 단상에 앉아 있는 높은 사람이 '명령하는' 모양이다. 一은 단상이고, 人은 그 위에 있는 지위 높은 사람이다. 口와 卩은 모두 아랫사람을 나타낸다. 天命천명 : 타고난 수명. 하늘의 명령. 命令명령 : 윗사람이 아랫사람에게 내리는 분부

Tip 命명은 '명령'이라는 뜻이나, 여기서는 '天命천명'의 의미로 쓰였다.

직역과 해설

子 罕 言 利與 命與仁.
공자는 / 드물게 / 말하였다 // 이익과 / 천명과 / 인을

⏩ 공자는 이익과 천명과 인을 드물게 말하였다.

'드물게 말하였다'는 것은 바꿔 말하면 '좀처럼 말하지 않았다'는 의미이다. 이익은 공자가 추구하는 바가 아니므로 좀처럼 입에 담지 않았다는 말은 쉽게 이해가 간다. 그러나 천명과 인은 다르다. 더구나 인은 공자 사상의 핵심이 아닌가?

이는 공자가 천명과 인에 대해서 확실하게 몰라서 그랬다기보다는 천명과 인이 한 마디로 규정되는 것이 아니기 때문이다. 《老子노자》에 "道도를 도라 말하면 도가 아니다"라는 말이 있다. 도가 말로 표현되는 순간, 도의 본질을 벗어난다는 의미이다. 천명과 인 역시 같은 성격을 지니고 있다. 그것은 인식의 한계가 아니라 언어의 한계였다.

그래서 공자는 인을 말할 때 "인은 바로 이것이다!"라고 말하지 않았다. 그보다는 "그런 것이 인이라고 말할 수 있겠습니까?" 반문하거나 "그것이 인이라고 말할 수 있는지 나는 모르겠다." 하는 부정적 표현으로써 인의 외연을 짐작케 하는 방법을 썼다. 개념적 정의를 신뢰하는 서양과 달리, 동양은 개념적 정의를 신뢰하지 않는 일면을 발견할 수 있다. 이는 언술 방식과 사고방식상의 커다란 차이를 낳았다.

공자가 인에 대해 말을 극도로 아낀 이유는 또 있다. 흔히

매우 존경하고 우러르는 스승이 있으면 그 이름을 함부로 부르지 않듯, 인에 대한 공자의 마음도 그러했던 것으로 보인다. 공자는 인에 대해 잘못 말하지 않을까 노심초사했다. 그런 태도는 인에 대한 신실한 믿음의 발로였다.

어짊을 말하는 것의 힘겨움

사마우가 어짊에 대해 묻자 공자가 말했다.

"어진 자는 그 말이 힘겹다."

사마우가 말했다.

"말이 힘겨우면 어질다 할 수 있습니까?"

공자가 말했다.

"그것을 행하기가 어려운데 그것에 대한 말이 힘겹지 않을 수 있겠느냐?"

司馬牛問仁. 子曰 仁者其言也訒. 曰 其言也訒 斯謂之仁已乎?

子曰 爲之難 言之得無訒乎?

—〈顔淵안연〉편 3장

공자가 말한 "그것을 행하기가 어려운데 그것에 대한 말이 힘겹지 않을 수 있겠느냐"에서 '그것'이란 인을 말한다. 그러므로 이 말은 "인을 행하기가 어려운데 인에 대한 말이 힘겹지 않을 수 있겠느냐"가 된다. 어진 자가 말을 신중하게 하는 것은 자신의 행동이 그 말에 미치지 못할까 두려워함이 크다. 어진 자는 재미나 이익을 위한 말을 쏟아 내지도 않는다. 오늘날의 관점으로 보면 편집증적으로 보일 수도 있는 태도이다. 그러나 지나치게 가볍게만 살아가는 우리의 모습과 비교해 보면 공자가 두려워한 것이 무엇인지 알 수 있다.

공자는 인이란 한 마디로 "이것이다"라고 말한 적이 없다. 공자는 "이것은 인이 아니다" "저것도 인이 아니다" 하는 식의 부정 문답법으로 인을 가르쳤다. 다음의 이야기는 이를 잘 보여 준다.

> 자장이 물었다.
>
> "영윤이었던 子文자문은 세 번 벼슬하여 영윤이 되었으나 기뻐하는 기색이 없었고, 세 번 그만두었으나 섭섭해하는 기색이 없었으며, 영윤으로 있는 동안 정사를 반드시 신임 영윤에게 알려 주었으니 그 사람됨이 어떠합니까?"
>
> 공자가 말했다.
>
> "충성스럽다."
>
> 자장이 말하였다.
>
> "어질지는 않습니까?"
>
> 공자가 말했다.
>
> "모르겠다. 어떻게 어짊을 얻었다고 할 수 있겠느냐?"
>
> "崔子최자가 제나라 임금을 시해하자 陳文子진문자는 가지고 있던 말 10승을 버리고 제나라를 떠나 다른 나라에 이르러 말하기를 '우리나라 대부 최자와 같다' 하고 거기를 떠나 또 다른 나라로 가서 역시 말하기를 '우리나라 대부 최자와 같다' 하고 떠났으니 그 사람됨이 어떠하니

까?"

공자가 말했다.

"맑다."

자장이 말하였다.

"어질지는 않습니까?"

공자가 말했다.

"모르겠다. 어떻게 어짊을 얻었다고 할 수 있겠느냐?"

子張問曰 令尹子文三仕爲令尹 無喜色 三已之 無慍色. 舊令尹之政 必
以告新令尹 何如? 子曰 忠矣. 曰 仁矣乎? 曰 未知 焉得仁? 崔子弒齊君
陳文子有馬十乘 棄而違之. 至於他邦 則曰 猶吾大夫崔子也 違之. 之一
邦 則又曰 猶吾大夫崔子也 違之 何如? 子曰 淸矣. 曰 仁矣乎? 未知 焉
得仁?

—〈公冶長공야장〉편 19장

공자는 자장이 칭찬하는 자문에 대해서는 충성스럽다고 동의하고,
진문자에 대해서는 맑다고 동의하였다. 그러나 어질다고 말하지는 않
았다. 이 글은 두 가지로 읽을 수 있을 듯하다. 하나는 공자가 어짊을
한없이 높이 설정해 놓았다는 것이며, 또 하나는 어짊을 가르치는 방
법이 부정에 의한 접근이라는 점이다. 부정적인 접근을 통해 어짊의
외연의 경계를 일러 주고, 그릇된 인식을 바로잡아 주되 직접적인 정
의는 피하고 있다. 이러한 태도로 미루어 보아 공자가 인을 얼마나 소
중하게 여기고 그것을 신중하게 가르치려 했는지를 알 수 있다.

司馬牛
사 마 우

공자의 제자로 이름은 司馬耕사마경, 자는 子牛자우이다. 송나라 사람으로 명문 귀족 宋桓公송환공의 후손이며 《論語논어》에도 등장하는 桓魋환퇴의 아우라 한다.

《左傳좌전》에 따르면, 애공 14년 환퇴의 반란에 연루되어 송나라를 떠나 제나라, 오나라로 떠돌다가 노나라 곽문 밖에서 객사하였다. 그러나 楊伯峻양백준에 의하면 《좌전》에 기록된 사마우는 《논어》에 나오는 사마우와는 동명이인일 가능성이 많다고 한다. 《좌전》의 사마우는 형제가 많으나, 《논어》의 사마우는 스스로 형제가 없다고 한탄하는 점으로 보아 양백준의 설이 일리가 있어 보인다.

子張
자 장

공자의 제자로 공자보다 48세 어렸다. 衛위나라 사람으로 이름은 顓孫師전손사이다. 공자가 그를 두고 '편벽되다'고 한 적도 있고 '지나치다'고 한 적도 있는 것으로 보아 공자에게 그리 좋은 평을 받지는 못한 듯하다. 아직 어린 나이의 자장은 자신이 알게 된 것이 전부인 양 말하고 행동하여 다른 이에게 다소 오만한 인상을 주었다. 과욕과 허황된 면이 있었고, 남에게 보여지는 면을 중요하게 생각하였다.

子文
자 문

楚초나라의 대부로 초나라 재상을 27년간 역임하였으며 공자보다 약 150년 앞선 인물이다. 청빈한 사람이었고, 成得臣성득신이란 자가 陳진을 토벌하여 공을 세우자 賞상으로 자신의 자리를 내어주었다 한다.

崔子
최 자

제나라의 대부로 이름은 崔杼최저, 시호는 武무이다. 공자보다 70~80년 앞선 세대이다. 제나라 莊公장공을 시해하고 景公경공을 세운 후 공포정치를 실시하였으나 자신이 중용한 慶封경봉의 손에 살해되었다.

陳文子
진 문 자

제나라의 대부로 이름은 陳田진전이고, 시호는 文문이다. 공자보다 50년 정도 앞선 사람으로 최자보다는 나이가 적었다. 강직하고 사려 깊은 사람으로 가끔 최자와 경봉의 경솔함을 충고했다고 전한다.

子曰 群居 終日 言不及義
자 왈 군 거 종 일 언 불 급 의

好行小慧 難矣哉!
호 행 소 혜 난 의 재

〈衛靈公위영공〉편 17장

모여서 나누는 대화가 의로움에 미치지 않고 얕은 꾀에 머문다면 어
짊을 구하기는 어렵다.

핵심 한자 풀이

群
무리 군

君(임금 군)＋羊(양 양)
유목 생활이 일반적이던 옛날에는 주로 양을 쳤다. 주거를 옮
길 때에는 사람들이 한 '무리'의 양떼를 함께 몰고 다녔다.
群衆군중 : 한곳에 떼를 지어 모여 있는 사람의 무리.　群集군집 : 떼를 지
어 모여 있음

居
머물 거

尸(주검 시)＋古(옛 고)
시체가 무덤 안에 누워 있는 모양새이다.
居住거주 : 일정한 곳에 자리를 잡고 머물러 삶.　居處거처: 한군데 정하여
두고 일상 기거하는 곳이나 방

終
끝날 종

糸(실 사)＋冬(겨울 동)
추운 겨울이 되었는데 따뜻한 옷이 없음을 그린 것이다. 옷이
없으면 얼어 죽기 쉽다. 그러면 그걸로 '끝'이다. 糸는 옷을 나

타낸다.

終末종말 : 끝판.　最終최종 : 맨 나중

日
날 **일**

태양을 그린 것이다. 가운데 점은 흑점이다.

來日내일 : 오늘의 바로 다음 날.　日光浴일광욕 : 온몸을 햇빛에 쬐어 건강을 증진시키는 일

> **Tip** 終日종일은 '하루 종일'을 뜻한다.
> 行행은 '행하다'는 뜻이나, 여기서는 '틈말할 언'과 같은 의미로 쓰였다.

慧
지혜 **혜**

丰(예쁠 봉 2개) + 彐(돼지머리 계) + 心(마음 심)

돼지고기는 예로부터 제사 때나 쓰는 귀한 음식이었다. 丰丰는 예쁘게 제단을 꾸민 모양이다. 화려한 제단에 돼지머리를 정성스럽게 올려놓는 마음이 '지혜'이다.

智慧지혜 : 사리를 밝히고 잘 처리해 가는 능력. 슬기.　慧眼혜안 : 차별과 집착을 버리고 진리를 통찰하는 눈

難
어려울 **난**

堇(진흙 근〈변형〉) + 佳(새 추)

새가 진흙을 잘못 밟으면 빠져나오기 '어렵다.'

難處난처 : 처치하기 어려움.　難解난해 : 풀기 어려움

> **Tip** 矣哉의재는 감탄을 나타내는 말로 '~하도다'의 뜻이다.

子 曰 群 居 終 日 言

공자가 / 말하기를 // 무리가 / 머물면서 / 하루 종일 // 말을 하고 /

不及義 好 行 小慧 難矣哉!

의로움에 미치지 않는 / 좋아한다면 / 행하기를 / 작은 지혜를 // 어렵도기!

> 공자가 말하기를 "무리가 하루 종일 (모여) 머물면서
> 의로움에 미치지 않는 말을 하고
> 작은 지혜를 행하기를 좋아한다면 어렵도다!"

작은 지혜란 자신의 신변에 이익이 되는 지혜, 즉 생활의 지혜나 처세 혹은 헛된 즐거움을 추구하는 방법 등을 말한다. 예를 들어 어떻게 하면 더 많은 부를 모을 것인가, 어디를 가면 좀 더 유쾌한 오락을 즐길 수 있는가, 몸에 좋은 약은 무엇이 좋은가 하는 것 등은 작은 지혜이다. 반면에 의로움은 큰 지혜이다.

공자는 모여서 작은 지혜를 말하는 것만 좋아하고 의로움에 이르는 말을 하지 않는 것은 참으로 난감하다고 말하고 있다. '어렵다!'는 말에는 군자에 이르기 어렵다는 경고와 동시에 그런 이들을 바라보는 공자의 안타까운 마음, 그럼에도 불구하고 어떻게 해 줄 수 없는 대책 없음에 대한 한탄이 내포되어 있다.

의로움에 미치는 말을 하지 않는 것은 의로움에 뜻을 두지 않기 때문이다. 의로움에 뜻을 두지 않으면 인간의 관심사는 작은 지혜 쪽으로 기울어지게 마련이다. 우리가 나누는 대화

도 대부분 사소한 것에 쏠려 있지 않은가. 하고 많은 주제 중에 왜 하필 의로움만이 중요한가 하고 물을 수 있다. 그러나 주제가 많다고 하여 의미 있는 이야기가 얼마나 흔하겠는가. 일신의 안락을 벗어던진다면 대화는 반드시 의로움에 미칠 수 있으리라.

子曰 君子之於天下也 無適也
자 왈 군 자 지 어 천 하 야 무 적 야

無莫也. 義之與比.
무 막 야 의 지 여 비

<里仁이인>편 10장

군자는 어떤 일을 하고 싶다고 해서 혹은 어떤 일을 할 수 있다고 해서 하지 않는다. 다만 의로움에 견주어 실천 여부를 결정할 뿐이다.

핵심 한자 풀이

Tip 君子之於天下也군자지어천하야에서 之지는 주어 바로 뒤에서 '~는'의 의미로 쓰여 조사의 역할을 한다.
義之與比의지여비에서의 之지는 '그것'의 뜻으로 쓰였다.
也야는 문장의 중간에서 쉼표 역할을 했다.

適
알맞을 **적**

辶(달릴 착)＋啇(뿌리 적)
適적은 '적합하다'는 뜻이나 여기서는 '~하기에 알맞다'는 뜻으로 쓰였다.

適當적당 : 도둑의 무리. 適切적절 : 꼭 알맞음

莫
못할 **막**

艹(풀 초)＋日(태양 일)＋大(클 대)
태양이 너무 뜨거운 날에는 농사일을 '못한다.' 艹는 대지를 의미하고 大는 태양이 크다, 즉 태양 볕이 너무 뜨겁다는 말

이다. 莫막은 '못하다'는 뜻이나 여기서는 '하지 못하다'는 뜻
으로 쓰였다.

與
하다 여

與여는 '~와'의 뜻이나 여기서는 '하다'의 뜻으로 쓰였다.

比
비교할 비

두 사람이 나란히 달리기를 하고 있는 모양이다. 누가 더 잘
달리는지를 '비교한다.'

比例비례 : 수 양의 비율이 같은 일. 또 그 관계의 양을 취급하는 방법.
比較비교 : 두 개 이상의 사물을 견주어 서로의 유사점과 차이점을 고찰하
는 일

직역과 해설

子　　日　　君子之　　於天下　　也
공자가 / 말하기를 // 군자는 / 천하에 있어서 / (쉼표 역할) //

無適　　　也　　　無莫也.
하기에 알맞다 하는 것이 없고 / (쉼표 역할) // 하지 못하겠다 하는 것이 없다

義　之　與比.
의로움에 / 그것을 / 비교한다

➲ 공자가 말하기를 "군자는 천하(모든 일)에
'하기에 알맞다' 하는 것이 없고, '하지 못하겠다'
하는 것이 없다. 의로움에 그것을 비교할 뿐이다."

159

군자는 모든 일에 해야 할 것과 하지 말아야 할 것을 미리 정해 놓지 않는다. 이는 군자가 개방적인 사고방식을 지니고 있음을 의미한다. 또한 군자는 '그것을 할 수 있는가?'가 아니라 '그것을 왜 하는가?'를 기준으로 삼는다. 그 '왜 하는가'의 기준이 바로 의로움이다.

오늘날 과학자들은 과학을 가치중립적인 것으로 규정하고, '할 수 있으면' 무엇이든 개발한다. 현대인들의 실천은 왜 해야 하는지를 모른 채 행하는 일들로 가득 차 있다. 컴퓨터는 항상 업그레이드되어야 하고, 더 어려운 게임에 도전해야 하며, 어디를 가면 좋은 물건을 구입할 수 있는지에 생각이 기울어져 있다. 물론 그래야 하는 나름의 이유들이 있지만 궁극적으로 왜 그래야 하는지, 그것이 어떤 의미가 있는지에 대해서는 생각하지 않는다. 이러한 사고를 '도구적 이성'이라 한다면, 의로움에 견주어 보아서 맞으면 하고 맞지 않으면 하지 않는 군자의 실천은 철저한 '비판적 이성'의 결과이다. 군자는 맹목적 실천에 휩쓸리는 일이 없다. 군자는 개방적이지만 그 행함이 의로움에 적합한지를 판단하는 까닭에 항시 깨어 있는 것이다.

子曰 鄕原 德之賊也.
자 왈 향 원 덕 지 적 야

〈陽貨양화〉편 13장

隱者은자들은 저 홀로 고고한 체하며, 지성인들의 사회 개조 노력을
비웃으니 어찌 덕의 도둑이 아니겠는가.

핵심 한자 풀이

鄕
시골 **향**

卩(사람 절) + 良(아름다울 양〈변형〉) + 阝(언덕 부)
'阝언덕 부'와 '卩무릎 꿇은 사람 절'은 모양이 비슷하니 혼동하지
말아야 한다. 사람이 언덕에 올라 '시골' 풍경을 보고는 참으
로 아름답다고 생각하는 모양이다. 故鄕고향 : 제가 나서 자란 곳.
鄕土향토 : 시골. 고향 땅

原
들 **원**

厂(언덕 엄) + 泉(샘 천〈변형〉)
조그마한 언덕이 있고 강이 흐르는 '들'의 풍경이다. '기원 원'
으로도 읽는다. 아래 용례는 이에 따른 것이다.
水原수원 : 물의 근원.   原來원래 : 본디. 전부터

Tip 鄕原향원은 '시골의 들'이라는 뜻이지만, 여기서는 '세상을 등지고 사는
사람들'을 지칭한다. 之지는 '~의'라는 뜻으로 쓰였다.

賊

도둑 **적**

貝(조개 패)＋十(열 십)＋戈(창 과)

옛날에는 조개가 돈이었다. 조개는 돈을 가리킨다. 十은 활을 단순화한 것이다. 활과 창을 가지고 돈을 도적질하는 사람이 '도둑'이다. 盜賊도적 : 도둑

직 역 과 해 설

子　曰　　鄕原　德之賊也.

공자가 / 말하기를 // 시골의 들은 / 덕의 / 도둑이다

▷ 공자가 말하기를 "시골의 들(에 있는 사람들)은 덕의 도둑이다."

공자 시대에 도교가 얼마나 뿌리내렸는지는 알 길이 없다. 학자들은 보통 공자가 노자보다 앞선 시대의 인물로 본다. 그러나 이 글로 보아 '도교주의자'라고 단정할 수는 없어도, 사회를 등지고 시골에 은거하며 홀로 도 닦는 '도교주의적' 인사들이 공자 시대에 있었음은 분명해 보인다. 그리고 이런 사람들이 홀로 깨끗하고 고고한 체하며, 사회에 인을 뿌리내리게 하려는 孔門공문의 노력을 헛되다며 욕되게 했을 것이다. 공자가 그들을 "덕의 도적"이라고 비판한 것은 그런 이유 때문이었을 것이다.

그런데 역설적으로 공자의 이 호된 비판은 당시 사람들이 은자들을 높이 평가했음을 말해 준다. 그도 그럴 것이 그들은 사회를 등지고 살았기 때문에 다른 사람들에게 욕먹을 일도 하지 않았고, 그런 까닭에 오히려 공자와 제자들보다 더 깨끗

해 보일 수 있었다. 그러나 공자가 보기에 배운 자들이 사회를 등지고 홀로 도를 닦는 것은 지식인으로서의 사회적 책임을 방기하는 행동이었다. 은자들의 현실도피적 경향과 공자의 사회참여적 경향이 대립한 것이다.

공자는 아무리 사회가 마음에 들지 않아도 사람이 '새나 짐승과 떼지어 살 수는 없다'고 생각했다. 인간과 삶의 가치는 결국 사회 속에서 결정되기 때문이다. 공자와 은자들은 모두 道도를 추구한다는 공통점에도 불구하고, 미묘한 입장 차이가 있었다.

한문 클리닉

'하다'는 뜻의 한자

다음 단어들은 '하다'는 뜻을 가진 한자들이다.

與여 : 하다

爲위 : 하다, 되다, 이루다

行행 : 하다

子曰 驥不稱其力 稱其德也.
자 왈 기 불 칭 기 력 　 칭 기 덕 야

〈憲問헌문〉편 35장

군주의 힘은 그 위력에서 나오는 것이 아니라 그 덕에서 나온다. 정
치는 백성들을 다스리는 것이 아니라 따르게 하는 것이다.

핵심 한자 풀이

驥
천리마 **기**

馬(말 마)＋北(달아날 북)＋異(다를 이)
馬는 말이 달리는 모양이다. ⺗는 말이 달릴 때의 발을 나타
낸다. 속도감이 느껴진다. 보통 말과 비교해 뛰어나게 잘 달
리는 말을 '천리마'라 한다.

Tip 驥기는 '천리마'이나 여기서는 군주에 빗대어 썼다.

직역과 해설

子	曰	驥	不稱	其力
공자가 /	말하기를 //	천리마는 /	일컫는 것이 아니라 /	그 힘을

稱	其德	也.
일컫는 것이다 /	그 덕을 /	(어조사)

◐ 공자가 말하기를 "천리마는 그 힘을 일컫는 것이
아니라 그 덕을 일컫는 것이다."

천리마는 말 그대로 '천 리를 단번에 달리는 명마'를 말하나
여기서는 '천 리에 영향력을 미치는 사람'을 암시한다. 공자의
말은 진정으로 멀리까지 영향력을 미치는 것은 그 힘에 의해
서가 아니라 그 덕에 의해서라는 것이다.

공자는 가장 올바르고도 이상적인 정치는 법이나 무력에
의한 통치가 아닌 군주의 덕에 의한 통치라고 생각하였다. 법
이나 무력에 의한 통치는 백성들에게 공포심을 유발하여 하
지 않게 할 수는 있으나 군주를 진심으로 따르게 할 수는 없
다. 법치를 행하는 군주는 백성이 따르지 않으면 자신의 통치
력이 부족한 것으로 여겨 더욱 위력으로써 백성을 다스리게
된다. 그리하여 힘의 정치는 더욱더 강한 힘을 요구하게 되는
딜레마에 빠지게 된다. 이러한 정치는 필연적으로 백성의 봉
기를 자처하기 마련이다. 그러므로 군주는 그 힘을 기르려 할
것이 아니라 그 덕을 기르려 해야 한다.

공자는 권력자가 "백성들을 어떻게 다루면 좋겠느냐"고 물
어 오면, 늘 "당신이 덕이 있으면 모든 것이 올바르게 된다"고
말했다. 공자의 대답은 '백성을' 어떻게 다루라가 아니라 '당
신 자신'을 올바르게 다스리라고 요구했다. 여기에 공자의 정
치관의 핵심이 있었다. 백성 위에 군림하는 것이 아니라 군주
가 인자가 되어 백성들 스스로 따르게 하는 것, 그것이 진정
한 정치라고 보았던 것이다.

죽은 말을 오백금을 주고 산 이유

다음은 천리마에 관한 이야기이다. 공자의 말과는 직접적인 관련이 없지만 전하는 메시지는 참고할 만한 것이 있다.

燕연나라의 … 昭王소왕이 郭隗곽외 선생을 찾아가 물었다. "齊제나라가 저희 나라의 내란을 틈타 침입하여 나라를 망쳤습니다. 제 생각으로는 아직도 힘이 모자라 복수할 길이 없으나 그래도 현명한 선비를 모아들여 나라를 함께 일으키면 아버지 때의 치욕을 씻을 수 있다고 봅니다." … 곽외 선생이 말했다. "제가 옛날 얘기를 하나 하지요. 옛날 어떤 임금이 一千金일천금으로 천리마를 구하려 했지만 3년이 되도록 구하지 못했습니다. 그때 가까운 신하가 자기가 구해 오겠다고 나섰습니다. 왕은 그를 보내 과연 석 달 만에 천리마를 구했습니다. 그러나 그 말은 죽은 말이었는데도 그 신하는 五百金오백금에 사 가지고 돌아와 임금에게 보고를 했습니다. 그러자 임금은 크게 노하여 꾸짖었습니다. '내가 구하는 것은 산 말이요. 죽은 말을 그것도 오백금이나 주고 사왔단 말이요?' 그 신하의 말은 이랬습니다. '죽은 말도 오백금이나 주고 사는데 산 말이야 어떻겠습니까? 천하가 반드시 대왕은 말을 살 줄 안다고 여기고 곧 좋은 말이 모여들 테니 두고 보십시오.' 과연 1년이 넘지 않아 천리마가 세 필이나 들어왔습니다. 지금 대왕께서 진실로 선비를 모으고 싶거든 저부터 시작하십시오. 제가 섬김을 받는다면 저보다 어진 사람들이 가만히 있겠습니까? 어찌 천 리를 멀다 하겠습니까?'

— 《戰國策전국책》 중에서

여기서 소왕은 국내외적으로 궁지에 몰려 있다. 내적으로는 내란이, 외적으로는 제나라의 침략을 당하고 있다. 곽외는 이 위기를 극복할 방법으로 어진 이를 등용하라고 권하고 있다. 그 구체적인 방법은 우선 주변에 있는 어진 이를 등용하는 것이다. 그러면 어진 이를 알아보는 왕을 사람들이 어질게 볼 것이고, 그 소문을 듣고 어진 이들이 찾아오며, 또한 어진 이는 어진 이를 추천할 것이다. 위정자들이 어진 이들로 구성되어 있다면 어찌 나라가 잘되지 않으랴. 공자가 왕의 덕을 중요하게 생각한 것은 이 같은 폭발력 때문이었다.

子曰 德不孤 必有隣.
자 왈 　덕 불 고 　필 유 린

〈里仁이인〉편 25장

덕을 쌓는 것은 고독한 과정이지만, 덕을 지닌 사람에게는 항시 따르는 사람들이 있다. 그러므로 덕을 지닌 사람은 외롭지 않다.

핵심 한자 풀이

孤
외로울 고

子(아들 자)＋瓜(오이 과)
어미가 어린아이를 오이밭 근처 그늘진 곳에 눕혀 두고 밭일을 하고 있다. 어미의 마음에 혼자 노는 어린아이가 '외로워' 보였나 보다.

孤獨고독 : 외로움.　孤高고고 : 혼자 세속에 초연하여 고상함

必
반드시 필

心(마음 심)＋丿(삐침 별)
心은 심장이고 丿은 화살을 뜻한다. 전쟁에서 적의 심장에 화살을 꽂는 것이 '반드시' 해야 할 임무였다.

必勝필승 : 꼭 이김.　必要필요 : 꼭 소용이 됨

隣
이웃 인

阝(언덕 부)＋米(쌀 미)＋夕(저녁 석)＋禾(벼 화〈변형〉)
언덕 너머에 있는 '이웃'은 저녁에는 놀러가서 함께 밥도 해 먹고, 또 들일도 서로 돕는 그런 사이다. 이러한 풍경을 띄엄띄엄 그려 놓은 글자이다.

隣接인접 : 이웃해 있음.   近隣근린 : 가까운 이웃. 가까운 곳

子　日　德　不孤　必　有隣.
공자가 / 말하기를 // 덕은 / 외롭지 않으며 / 반드시 / 이웃이 있다

➡ 공자가 말하기를 "덕은 외롭지 않으며
　　반드시 이웃이 있다."

　　덕을 추구하는 사람은 어느 시대나 소수이지만, 그는 외롭
지 않다. 왜냐하면 그를 따르는 사람들이 항시 존재하기 때문
이다. 사람의 덕은 내세우지 않아도 은은하게 퍼지기 마련이
다. 더구나 위정자가 덕이 있을 경우, 그 일거수 일투족에 사람
들의 이목이 집중되기 때문에 파급력이 더욱 크다. 공자는 이
파급력에 주목하였다. 그래서 아무것도 아니게 보이는 덕의
위력을 공자는 통치의 가장 원천적인 힘으로 보았던 것이다.
　　공자는 백성들에게 그 덕의 실체를 알게 하기는 힘들지만
백성들을 따르게 하기는 쉽다고 생각하였다. 공자가 생각한
덕행은 지금의 위정자들처럼 양로원이나 고아원을 방문하여
식료품을 전달하고 사진을 찍는 일이 아니다. 덕행은 내세워
지지 않는다. 내세워지면 그것은 덕행이 아니다. 덕행은 일차
적으로 바깥이 아니라 자신의 내부를 향한 것이기 때문이다.
덕행은 자기 내부를 변화시킴으로써 외부를 변화시키는 것
을 목적으로 한다. 철저하게 내면화된 것은 외부로 드러나게
마련이며, 그 덕은 은은하게 사람들을 감화시켜 따르게 한다.
그것은 진심의 연대를 형성한다. 바로 여기에 덕의 힘이 있

다. 공자는 그것을 믿었다.

자주 쓰이는 조동사

다음 한자들은 조동사로 특히 必, 得, 其는 서로 뜻이 비슷하다.

必필 : 반드시 ~해야 한다

得득 : 마땅히 ~해야 한다. ~할 수 있다

能능 : ~할 수 있다

其기 : 당연히 ~해야 한다

葉公問政. 子曰 近者說 遠者來.
섭 공 문 정　　자 왈　근 자 열　　원 자 래

〈子路자로〉편 16장

정치란 백성을 무력으로 통치하는 것이 아니라 백성들이 스스로 따르게 하는 것이다. 그것은 덕으로써만 가능하다.

핵심 한자 풀이

葉公
섭 공

초나라 葉섭 지방의 장관으로 이름은 沈諸梁심제양, 字자는 子高자고이다. 섭은 지금의 하남성 葉縣섭현을 가리킨다. 초나라는 군주를 王왕이라 하고 장관을 公공이라 했다. 섭공은 백성들에게 신망이 높은 뛰어난 정치인이었다. 공자가 죽은 해인 애공 16년, 섭공은 蔡채나라에 있다가 白公백공이 초나라를 어지럽히는 것이 극에 달하자 도읍에 쳐들어가 백공의 무리를 일소하고 잠시 令尹영윤과 司馬사마를 겸직하다가 나라가 안정되자 자리를 물려주고 은퇴하여 섭으로 돌아와 그곳에서 죽었다.

섭공의 덕망을 나타내는 다음과 같은 일화가 있다. 섭공이 백공의 무리를 토벌하러 초의 도읍에 갔을 때 한 사람이 말하기를 "나라 사람들이 공을 바라보는 것이 자애로운 부모를 바라보는 것과 같은데 도적의 무리가 활을 쏘아 공을 상하게 하면 이는 곧 백성의 희망이 사라지는 것입니다. 어찌하여 투구를 쓰지 않으셨습니까?" 하였다. 이에 섭공이 투구를 쓰고 진군하자, 또 다른 사람이 나와 "공께서는 어찌 투구를 쓰고 계십니까? 나라 사람들이 공을 기다리기를 좋은 세월을 기다리듯 하였는데 공의 얼굴을 보는 것은 곧 治世치세를 만난 것입니다" 하여 다시 투구를 벗고 진군했다 한다.

葉
지명 이름
섭

艹(풀 초)＋世(세상 세)＋木(나무 목)

葉은 '잎 엽'으로도 쓰인다. 다음 용례는 '잎 엽'으로 쓰인 것이다. 葉脈엽맥 : 식물의 잎살에 가로 세로로 있는 가는 줄

公
공 **공**

八(여덟 팔)＋厶(나 사)

남자의 성기를 그린 것이다.

公爵공작 : 오등작의 첫째 작위

政
정사 **정**

正(바를 정)＋攵(칠 복)

'정사'란 나라의 모든 일을 바르게 하고자 채찍질하는 것이다. 政治정치 : 국가의 주권자가 그 영토 및 국민을 통치함. 政經정경 : 정치와 경제

說
기쁠 **열**

言(말씀 언)＋兌(기쁠 태)

說은 '기쁠 열' 혹은 '말씀 설' 두 가지로 읽힌다. 문맥을 보아 읽어야 한다. 여기에서는 '기쁠 열'로 쓰였다.

喜說희열 : 기쁨과 즐거움

來
올 **내**

十(열 십)＋人(사람 인 2개)＋人(사람 인)

걸어 '오는' 사람 세 명을 한 사람이 서서 맞이하고 있다. 十은 서서 기다리는 사람의 모양이다.

到來도래 : 닥쳐 옴. 往來왕래 : 오고 감

葉公 問 政. 子 曰
섭공이 / 물었다 / 정치를 // 공자가 / 말하기를 //

近者 說 遠者 來.
가까운 자는 / 기뻐하고 / 멀리 있는 자는 / 오는 것입니다

● 섭공이 정치를 물었다. 공자가 말하기를 "가까운 자
는 기뻐하고 멀리 있는 자는 오는 것입니다."

정치가 '가까운 자가 기뻐하고 멀리 있는 자는 오는 것'이라
는 말은 백성들이 군주를 스스로 따르는 모습을 일컫는 것이
다. 군주가 덕이 있으면 가까이 있는 자는 기뻐하고 멀리 있
는 자는 그 소문을 듣고 찾아온다. 백성들의 마음을 사로잡는
방법은 본질적으로 정책이나 술수가 아니라 군주의 덕이다.
  군자는 덕치로 나라를 다스린다. 그러나 소인은 무력으로
남의 땅을 뺏으려고만 한다. 정치는 사람을 다스리는 것이지
땅을 다스리는 것이 아니다. 사람은 덕으로 다스려야 한다.
  공자는 정치의 본질이 '바로잡는 것'이며, 그중에서도 '위정
자 자신을 바로잡는 것'이라고 생각했다. 그러면 모든 정치적
인 문제가 자연히 바로잡히리라 여겼다. 공자는 이러한 자신
의 정치관을 이상적이라고 생각하지 않았다. 그것이 실현 가
능하다고 생각했다.

子曰 默而識之 學而不厭
자 왈 묵 이 식 지 학 이 불 염

誨人不倦. 何有於我哉?
회 인 불 권 하 유 어 아 재

〈述而술이〉편 2장

과묵해야 깊이 생각할 수 있고 마침내 깨달을 수 있다. 군자는 배우
고 가르치는 목적이 박식함에 있지 않고 어짊에 있으므로 게으르지
않다.

핵심 한자 풀이

默
묵묵할 **묵**

黑(검을 흑)＋犬(개 견)
개를 잡아 불에 그을려서 검게 되었다. 짖던 개가 '묵묵히' 조
용할 수밖에 없다.

沈默침묵 : 말없이 잠잠히 있음.　默想묵상 : 묵묵히 마음속으로 생각함

識
알 **식**

言(말씀 언)＋音(소리 음)＋戈(창 과)
창을 든 무사는 멀리서 들리는 적의 말소리만 들어도 그것이
무슨 뜻인지 금새 '안다.'

知識지식 : 안다는 의식의 작용.　識者식자 : 아는 것이 많은 사람

之지는 '그것'의 뜻으로 쓰였으나 특별히 가리키는 것이 없다. 而이는 문
맥상 '~하되'로 번역하는 것이 좋다.

厭
싫어할 **염**

厂(기슭 임)+日(날 일)+月(고기 육)+犬(개 견)
좋은 음식도 날마다 먹으면 싫어진다. 기슭에서 개고기를 먹
는 것은 누구나 꿈꾸는 일이나 그것도 날마다 먹으면 '싫어진
다.' 고대인들의 개고기에 대한 염원이 역설적으로 표현되어
있다.

厭症염증 : 싫증. 厭世염세 : 세상을 귀찮게 여기고 싫어함

誨
가르칠 **회**

言(말씀 언)+每(매일 매)
매일 '가르침'의 말씀을 듣는다. 공부는 하루도 걸러서는 안
된다.

誨淫회음 : 음탕한 짓을 가르침

倦
게으를 **권**

人(사람 인)+卷(감을 권)
누워서 일어나지 않고 이불을 이리 감고 저리 감으며 시간을
보내는 사람의 모양이다. 倦怠권태 : 싫증을 느껴 게을러짐

何
무엇 **하**

人(사람 인)+可(옳을 가)
사람이 옳게 산다는 것은 '무엇'일까? 이것은 예나 지금이나
고심하는 문제이다.

Tip 何하는 '어찌'라는 뜻도 있으나, 여기서는 '무엇'이라고 해석하는 것이 문
맥상 바르다. 於어가 사람 앞에 쓰일 때는 '~에게'의 뜻이다.

哉
~하겠느냐
재

土(흙 토)+口(입 구)+戈(창 과)
土는 음경을 닮은 土神토신의 제단을 그린 것이다.

子 曰　默而 識之 學而 不厭
공자가 / 말하기를 // 묵묵하되 / 그것을 알고 // 배우되 / 싫증내지 아니하고 //

誨人　　不倦.
사람을 가르치는 것을 / 게을리 하지 않는다

何 有 於我 哉?
무엇이 / 있겠느냐 / 나에게 / (어조사)

○ 공자가 말하기를 "말은 하지 않되 그것을 알고, 배우되 싫증내지 아니하고, 사람을 가르치는 것을 게을리하지 않는다. (그 밖에) 나에게 무엇이 있겠느냐?"

아마 공자는 손님과 이야기를 나누거나 제자들을 가르칠 때를 제외하고는 대개 과묵했을 것으로 보인다. 왜냐하면 공자는 누구보다 침묵과 깨우침의 상관관계를 깊이 파악하고 있었기 때문이다. 말을 하지 않아야 생각이 깊어지고, 생각이 깊어야 깨달을 수 있다.

배우는 것이 싫증나지 않는 것은 배움의 목적이 박식함에 있지 않기 때문이다. 지식을 많이 쌓는다는 것은 쉬운 일이 아니지만 그리 어려운 일도 아니다. 누구든지 공부하면 지식은 쌓이기 마련이다. 다만 그것은 금새 싫증나기 쉽다. 그러나 배우는 목적을 어짊에 두면 쉽게 싫증나지 않는다. 그것은 지혜와 깨달음을 향한 과정이요, 자신의 정신과 몸가짐을 총체적으로 발전시키는 과정이며, 자신과 세계를 바꾸는 과정이기 때문이다.

더구나 남을 가르쳐서 어짊의 길로 인도하는 일은 지식 교육과는 다르다. 그것은 한 인간의 전체를 바꾸는 일이며, 제자로 하여금 다시 세상을 바꾸게 하는 일이다. 그러니 가르치는 데 어찌 게을러질 수가 있겠는가. 인은 완성이 없으므로 끝이 없고, 끝이 없으므로 게을리할 수 없는 것이다. 공자가 "나에게 이 세 가지 이외에 무엇이 있겠느냐?"고 한 것은 이 세 가지가 공자의 필생의 소임이라는 것, 그리고 일면 사소해 보이는 이러한 행위의 역설적인 위대함을 말한 것이다.

공자가 제자를 가르치는 법

子路자로가 물었다.

"들으면 바로 행해야 합니까?"

공자가 말했다.

"아버지와 형이 계신데 어떻게 듣는다고 바로 행할 것이냐?"

厭有염유가 물었다.

"들으면 바로 행해야 합니까?"

공자가 말했다.

"들으면 바로 행해야 할 것이다."

公西華공서화가 말했다.

"由유가 '들으면 바로 행해야 합니까' 하니 선생님께서 '아버지와 형이
계시지 않느냐'고 하시고, 求구가 '들으면 바로 행해야 합니까' 하니 선생
님께서 '들으면 바로 행해야 할 것이다' 하시니 저는 도무지 이해가 되지
않아 감히 묻고자 합니다."

공자가 말했다.

"구는 물러서는 까닭에 나아가게 한 것이고, 유는 남들과 함께 하는
까닭에 물러서게 한 것이다."

子路問 聞斯行諸? 子曰 有父兄在 如之何其聞斯行之? 厭有曰 聞斯行
諸? 子曰 聞斯行之. 公西華曰 由也問 "聞斯行諸" 子曰 "有父兄在." 由
也問 "聞斯行諸." 子曰 "聞斯行之." 亦也惑 敢問. 子曰 求也退 故進之.
由也兼人 故退之.

— 〈先進선진〉편 23장

이 글은 공자가 제자들을 가르치면서 어떻게 중용의 도를 적용시켰
지를 보여 준다. 공자는 너무 급히 나아가는 자는 물러서게 하고 너무
주춤하는 자는 나아가게 하는 상대적인 가르침을 행했다. 공자는 어떤
덕목도 절대적인 것으로 강요하지 않았다. 상황에 따라 개인에 따라
다르게 가르쳤다. 이는 중용이 매우 두터운 양감을 가지고 있다는 것
을 의미한다.

공서화가 이해하지 못한 것은 이 같은 양감이었다. 그것을 이해하지
못하면 공자가 이랬다 저랬다 하는 줏대 없는 늙은이로 보일 수도 있
었을 것이다. 공자의 가르침은 이처럼 구체적인 정황 속에서 이해되어
야 그 진실이 보인다. 그러나 《논어》는 그 구체적인 정황이 거의 생략
되어 있다. 이것이 《논어》 읽기의 어려움이다.

이 글을 통해 자로는 다소 성급한 성격이고, 염유는 다소 신중한 성
격의 소유자임을 알 수 있다. 그러나 공자가 제자들의 성격을 교정하
려는 것으로 이해해서는 안 된다. 공자는 이것을 성격 교정의 차원이
아니라 조화로 이해했다.

공자가 말했다.

"기질이 교양을 누르면 야성적이 되고 교양이 기질을 누르면 지성적으로 된다. 교양과 기질이 잘 조화된 후에야 군자가 될 수 있다."

子曰 質勝文則野 文勝質則史 文質彬彬 然後君子.

—〈雍也옹야〉편 18장

우리는 흔히 '지성적'이라는 말을 좋은 말로 쓰지만, 여기서는 부정적인 의미로 쓰였다. 가식적이고 형식적인 몸가짐을 하고서 교양인인 척한다는 것이다. 공자가 제자들에게 바란 것은 지식이 가식과 허위로 흘러가는 것이 아니라 진심과 소탈로 흘러가는 것이었다. 그것이 교양과 기질이 잘 조화된 이상적인 모습이라고 생각했다.

子路
자 로

공자의 제자로 공자보다 9살 연하였다 한다. 제자들 가운데 가상 연장자였던 셈이다. 이름은 仲由중유, 자는 季路계로이다. 성격이 직선적이고 의협심이 강하며 호방하고 용맹스러웠다. 부귀나 공명에 연연하지 않고 소신에 따라 행동하는 신념의 인물이었다. 이러한 인물들은 흔히 다소 과격하고 단순하며 자기 소신에 대한 과신, 자기 성찰의 미흡 등의 단점이 있을 수 있는데 자로도 그러했던 것 같다. 이런 점이 그가 후대에 《삼국지》의 장비처럼 우스꽝스럽게 그려지는 원인이 되었다. 성미는 거칠었으나 꾸밈없고 소박한 인품으로 가르침을 받으면 실천에 옮기는 인물이었다. 그는 뒤에 衛위나라에서 벼슬했는데, 내란이 일어났을 때 스스로 도의적 입장에서 戰死전사를 택하여 공자보다 1년 먼저 사망하였다.

厭有
염 유

공자의 제자로 魯노나라 사람이다. 이름은 厭求염구이고, 자는 子有자유이다. 공자보다 29살 어렸다. 정치적인 인물로 현실 논리에 매우 밝았다. 季康子계강자에게 벼슬을 살아 재상이 되었으며, 공자의 가르침과 세속적 척도 사이에서 갈등할 때면 항상 후자를 선택하였다. 이러한 염유의 처세가 공자는 늘 탐탁하지 않았다. 특히 季氏계씨가 周公주공보다 부유한 데도 염유가 그를 위해 세를 걷어 더욱 부유하게 했을 때는 "내 제자가 아니다. 너희들은 북을 울려 가며 그를 성토해도 좋다"고 했다.

公西華
공서화

공자의 제자로 노나라 사람이다. 공자보다 42살 어리다. 이름은 赤적, 자는 子華자화이다. 단순한 성격에 비교적 그릇이 작은 참모형의 인물로 의례적인 말을 잘하는 현실적인 사람이었다.

子曰 吾未見好德如好色者也.
자 왈 오 미 견 호 덕 여 호 색 자 야

〈子罕자한〉편 17장

사람들이 외양을 좋아하고 덕을 좋아하지 않는 것은, 외양은 보이는 것이요 덕은 보이지 않는 것이기 때문이다. 사람은 보이지 않는 것을 볼 줄 알아야 한다.

핵심 한자 풀이

未
~하지 못할
미

一(한 일)＋木(나무 목)
一은 일정한 높이를 말한다. 나무가 아직 일정한 높이까지 자라지 '못했다.' 未熟미숙 : 과실 등이 아직 덜 익음. 일에 익숙하지 못함.   未遂미수 : 목적을 이루지 못함

Tip 如여는 '~하듯'의 뜻으로 쓰였다.

色
겉모양 **색**

美色미색 : 여자의 고운 얼굴.   色彩색채 : 빛깔

子 日 吾 未見
공자가 / 말하기를 // 나는 / 아직 보지 못하였다 /

好德 如好色 者 也.
덕을 좋아하는 / 겉모양을 좋아하듯 / 사람을 / (어조사)

➡ 공자가 말하기를 "나는 겉모양을 좋아하듯 덕을 좋아하는 사람을 아직 보지 못하였다."

겉모양을 좋아한다는 것은 외양이 그럴듯한 것을 좋아한다는 것이다. 그런 사람은 남에게 보이는 것을 중시하여 자기 수양보다는 남에게 어떻게 하면 잘 보일 수 있을까 하는 것에 마음을 쓰기 마련이다. 겉모양이 눈에 보이는 데 반해 덕은 눈에 보이지 않는다.

사람이라고 하는 것은 외양으로만 이루어지지 않았다. 몸만 하더라도 외양과 내부의 수많은 기관들로 이루어져 있다. 그럼에도 사람들이 주로 외양에 신경 쓰는 이유는 몸 안의 장기들이 중요하지 않아서가 아니라 보이지 않기 때문이다. 진짜 건강한 사람은 오장육부가 튼튼한 사람이다. '미인'이라는 말도 따지고 보면 우리 몸의 5퍼센트도 채 되지 않는 피부 껍질에 대한 판단에 불과하다. 덕도 마찬가지다. 덕이 중요하지 않아서가 아니라 단지 보이지 않기 때문에 신경 쓰지 않는 것이다.

외양을 중요시하는 태도는 덕을 키우는 데 장애가 된다. 그런 태도는 말을 근사하게 하고 얼굴을 꾸미고, 예절과 예식을 차릴 때도 허례허식에 빠지는 결과를 낳는다. 그러나 그럴 듯한 직위와 생활 습관은 공자가 말한 예나 덕과는 거리가 멀다. 그런 행위는 자신을 속이는 것일 뿐 아니라, 그 자체로 자기 수양에 제동을 거는 일이다.

子曰 君子懷德 小人懷土.
자 왈 군 자 회 덕 소 인 회 토

君子懷刑 小人懷惠.
군 자 회 형 소 인 회 혜

〈里仁이인〉편 11장

덕이 있는 군주는 덕을 품으려 하고, 그렇지 않은 군주는 땅을 얻으려
한다. 덕을 품는 데 필요한 것은 엄격한 자기 질타이다.

핵심 한자 풀이

懷
품을 회

忄(마음 심)＋宀(모자 두)＋罒(그물 망)＋二(두 이 2개)＋衣(옷 의〈변형〉)

모자를 쓴 사람이 남이 빼앗아 갈까 봐 의심스런 눈초리로 귀중한 물건을 가슴에 꼭 껴안고 있는 형상이다. 의심스런 눈초리는 罒으로, 귀중한 물건은 二로 단순화되었다. 귀중한 물건을 가슴에 껴안는 것을 마음으로 하는 것이 '품는 것'이다.

懷抱회포 : 마음속에 품은 생각.   懷古회고 : 과거를 돌이켜 봄

刑
형벌 형

一(한 일)＋廾(두 손 공)＋刂(칼 도)

廾은 두 손에 칼을 공손하게 받쳐든 모양이다. 一과 廾은 형틀을 나타낸다. 형틀과 칼은 모두 '형벌'에 필요한 도구이다. 刑은 '형벌'이라는 뜻이나 '형벌을 받는 것'의 의미로 쓰였다.

185

刑罰형벌 : 저지른 허물에 대한 징계. 死刑사형 : 범인의 목숨을 끊는 형벌

惠
은혜 혜

惠는 '은혜'라는 뜻이나 '은혜를 받는 것'이라는 의미로 쓰였
다. 惠澤혜택 : 은혜와 덕택. 受惠수혜 : 혜택을 받음

직역과 해설

子　日　君子　懷德　小人　懷土.
공자가 / 말하기를 // 군자는 / 덕을 품고 // 소인은 / 땅을 품는다

君子　懷刑　小人　懷惠.
군자는 / 형벌을 품고 // 소인은 / 은혜를 품는다

▶ 공자가 말하기를 "군자는 덕을 품고 소인은 땅을
품는다. 군자는 형벌을 품고 소인은 은혜를 품는다."

공자가 살았던 춘추시대 말기는 군주들이 전쟁을 벌여 자
신의 통치 지역을 넓히는 데 혈안이 되어 있던 시기이다. 한
마디로 땅을 넓히는 데 마음을 쏟았던 것이다. 소인은 땅을
마음에 품는다는 말은 이를 비판한 것이다. 소인은 땅을 얻어
통치 영역을 넓히려 하는 데 반해, 군자는 덕으로써 백성을
따르게 한다.
군자가 형벌을 마음에 둔다는 것은 '자신의' 옳지 않은 언행
과 태도를 스스로 용납하지 않고 자신에게 가혹한 형벌을 내

린다는 의미다. 모든 잘못은 자신의 모자람에서 비롯되므로 자신을 가혹하게 채찍질하여 경계하고 남에게는 너그럽게 대한다. 군자가 자신을 가혹하게 대하는 것은 자기 존재에 갇혀 있는 생각을 철저하게 배제하기 위함이며, 그래야만 깨우침이 있다고 생각하기 때문이다. 군자가 덕을 기르는 데 가장 필요한 것은 스승도 아니요 지식도 아니다. 바로 자신을 엄격하게 대하는 것이다.

반면 소인은 옳지 못한 행동을 하여도 그것을 스스로 변명하고 합리화시킨다. 남 또한 자신의 잘못을 너그러이 이해해 줄 것이라 여긴다. 이런 마음을 가지고 있으므로 남이 자신을 비판하면 그 사람을 미워하게 된다. 항상 남이 자신에게 서운하게 대한 것이요, 자신은 애처롭고 억울하고 불운한 존재인 것이다. 그것은 겉보기에 자신을 사랑해서 그런 것 같지만, 자신의 정신적 발전을 스스로 가로막는다는 점에서 자신을 버리는 행위이다. 소인이 은혜를 마음에 품는다는 것은 바로 이런 뜻이다.

子曰 古之學者爲己
자 왈　고 지 학 자 위 기

今之學者爲人.
금 지 학 자 위 인

〈憲問헌문〉편 25장

배우는 것은 자기 수양을 위한 것이지, 남에게 보이기 위함이 아니
다. 자기 수양이 어설픈 상태에서 남에게 베푸는 施惠시혜는 자기 발
전을 해칠 뿐이다.

핵심 한자 풀이

爲
위하여 **위**

爪(손톱 조)＋象(코끼리 상〈변형〉)
'하다' '되다'의 뜻도 있다.

今
이제 **금**

今日금일 : 오늘.　至今지금 : 예로부터 오늘에 이르기까지

 Tip 之지는 '～의'로 쓰였다.

子 曰　古之　學者　爲己
공자가 / 말하기를 // 옛날의 / 배우는 사람은 / 자기를 위했으나 //

今之　學者　爲人.
지금의 / 배우는 사람은 / 남을 위한다

⊙ 공자가 말하기를 "옛 날의 배우는 사람은
자기를 위해서 배웠으나, 지금의 배우는 사람은
남을 위해서 배운다."

이 글은 옛날 사람들은 자신을 위해서 배우는 이기적인 자세를 취하고 지금 사람들은 남을 위해서 희생적인 태도를 취한다는 뜻이 아니다. 옛날에 배우는 사람들은 자기 수양을 위해 배웠으나, 지금 배우는 사람들은 남에게 잘 보이려고 혹은 남에게 '어설프게' 베풀고자 배운다는 의미다. 옛날에 배우는 사람들의 태도가 훨씬 더 경건하고 나아가는 방향이 올바르다는 얘기다.

배움은 자기 완성을 목표로 한다. 배우는 자는 철저하게 자신의 완성을 실천해 가는 과정을 거쳐야만 남에게 베풀 수가 있다. 남에게 무엇을 베푸는 것도 修己수기 속에서 행해져야 한다. 그렇지 않고 내가 우월한 입장이 되어 열등한 사람들을 돕는 것은 오만함을 낳아 오히려 인을 해친다. 이는 가르치고 배우는 일에서도 마찬가지다.

예를 들어 자기 수양이 어설픈 사람이 있다고 하자. 이 사람은 꾸준히 공부해 온 탓에 지식은 남 못지않아 남을 가르치게 되었다. 그런데 이런 사람의 가르침에도 보통 사람들은 쉽게 감탄한다. 그럴 경우 이 사람은 자신의 능력을 과신하여 자만하게 된다. 그리고 이러한 베풂이 진정한 인이라고 믿어 버린다. 그 순간 인은 철저한 내면의 성찰을 향한 것이 아니라 남에게 보여지는 천박한 덕목으로 전락하고 만다. 공자는 이것을 걱정하고 있다.

子曰 吾嘗終日不食 終夜不寢
자 왈 오 상 종 일 불 식   종 야 불 침

以思 無益. 不如學也.
이 사 무 익   불 여 학 야

〈衛靈公위영공〉편 30장

생각하는 것만으로는 깨우침에 이를 수 없다. 그것은 씨줄만으로 고기를 낚을 그물을 엮으려 하는 것과 같다.

핵심 한자 풀이

일찍이 상

尚(숭상할 상〈변형〉)+口(입 구)+匕(비수 비)+日(날 일)

밥 식

人(사람 인)+良(좋을 양)

사람이 좋아하는 것은 '밥'이다.

食事식사 : 음식을 먹음. 食卓식탁 : 식사용 탁자

잠잘 침

宀(집 면)+丬(조각 장)+彐(돼지머리 계)+冖(덮을 멱)+又(손 우)

彐는 돼지머리 모양을 단순화한 것이다. 침대 위에서 이불을 덮고 손은 이불 밖으로 빼고 '자는' 모양이다. 丬은 나무로 만들어진 침대를 나타내고, 彐는 자는 사람의 머리를 희화화한

것이다. 옛사람의 위트가 느껴진다. 寢牀침상 : 누워 잘 수 있게
만든 평상. 就寢취침 : 잠자리에 들다

Tip 以이는 여기서 '~로써'의 뜻이 아니라 '~하고도'의 뜻으로 쓰였다.

益
유익할 익

水(물 수〈변형〉)+皿(그릇 명)

옛날에는 물이 귀했다. 식수가 물독 안에 많으면 많을수록 좋
다. 그것이 '유익한' 것이다. 氺는 水를 옆으로 눕힌 것이다.

多多益善다다익선 : 많으면 많을수록 좋다. 受益수익 : 이익을 얻거나
받음

如
같을 여

女(여자 여)+口(입 구)

女는 여자를 그린 것이다.

Tip 不如불여는 '~같지 않다'는 뜻이다. 한문에서 자주 나오는 표현이다.

직역과 해설

子　日　吾嘗　終日　不食
공자가 / 말하기를 // 내가 / 일찍이 / 날이 다하도록 / 먹지 않고 //

終夜　不侵　以思　無益.
밤이 다하도록 / 자지 않고 // 생각하고도 // 유익함이 없었다

不如　學　也.
~같지 않았다 / 배운 것만 / (어조사)

◑ 공자가 말하기를 "내가 일찍이 날이 다하도록
먹지 않고 밤이 다하도록 자지 않고 생각하고도
유익함이 없었다. 배운 것만 같지 않았다."

배움의 중요성에 대해 말한 글이다. 자기 완성의 길에서 배
움만큼 효율적인 방법은 없다. 우리는 일상생활 속에서도 이
런 경험을 할 때가 있다. 몇 날 며칠을 두고 고민하던 문제가
책을 보거나 어떤 사람의 조언을 통해 금새 해결되는 경험 말
이다. 책을 읽거나 아는 사람에게 가르침을 받는 것은 확실히
경제적이다.

생각만 하는 것은 씨줄만으로 물고기를 잡을 그물을 엮는
것과 같다. 생각하는 것은 씨줄이요, 배우는 것은 날줄이다.
씨줄과 날줄을 엮어야 그물이 되고, 그물이 있어야 물고기를
잡을 수 있다. 배우지 않고 생각하기만 하면 객관적 사유의
토대를 마련할 수 없다.

공자의 배움은 지식 축적을 목적으로 하는 오늘날의 배움
과는 차이가 있었다. 어디에 쓰려고 배우지 않았다. 배움은
순수한 인격의 도야를 통해 어짊과 덕에 다다르기 위한 것이
었다. 그것은 유형의 목표가 아닌 무형의 목표였으며, 유형
의 이익이 아닌 무형의 이익을 목표로 한 것이었다. 《논어》의
맨 앞 장에 등장하는 "배워서 때에 따라 익히니 또한 기쁘지
아니한가?"도 배움에 따른 인격 도야의 즐거움을 강조한 것
이지, 지식의 양적 축적을 기뻐하는 말이 아니다. 공자의 배
움의 목적은 지혜와 깨달음을 얻는 것이었지, 지식 그 자체에
있지 않았다. 공자가 추구한 것은 지식을 넘어서는 그 무엇이
었다.

의문을 나타내는 대명사

다음 한자들은 보통 문장의 앞에 쓰여 의문을 나타내는 대명
사이다.

何하 : 어찌, 무엇

焉언 : 어찌

奚해 : 어찌

子曰 不曰如之何如之何者
자 왈 불 왈 여 지 하 여 지 하 자

吾未如之何也已矣.
오 미 여 지 하 야 이 의

〈衛靈公위영공〉편 16장

어짊은 그것을 얻고자 애태우고 가슴을 졸이는 사람이 얻을 수 있다. 스승에게 가르침을 구한다 하더라도 그런 사람만이 참뜻을 이해할 수 있다.

핵심 한자 풀이

何
무엇 **하**

人(사람 인)＋可(옳을 가)
여기서는 '무엇'이 아니라 '어찌'의 의미로 쓰였다.

Tip 如之何여지하는 숙어로 '어찌하나'의 뜻이다. 也야, 已이, 矣의는 둘 다 어조사로 '～이다'라는 의미다.

子 曰　　不曰 如之何 如之何 者
공자가 / 말하기를 // 말하지 않는 / 어찌하나 / 어찌하나를 / 자는 //

吾 未　　如之何 也已矣.
나도 / 아직 ~하지 못했다 / 어떻게 해보지를 / (어조사)

▶ 공자가 말하기를 "어찌하나 어찌하나를 말하지 않는 자에 대해서는 나도 아직 어떻게 해보지를 못했다."

'어찌하나, 어찌하나' 하는 것은 애를 태우는 모양새이다. 무엇을 위해서 애를 태우는가? 어짊을 얻고자 애를 태운다. 깨닫기 위해 전전긍긍하는 자세와 애쓰는 마음, 이것이 바로 인이다. 이토록 정성을 다해 노력하는 자에게는 가르침이 소용된다. 그러나 인을 구하고자 하는 간절한 마음이 없는 자에게는 공자의 가르침도 아무 소용이 없다. 왜냐하면 인에 뜻을 두지 않는 자에게는 공자의 가르침도 그저 하잘것없이 보일 것이기 때문이다.

공자의 가르침은 세상 만물을 지배할 수 있는 법을 가르치는 것도 아니요, 어떤 욕망을 채울 수 있는 법을 가르치는 것도 아니다. 오직 자신을 채찍질하고 자신을 바르게 하는 데서부터 시작하라고 주문할 따름이다. 공자의 한탄은 노력하지 않는 자를 자신이 구제할 필요가 없다는 뜻이 아니다. 인에 뜻을 두고 그것을 간절히 구하지 않으면 공자가 아니라 공자 할아버지라도 도움을 줄 수 없음을 말하고 있다. 인은 남으로부터 구해지는 것이 아니라 자신으로부터 구해지는 것이기 때문이다.

子謂子夏曰 女爲君子儒
자 위 자 하 왈   여 위 군 자 유

無爲小人儒.
무 위 소 인 유

〈雍也옹야〉편 13장

벼슬은 의로움을 위한 것이지 사적인 욕심을 채우기 위한 것이 아니다. 군주가 덕이 있으면 벼슬에 나아가고 덕이 없으면 벼슬에서 물러난다.

핵심 한자 풀이

子夏
자 하

공자의 제자로 衛위나라 사람이다. 공자보다 44세 어렸고, 이름은 卜商복상이다. 공자가 '미치지 못한다'는 평을 한 것으로 보아 공자에게 그다지 좋은 평가를 받지는 못한 것으로 보인다. 사물을 바라보는 데 좁고 근시안적인 시각을 가지고 있었으며, 지엽적인 것에 집착하는 경향이 있었다. 그러나 굉장한 노력파였고 진실한 사람이었으며 실천을 매우 소중하게 생각하였다. 문학을 잘하였으며 공자가 죽은 후 魏위나라 文侯문후의 스승이 되었다.

Tip
謂위는 '일컫다'가 아니라 '말하다'로 쓰였다.

夏
여름 하

面(얼굴 면〈변형〉)＋夊(천천히 걸을 쇠)
너무 더운 '여름'에 사람이 얼굴을 모자로 가리고 천천히 걷는 모습이다. 面은 모자를 쓴 얼굴의 모양이다. 夏至하지 : 일 년 중 낮이 가장 긴 때. 夏季하계 : 사계절 중 여름

女
너 여

女는 '여자'라는 뜻이 있지만 '너'라는 뜻도 있다. 여기서는 '너'로 쓰였다.

爲
되다 위

爪(손톱 조)＋象(코끼리 상〈변형〉)
爲는 '하다' '되다' '위하여' 등의 뜻을 가지고 있다. 여기서는 '되다'로 쓰였다.

儒
선비 유

人(사람 인)＋需(구할 수)
무언가를 구하는 사람이 '선비'다. 그 구하는 것은 정신적인 깨달음이요 도이다. 先儒선유 : 선대의 유학자. 儒敎유교 : 공자를 원조로 하는 교학

Tip 儒유는 '선비'라는 뜻으로 알려져 있으나 이는 후대에 성립된 의미이고, 공자 시대에는 '권력자의 고문 역할을 하는 사람'을 가리켰다. 일종의 정치 카운셀러였던 것이다. 여기서는 원뜻 그대로 살려 번역하는 것이 바람직하다.

직역과 해설

子 謂 子夏 曰 女 爲
공자가 / 말하여 / 자하에게 / 이르기를 // 너는 / 되고 /

君子 儒 無爲 小人 儒.
군자의 / 유가 // 되지 마라 / 소인의 / 유가

● 공자가 자하에게 말하여 이르기를
"너는 군자의 유가 되고 소인의 유가 되지 마라."

    지금은 '儒者유자'가 유학자를 이르거나 선비를 이르는 말이
지만, 공자 시대에는 위정자에게 군사 문제를 제외한 광범위
한 문제에 대해 자문해 주는 사람이었다. 공자가 자하에게 주
문한 것은 德治덕치에 뜻을 둔 위정자를 돕는 사람이 되어야
지, 자신의 이익만 쫓는 소인배와 같은 위정자를 돕는 사람이
되지 말라는 것이다.

    유자가 하는 일은 다름 아닌 위정자가 자신을 바로잡을 수
있도록 방향을 잡아 주는 일이었다. 유자는 위정자들이 군자
의 도를 추구하게 함으로써 사회에 영향력을 가지려고 했다.
그러므로 벼슬을 마다하지 않았다. 군자의 벼슬은 의로움을
위함이지 사사로운 이익을 위한 것이 아니라고 생각했기 때
문이다. 군주가 덕이 없는 사람이거나 자신이 벼슬을 해서 의
로움을 구할 수 없는 혼탁한 정치적 상황이라면 벼슬에서 물
러나는 것이 옳겠지만 의로움을 구할 수 있는 상황이라면 벼
슬에 나아가는 것이 옳다.

    道家도가는 벼슬에 나아가지 않는 것을 신념으로 삼았지만,
儒家유가는 때에 따라 벼슬에 나가기도 하고 물러나기도 했
다. 진정한 유가들은 벼슬에 나아감과 물러남에 집착하지 않
았다.

子曰 不患人之不己知
자 왈 불 환 인 지 불 기 지

患不知人也.
환 부 지 인 야

〈學而학이〉편 16장

군자는 사람들이 자신을 알아주기를 바라지 않으므로 몰라 준다고
원망하지 않는다. 남이 자신을 알아주기를 바라기보다는 자신이 남
을 알고자 노력한다.

핵심 한자 풀이

患
걱정할 환

串(꿸 관)＋心(마음 심)
마음을 꿰듯 아픈 것이 '걱정하는' 것이다. 꼬챙이로 살을 찌
르면 아프듯 마음을 찌르는 것도 아프다고 생각했다. '아플
환'이라고도 쓴다.
患者환자 : 아픈 사람.　憂患우환 : 근심이나 걱정되는 일

Tip 人인은 '사람'이 아닌 '남'의 의미로 번역하는 것이 문맥상 옳다.

子 曰　 不患　 人之 不己知
공자가 / 말하기를 // 걱정할 것이아니라 / 남의 / 나를 알지못함을 //

患　 不知人 也.
걱정하라 / 남을 알지 못함을 / (어조사)

◐ 공자가 말하기를 "남이 나를 알아주지 않는 것을 걱정할 것이 아니라 (내가) 남을 알지 못하는 것을 걱정하라."

　　군자는 고매한 인격을 추구하는 사람이다. 이런 사람은 아무래도 자기 자긍심이 셀 수밖에 없다. 그런데 이러한 자긍심은 자칫 오만으로 전환되기 쉽다. 남이 나를 알아주지 않는 것에 대한 불평도 이로부터 비롯된다. 자긍심을 갖는 것이 먼 길을 추구하는 사람에게는 원동력이 될 수 있지만, 거기에는 그 고매함을 망칠 수 있는 복병이 숨어 있다.

　　이 글에는 이러한 것을 걱정하는 공자의 마음이 담겨 있다. 자긍심은 갖되 오만하지 않는 중용의 도를 유지할 것을 공자는 주문하고 있다. 한편으로 남이 나를 알아주지 않는 것을 불평하는 것은 그 자체로 修身수신이 덜 되었음을 반증하는 것이다. 공자는 '인에 뜻을 두면 악은 없다'고 했다. 하물며 자신을 알아주지 않는다고 불평하는 것 따위가 어떻게 남을 미워할 만한 근거가 되겠는가? 다 사적인 욕심을 버리지 못했기 때문이다.

子曰 不得中行而與之 必也狂狷乎.
자 왈 부 득 중 행 이 여 지 필 야 광 건 호

狂者進取 狷者有所不爲也
광 자 진 취 　 건 자 유 소 불 위 야 〈子路자로〉편 21장

중용이란 양극단을 배제하되 가운데도 아닌 변화무쌍한 개념이다.
중용은 상황에 따라, 존재에 따라 취해야 할 바가 같지 않다.

핵심 한자 풀이

得
얻을 득

彳(조금 걸을 척)+日(날 일)+一(한 일)+寸(마디 촌)
得은 '~할 수 있다'는 뜻이 아니라 그냥 '얻다'는 뜻으로 쓰였
다. 所得소득 : 얻은 바. 得失득실 : 얻고 잃음

Tip 中行중행은 '중용을 행하는 것'을 말한다.
與여는 '~과'의 뜻이 아니라 '베풀다'는 뜻으로 쓰였으나, 여기서는 '행하다'
로 번역하는 것이 자연스럽다.
之지는 '그것'의 의미로 쓰였으나 특별히 가리키는 것이 없는 부정대명사
이다.
必也狂狷乎필야광견호에서 也야는 문장의 중간에 쓰여 쉼표 역할을 한다.

狂
경솔할 **광**

犭(개 견)＋王(왕 왕)

개의 우두머리는 일견 용감해 보이지만 아무나 무는 까닭에
미친 것처럼 보이기도 한다. '미칠 꽹'이라고도 쓴다. 용례는
'미칠 광'으로 쓰였다.

狂氣광기 : 미친 증세.　發狂발광 : 미친병 증세가 겉으로 드러남

猖
완고할 **견**

犭(개 견)＋口(입 구)＋月(고기 육)

'月고기 육'은 '月달 월'과 같은 모양이지만 뜻은 전혀 다르다. 개
가 고기를 입에 물고 놓지 않는 모양이다. 어떤 생각이 옳다
고 생각하면 거기에 집착하여 다른 생각은 무조건 배제하는
것이 '완고한' 것이다.

狷介견개 : 고집이 세어 남과 화합하지 않음

進
나아갈 **진**

辶(달릴 착)＋佳(새 추)

새를 잡으려고 빨리 달리는 모양을 나타낸다. 그것을 '나아가
는' 것으로 표현했다.

進擊진격 : 나아가서 적을 공격함.　進路진로 : 앞으로 나아가는 길

取
취할 **취**

耳(귀 이)＋又(손 우)

손으로 무언가를 '붙잡은' 모양이다. 耳는 무언가를 단단히 쥔
주먹 모양을 나타낸다. 본래의 뜻인 '귀'와는 다르게 쓰였다.

先取선취 : 남보다 먼저 가짐.　取捨취사 : 취할 것은 취하고 버릴 것은 버림

所
바 **소**

所는 '~하는 바' '~하는 것'이라는 뜻이다. 한문에서 자주 나
오는 표현이다.　所謂소위 : 이른바

 爲위는 '~하다'는 뜻으로 쓰였다.

子 曰 不得 中行 而 與之
공자가 / 말하기를 // 얻지 못하다 / 중행을 / 그리고 / 그것을 행하면 //

必也 狂 狷乎. 狂者
반드시 / 경솔하거나 / 완고하게 된다 / 경솔한 자는 /

進取 狷者 有所 不爲 也.
나아가 취하려 하고 // 완고한 자는 / ~하는 바가 있다 / 하지 않는 / (어조사)

◉ 공자가 말하기를 "中行중행을 얻지 못하고 그것을 행하면 반드시 경솔하거나 완고하게 된다. 경솔한 자는 나아가 취하려 하고 완고한 자는 하지 않는 바가 있다."

中行중행을 중용으로 바꾸어 생각해도 무방하다. 중용의 도를 깨닫지 못한 자들의 행동은 지나치거나 모자라게 된다. 지나친 것은 경솔하고 성급한 것이요, 모자란 것은 답답할 정도로 고루한 것이다. 경솔한 자는 급히 나아가 무언가를 얼른 손에 넣으려 하고, 완고한 자는 아무것도 하지 않는다. 모두 중용의 도를 모르는 자들의 특징이다.

급히 나아가 취하려 하는 것은 私慾사욕이 발동한 까닭이요, 아무것도 하지 않는 것은 자신에게 충실하지 않은 까닭이다. 사욕은 자신의 몸을 중심으로 한 쾌락을 추구하는 것이다. 그것은 자신을 자신의 신체 속에만 가두어 놓는 폐쇄적인 욕심이다. 인을 향한 욕심은 개방적인 욕심이다. 그것은 자신의 몸, 자신이 속한 집단을 넘어선 개방적인 욕심이다. 그러므로 사욕이나 인이나 모두 욕심에서 나오지만 그 길은 전혀 다른 것이다.

　중용은 가운데를 추구하는 것이 아니라, 지나침과 모자람
을 배제하는 것이다. 그것은 매우 역동적인 양감을 가진 의미
로 수치로 계산될 수 있는 것이 아니다. 중용은 상황에 따라,
시대에 따라, 상대에 따라 그 취해야 할 바가 다르다.

모자라면 채우고 넘치면 비우라

자공이 물었다.

"師사와 商상 중에서 누가 더 낫습니까?"

공자가 말했다.

"사는 지나치고 상은 모자란다."

자공이 말했다.

"그러면 사가 더 낫습니까?"

공자가 말했다.

"지나친 것은 모자란 것과 같다."

子貢問 師與商也 孰賢? 子曰 師也過 商也不及. 曰 然則師愈與? 子曰
過猶不及.

—〈先進선진〉편 17장

師사는 제자 子張자장을 가리키고 商상은 제자 子夏자하를 일컫는다. 우
리는 흔히 모자란 것보다는 조금 넘치는 것이 낫지 않을까 하고 생각
한다. 그러나 공자는 넘치는 것과 모자란 것은 똑같이 해로운 것이라
고 말하고 있다. 중용의 의미는 절대적인 기준이 있는 것이 아니고 매

우 상대적이다. 다음의 글귀에서 그것을 발견할 수 있다.

仲弓중궁이 子桑伯子자상백자에 관해 묻자 공자가 말했다.

"괜찮다. 단순하다."

중궁이 말했다.

"敬경에 머물면서 단순함을 행하고 그로써 백성을 대한다면 역시 괜찮지 않겠습니까? 그러나 단순함에 머물면서 단순함을 행하면 이는 지나치게 단순한 것이 아니겠습니까?"

공자가 말했다.

"옹의 말이 맞다."

仲弓問子桑伯子. 子曰 可也 簡. 仲弓曰 居敬而行簡 以臨其民 不亦可乎? 居簡而行簡 無及大簡乎? 子曰 雍之言然.

—〈雍也옹야〉편 2장

자상백자는 노나라의 위정자인 것으로 보인다. 중궁은 冉雍염옹의 子자이다. 敬경에 머문다는 것은 평소에 자신의 몸가짐을 바르게 하는 데 정성을 다하고 남을 공경하는 마음을 갖는 것이다. 이것이 인을 행하는 자의 태도이다.

이 이야기는 어진 자가 단순하게 행동하는 것과 단순한 자가 단순하게 행동하는 것이 다르다는 것을 말해 준다. 겉보기에는 비슷해 보여도 어진 자가 단순하게 행동하는 것은 깊은 철학과 신념에서 비롯된 것이지만, 단순한 자가 단순하게 행동하는 것은 아무 생각이 없음에서 비롯된 것이다. 그것은 분명 다른 것이다.

공자가 자상백자를 "괜찮다"라고 평가한 것을 보면 자상백자가 중궁의 말처럼 지나치게 단순한 것은 아니라고 생각하고 있음을 알 수 있다. 공자가 중궁에게 동의한 것은 자상백자에 대한 평가가 아니라, 중용의 도를 이해하는 중궁의 나름의 원칙을 인정했기 때문이다. 공자가 중용의 도를 가르치는 것을 얼마나 중요하게 여겼는지는 다음 구절에서 알 수 있다.

공자가 말했다.

"내가 지혜가 있는가. 지혜는 없다. 미천한 사람이 있어 내게 물어 오면 나는 막연하다. 나는 그 양극단을 두드려 주는 것이 고작이다."

子曰 吾有知乎哉? 無知也. 有鄙夫問於我. 空空如也 我叩其兩端易竭焉.

— 〈子罕자한〉편 7장

仲弓
중궁
공자의 제자로 이름은 冉雍염옹이다. 말은 잘 못했지만 덕이 있었고 가르침의 핵심을 잘 짚었다. 후일 계강자의 家宰가재(재상)가 되었다.

子桑伯子
자상백자
누구인지 거의 알려진 바가 없다. 후대의 기록들은 그를 주로 異人이인이나 隱者은자로 보는 경향이 강하나, 공자의 대화를 미루어 보면 당시 노나라의 주요 정치인이었을 가능성이 높다. 중궁의 말을 따르면 다소 단순하고 우직하였을 것으로 보인다.

冉求曰 非不說子之道 力不足也.
염 구 왈　비 불 열 자 지 도　역 불 족 야

子曰 力不足者 中道而廢 今女劃.
자 왈　역 부 족 자　중 도 이 폐　금 여 획

〈雍也옹야〉편 12장

어짊의 길을 가는 데 힘이 부족한 사람은 없다. 스스로 힘이 부족하다고 하는 사람은 힘이 부족한 것이 아니라 스스로 한계를 그음으로써 자신의 게으름을 합리화시키는 것이다.

핵심 한자 풀이

冉
나아갈 **염**

冂(문 경)＋土(흙 토〈변형〉)
冂은 네모난 문 모양이다. 문을 열고 밖으로 '나아가는' 모습이다. 밖으로 나가려면 문 밖의 흙을 밟아야 한다.

非
아닐 **비**

非는 두 마리의 새가 서로 등지고 있는 그림이다. 서로 등을 돌리고 있으므로 서로를 부정하고 있다. 여기에서 '아니다'는 의미가 파생되었다.
是非시비 : 옳고 그름.　非常비상 : 평범하지 않음. 심상치 않음

Tip 而이는 상태를 나타내는 말을 동사와 연결시켜 주는 역할을 한다. 여기서는 '~에'로 번역됨이 자연스럽다.

廢
포기할 **폐**

广(집 엄)+發(떠날 발)
广는 「广기슭 엄」과 모양이 비슷하므로 잘 구별하여야 한다.

劃
그을 **획**

畵(낮 주)+ 刂(칼 도)
낮에 검도를 연습하는 모습이다. 검으로 허공을 '긋는다.'
劃定획정 : 명확히 구별해 정함.　　區劃구획 : 경계를 갈라 정함

Tip 劃은 '긋다'는 뜻이나 여기서는 '한계를 긋는다'는 뜻으로 쓰였다.

직역과 해설

冉求 曰　非不說　子之 道
염구가 / 말하기를 // 기뻐하지 않는 것은 아니나 / 선생님의 / 도를 /

力 不足也. 子　曰　力 不足者
힘이 / 부족합니다　공자가 / 말하기를 // 힘이 / 부족한 자는 //

中道而 廢　今 女　劃.
중도에서 / 포기하는데 // 지금 / 너는 / 한계를 긋고 있구나

◉ 염구가 말하기를 "선생님의 도를 기뻐하지
않는 것은 아니나 힘이 부족합니다."
공자가 말하기를 "힘이 부족한 자는 중도에서
포기하는데 지금 너는 (스스로) 한계를 긋고 있구나."

제자 염구는 다소 세속적인 기질이 있었던 것으로 알려져 있다. 그런 염구가 공자의 도를 따르는 것은 아무래도 다소 힘겨웠을 것이다. 염구의 말은 이러한 배경에서 나왔을 것이다. 공자는 염구의 말을 인정하지 않았다.

　공자는 힘이 부족해서 포기하는 것이 아니라, 네가 포기하고자 하기 때문에 힘이 부족하다고 말함으로써 염구가 말한 내용의 인과관계를 뒤집었다. 공자가 보기에 힘이 부족한 자는 사실상 존재하지 않는다. 힘이 부족한 자가 있다면 그는 중도에서 포기하는 자요, 스스로 자기 능력에 한계를 긋는 자이다. 힘이 부족하다는 것은 의지의 결핍에서 오는 것이지, 객관적인 능력의 부족이 아니다.

　물론 사람마다 기질에 다소 차이가 있을 수는 있다. 그러나 군자의 길을 가는 데 그 다소간의 차이는 결과에 영향을 미치지 않는다. 왜냐하면 그 한계를 설정하지 않고 힘쓰는 것을 게을리하지 않는 자는 계속 나아갈 따름이고, 한계를 설정하고 그것을 합리화하는 자는 제자리를 맴돌거나 퇴보할 뿐이기 때문이다. 한계를 설정하는 것은 자신의 게으름을 합리화하는 것이다.

子曰 由 誨女知之乎?
자 왈   유   회 여 지 지 호

知之爲知之 不知爲不知 是知也.
지 지 위 지 지   부 지 위 부 지   시 지 야

〈爲政위정〉편 17장

인간이 안다는 것은 근본적인 한계가 있다. 그 한계를 인식할 때만이 道도를 알게 된다. 자신이 아는 것과 모르는 것을 겸허하게 인정할 때 새로운 세계는 열린다.

핵심 한자 풀이

誨
가르칠 회

言(말씀 언)+每(매일 매)
매일 '가르침'의 말씀을 듣는다. 공부는 하루도 걸러서는 안 된다.

誨淫회음 : 음탕한 짓을 가르침

Tip 之지는 '~한다는 것'의 뜻으로 쓰였다. '知之지지' 하면 '안다는 그것'이 되어 '안다는 것'이 된다.
乎호는 어조사로 문장의 끝에서 의문을 나타낸다.
爲위는 '하다'의 의미로 쓰였다.

子 曰 由 誨 女 知之 乎?
공자가 / 말하기를 // 유야 / 가르쳐 주랴 / 너에게 / 안다는 것을 / (어조사)

知之爲 知之 不知爲 不知
아는 것으로 하고 / 아는 것을 // 모르는 것으로 하라 / 모르는 것을 //

是 知也.
그것이 / 아는 것이다

◉ 공자가 말하기를 "유야, 너에게 안다는 것을 가르쳐 주랴? 아는 것을 아는 것으로 하고 모르는 것을 모르는 것으로 하는 것, 그것이 (바로) 아는 것이다."

제자 자로는 다소 단순한 사고의 소유자였다. 이런 사람들이 잘 빠지는 질곡은 '자신이 아는 것이 전부'라고 생각하는 것이다. 공자는 자로의 바로 이런 점을 교정시켜 주고 있다. 이런 사고의 소유자는 저돌적이기는 하나, 성급히 나아가 취하려 하기 쉽다. 그것은 지나친 것일 뿐 아니라, 무엇이든 쉽게 단정적으로 생각하여 더욱 깊고 넓게 생각할 기회를 차단한다.

사람은 자신이 아는 것이 무엇이고 모르는 것이 무엇인지를 알아야 더욱 정진할 수 있다. 인간이 알고 있는 지식의 한계를 인식하는 것은 세 가지의 의미가 있다. 우선 자신이 아는 것이 무엇이고 모르는 것이 무엇인지를 안다면, 이후에 무엇을 알려고 노력해야 하는가 하는 과제를 설정하여 더욱 정진할 수 있을 것이다.

두 번째로는 모르는 것을 아는 척하는 오만을 피할 수 있다. 모르는 것을 아는 척하는 행동은 남의 시선을 의식한 것으로, 자신의 눈이 내부를 향하지 않고 외부를 향하고 있음을 드러내는 것이다. 이러한 태도는 자기 수양에 커다란 장애가 된다는 점은 앞에서도 언급했다.

세 번째로 아는 것과 모르는 것을 있는 그대로 인정함으로써 지혜를 얻을 수 있다. 만물의 도리는 내가 아는 것, 인간이 아는 것을 넘어서 존재한다. 그래서 도를 깨친 사람들은 직감적으로 그 진리를 체득할지언정 그것을 설명하지는 못한다. 도는 인간이 진리를 모두 알 수 있다고 하는 대전제로부터 열리는 것이 아니라, 오히려 그 한계를 인식함으로써만 그것에 접근할 수 있다. 그것은 자신의 내부에 갇혀 있는 인식의 지평을 범우주적인 인식의 지평으로 확장하는 것이다.

공자와 노자가 인간 세계를
바라보는 관점

공자가 노자에게 묻기를 "오늘은 한가하니 '위대한 도'에 대해 여쭈어
보아도 되겠습니까?" 하자, 노자가 이렇게 대답했다.

"그대는 먼저 齋戒재계하여 그대의 마음을 씻고 그대의 정신을 깨끗이
하고 그대가 가지고 있는 지혜를 던져 버리시오. 도라는 것은 심오하고
묘한 것이어서 말로는 표현하기 어렵지만, 그대를 위해 그 대략을 말하
리다.

대체로 분명하게 눈에 보이는 것은 보이지 않는 것으로부터 나온 것
이고, 형상을 갖추어 질서를 가진 것은 형상이 없는 것에서 생겨나오.
도는 생명의 에너지를 낳고 생명의 에너지는 형체를 만들어 내오. 그러
므로 육체에 아홉 구멍을 가진 사람이나 짐승들은 胎태로부터 생겨나는
것이고, 여덟 구멍을 가진 새나 물고기는 알에서 생겨나지만, 그것들은
알지 못하는 곳으로부터 생겨나고, 無限무한 속으로 소멸하오. 입구나
출구나 묵을 곳도 없이 사방으로 넓게 통해서 한이 없소.

이러한 도를 구하여 그것을 따르는 자들은 신체가 강건하고 정신이
맑고 보고 듣는 것이 날카롭게 되는 것이오. 마음을 써도 근심하는 일이
없고, 사물에 응해도 얽매임 없이 유연하게 대처하는 것이오. 도를 얻으

면 하늘은 높지 않을 수 없고 땅도 넓지 않을 수 없으며 해와 달도 운행
하지 않을 수 없고, 만물도 번창하지 않을 수 없소. 이 모든 것들이 도의
작용이오. 가장 '광범한 지식'이 도를 안다는 것은 아니며 그것을 논증하
는 것이 사람들로 하여금 도에 통하게 하는 것은 아니오. 그러므로 聖人
성인은 이것들을 피하는 것이오. 도는 더한다고 더해지는 것이 아니오.
줄이려 한다고 줄여지는 것도 아니니 이는 바로 성인이 말해 온 바이오.
　참된 도는 깊이를 알 수 없는 바다와 같고, 높고 경이로와 끝나는 곳
에서 새로 시작하는 것이오. 만물을 운행시키면서 소멸되지 않는 것이
오. 이에 비하면 君子군자의 가르침은 단순히 외면을 다루는 것이 아닐
지니. 만물을 만들어 내면서도 그 자신은 결코 소멸되지 않는 것, 그것
이 바로 도인 것이오."

—《莊子장자》22편 〈知北遊지북유〉

　이 단편에서 공자가 노자에게 道도에 대한 가르침을 청한 것은 역사
적 사실이 아니라 도가들이 유교와 다른 자신들의 관점을 명백히 드러
내고자 시도한 문학적 서술이라고 보아야 한다. 노자가 보기에 도는
논리적인 사유로 획득될 수 있는 것이 아니다. 그것은 앎의 세계를 넘
어선 직관의 세계이며, 미지의 세계이며 비언어의 세계이다.
　노자는 유교가 우주의 본질적인 면을 다루지 않으며, 너무 인간 중심
의 도를 추구한다며 비판적으로 바라본다. 공자도 노자와 마찬가지로
인간 지식의 한계를 모르는 바 아니지만, 그 태도는 노자와 사뭇 다르
다. 우리가 노자를 읽을 때는 허무하나 공자를 읽으면 허무하지 않은

까닭은 이러한 태도의 차이 때문일 것이다. 범우주적인 도를 추구하는 노자는 인간 세계를 바닷가 모래밭의 모래알 한 알갱이와 같이 본다.

범우주적인 노자의 도량은 '그물에 걸리지 않는 바람과 같이' 사유가 인간 세계에 걸리지 않는다. 그러므로 일부러 인간 세계를 폄하하고자 하는 것은 아니지만, 인간 세계에 대한 겸허한 경시는 불가피하다. 이러한 노자의 세계관은 인간의 희노애락에 좀 더 담담한 태도와 허무주의를 낳는다. 인생이 별 의미가 없다고 느껴지는 것이다.

반면 공자의 사상은 인생의 보람과 의미를 포기하지 않는다. 그렇다고 해서 공자의 사상이 우주의 도를 전혀 생각하지 않는 것은 아니다. 공자의 "천하가 말을 하더냐? 사철이 운행하고 만물이 생장할 뿐 천하가 말을 하더냐?" 하는 말은 공자 역시 범우주적인 자연의 도를 직감하고 있음을 드러낸다. 그러나 그럼에도 불구하고 인간 존재의 보람과 의미, 혹은 그 특성이 결코 폄하되어서는 안 된다는 입장이다. 인간 존재는 다른 동물들과는 다르다는 것이다. 사람이 "새와 짐승을 벗하여 살 수는 없지 아니한가" 하는 공자의 말에서 이러한 인식의 단편을 읽을 수 있다.

공자의 사상은 자연의 도를 버리고 인간의 도를 추구했다기보다는 자연의 도 안에서 인간의 도를 포기하지 않고 그 조화로움과 풍요로움을 추구했다고 보아야 한다. 바로 이것이 공자를 읽으면 허무해지지 않고 인간 세계에 대한 애정이 샘솟는 이유이다.

子曰 譬如爲山 未成一簣止 吾止也.
자 왈 　비 여 위 산 ·미 성 일 궤 지 　오 지 야

譬如平地 雖覆一簣進 吾往也.
비 여 평 지 　수 복 일 궤 진 　오 왕 야

〈子罕자한〉편 18장

修身수신함에 있어서 나아가는 것도 자신의 노력으로 나아가는 것이
요, 멈추는 것도 자신의 포기로 멈추는 것이다. 어짊을 이루고 못 이
루는 것은 모두 자신에게서 비롯된다.

핵심 한자 풀이

譬
비유할 비

言(말씀 언)+辟(임금 벽)
웃어른의 말씀은 임금의 말씀에 '비유된다.'

譬喻비유 : 사물을 설명할 때 그와 비슷한 다른 사물을 빌려 표현하는 일

Tip 譬如비여는 숙어로 '비유하면'이다.
爲위는 '~에 대하여'의 뜻으로 여기서는 '~에'로 번역하는 것이 자연스럽다.
未미는 '~하지 못하다'이다.
簣궤는 흙을 담는 삼태기다.

平
평평할 **평**

干(방패 간)+ ㆍ(점 주 2개)
고대에 맨 처음 나온 방패는 둥그스름하지 않고 '평평했다.'
ㆍ는 방패의 무늬를 표현한 것이다.
公平공평 : 치우침이 없이 공정함.　平和평화 : 평온하고 화목함. 화합하고
안온함

地
땅 **지**

土(흙 토)+也(어조사 야)
也는 본래 여성의 성기를 나타낸다. 음양학적으로 '땅'을 여성
으로 보아 也를 붙였다.
土地토지 : 흙. 땅.　天地천지 : 하늘과 땅

雖
비록 **수**

접속사이다. '비록 ~하더라도'의 뜻을 갖고 있다.

覆
덮을 **복**

襾(덮을 아)+復(돌아올 복)
復은 음을 차용하고자 쓰였다.
顚覆전복 : 뒤집어 엎음.　覆蓋복개 : 뚜껑. 덮개

往
갈 **왕**

彳(조금 걸을 척)+主(임금 주)
임금이 천천히 위엄 있게 걸어 '가는' 모습이다.
往來왕래 : 오고 감.　說往說來설왕설래 : 서로 변론하여 옥신각신함

子 曰 譬如 爲山 未成
공자가 / 말하기를 // 비유하자면 / 산에 // 이루지 못하고

一簣 止 吾 止也. 譬如
한 삼태기로 / 그만두면 // 내가 / 그만둔 것이다   비유하자면 /

平地 雖覆 一簣進 吾 往也.
평지에 // 비록 덮었더라도 / 한 삼태기를 나아가면 // 내가 / 나아간 것이다

⊙ 공자가 말하기를 "산에 비유하자면 한 삼태기가 모자라 이루지 못하고 그만두면 내가 그만둔 것이다. 평지에 비유하자면 비록 한 삼태기를 덮었더라도 나아가면 내가 나아간 것이다."

스스로 노력하는 것의 중요성을 일깨우는 말이다. 한 삼태기만 쌓으면 산이 이루어질 정도로 노력을 했더라도 스스로 노력하기를 그만두면 그것으로 끝이다. 한 삼태기가 모자라더라도 산이 이루어지지 않은 것은 이루어지지 않은 것이다. 산이 이루어지지 않은 것은 자신이 멈춘 까닭이므로 자신에게 책임이 있다. 그 누구도 탓해서는 안 된다. 산을 만들려면 마지막 한 삼태기를 그 누구도 아닌 '자기 스스로' 부어 올려야만 하는 것이다. 반대로 산을 만드는 것이 아무리 힘든 역정이라고 하더라도 평지에 한 삼태기를 쌓았다면 역시 그만큼 나아간 것이지 헛된 것은 아니다. 천 리 길이 아무리 멀다 하더라도 한 걸음을 내딛었다면 한 걸음만큼 나아간 것이다.

이 글은 그 누구도 아닌 자신의 노력과 힘으로 정진해야 한다는 의미이며, 일상적인 자기 노력이 중요하다는 사실을 일깨운다. 하루하루 쉬지 않고 배우고 자신을 연마하여 일가를 이루는 것이지, 노력 없이 하루아침에 이루는 것이 아니다. 사람이 노력하지 않는데 도가 스스로 다가오지는 않는다. 노력하고 이루고자 애태우는 사람이 깨치는 것은 당연한 이치이다. 깨우침은 일견 하찮아 보이는 일상적인 자기 갱신을 통해서만 통달할 수 있는 것이다. 공자는 그 일상적인 자기 갱신 노력을 무엇보다 소중하게 생각하였다.

'부정'의 의미를 지닌 한자

아래의 한자들은 부정의 의미를 가진 것으로 부정문을 만든다.

無무 : 없다

毋무 : 하지 말라

勿물 : 하지 말라, 없다, 아니다

不불 : 아니다

未미 : 아직 ～하지 못하다, 아직 ～하지 않다

絶절 : 결코 ～하지 않다.

罕한 : 좀처럼 ～하지 않다

非비 : 아니다

子曰 道之以政 齊之以刑
자 왈   도 지 이 정   제 지 이 형

民免而無恥.
민 면 이 무 치

道之以德 齊之以禮 有恥且格.
도 지 이 덕   제 지 이 례   유 치 차 격

〈爲政위정〉편 3장

형벌로써 엄하게 다스리면, 백성들이 따르기는 하되 잘못에 대한 부끄러움이 없을 것이다. 반면 덕으로써 다스리면 잘못에 대한 부끄러움을 가지고 따를 것이다.

핵심 한자 풀이

Tip 之지는 '그것'이지만 여기서는 가리키는 대상이 없는 부정대명사로 쓰였으므로 특별히 번역하지 않아도 된다.
政정은 '정사'이지만 여기서는 '政令정령', 즉 정치적인 명령이나 법령을 가리킨다.

齊
다스릴 **제**

마차를 끄는 말 세 마리를 위에서 본 모습이다. 말의 머리가 강조되고 몸은 선으로 간단히 처리되어 있다. 사람이 마차의 말을 '다스리는' 것을 표현하였다.

免
빗어날 **면**

刀(칼 도)+口(입 구 2개〈변형〉)+儿(사람 인)
사람이 머리를 휘날리며 무언가로부터 '벗어나기' 위해 도망가는 모습이다. 刀는 흩날리는 머리갈이고, 口口는 공포에 질린 눈을 강조한 것이다. 儿은 뛰는 다리이다.

免避면피 : 면하여 피함.　謀免모면 : 꾀를 써서 벗어남

且
또 **차**

단어와 단어를 이어 주는 접속사이다.

格
바로잡을
격

木(나무 목)+各(각기 각)
문화재급 나무가 병에 걸리거나 하면 가지 여기저기에 부목을 대는 것을 본 적이 있을 것이다. 그렇게 가지에 부목을 대어 '바로잡는' 모양이다.

人格인격 : 사람의 품격.　格物致知격물치지 : 사물의 이치를 연구하여 지식을 명확히 함

직 역 과　해 설

子　曰　道之　以政　齊之　以刑
공자가 / 말하기를　// 이끌고 / 정령으로써　// 다스리면 / 형벌로써 //

民　免而　　無恥.　道之　以德
백성은 / 벗어나고 / 부끄러움이 없게 된다　이끌면 / 덕으로써 //

齊之　以禮　有恥　且　格.
다스리면 / 예로　// 부끄러움이 있게 되고 / 또한 / 바르게 될 것이다

● 공자가 말하기를 "政令정령으로써 이끌고
형벌로써 다스리면 백성은 벗어나고 부끄러움이
없게 된다. 덕으로써 이끌고 예로 다스리면
부끄러움이 있게 되고 또한 바르게 될 것이다."

백성들을 명령이나 법으로 이끌고 형벌로 엄하게 다스리면
따르게 할 수는 있다. 그러나 그것은 진심에서 우러난 것이
아니라 형벌이 두렵기 때문에 따르는 것이다. 이렇게 형벌로
다스리면 법령이 아무리 선한 것이라 하더라도 형벌의 두려
움이 앞서고 법령의 선함은 뒤서게 된다. 징계가 행동의 기준
이 되지 양심이 행동의 기준이 되지 않는다는 말이다. 그러면
백성은 법령에 위배되지 않을 만큼만 행하고 그 이상은 행하
지 않게 된다. 형벌에 구애되지 않으면 나쁜 행동을 해도 그
부끄러움을 모르게 된다. 그것이 '벗어나는 것'이다.
　그러나 덕으로써 이끌면 백성들이 옳지 않은 행위를 했을
때 부끄러워하게 된다. 덕치란 군주가 덕이 있어 의로움과 어
짊을 행하여 모범을 보임으로써 백성들로 하여금 마음으로
부터 따르게 하는 것이다. 군주가 덕이 있으면 어진 사람이
그 주변에 모여 고위 관료를 이룰 것이요, 어진 고위 관료들
은 하급 관리들의 사욕을 용납하지 않을 것이다. 그러면 백성
들이 편안해지고 백성들은 군주를 마음으로 따를 것이다. '바
르게 된다'는 것은 이처럼 백성만이 바르게 된다는 의미가 아
니라 모든 것이 옳게 된다는 의미다.

子遊問孝. 子曰 今之孝者
자 유 문 효 자 왈 금 지 효 자

是謂能養
시 위 능 양

至於犬馬 皆能有養 不敬
지 어 견 마 개 능 유 양 불 경

何以別乎?
하 이 별 호

〈爲政위정〉편 7장

효도란 부모님께 좋은 옷 해 드리고, 좋은 음식 바치는 것을 의미하지 않는다. 물질적인 봉양을 잘한다고 해서 효도를 다하는 것은 아니다. 그것은 개나 말을 기르는 것과 다를 바 없다.

핵심 한자 풀이

孝
효도 효

耂(늙을 로)＋子(아들 자)
耂는 지팡이를 짚고 서 있는 노인이다. 늙은 부모를 아들이 등에 업은 형상이다. 등에 업듯이 어버이를 잘 받들어 모신다는 뜻이다.
孝道효도 : 효행의 도. 不孝불효 : 효도를 하지 않음

Tip 者자는 '~하는 사람'이라는 의미도 있지만 '~하는 것'이라는 뜻도 있다. 여기서는 '~하는 것'으로 쓰였다.

養
봉양할 **양**

羊(양 양) + 食(밥 식)
양에게 밥을 먹이는 것이 '봉양'하는 것이다.
養殖양식 : 식용인 곡식. 식량.　扶養부양 : 혼자 살아갈 능력이 없는 사람을 돌봄

犬
큰 개 **견**

大(클 대) + 丶(점 주)
크다는 의미의 大에 丶를 붙여 '큰 개'를 표현했다. 丶는 쫑긋거리는 귀를 단순화한 것이다.

皆
모두 **개**

比(견줄 비) + 白(흰 백)
사람들이 '모두' 모여 있는 모양이다. 比는 견주다는 뜻과 관계없이 두 사람이 뛰는 모양이다. 白은 百의 뜻으로 쓰였다. 많다는 뜻이다.
皆勤개근 : 하루도 빠짐없이 출석·출근함.　皆旣日蝕개기일식 : 해와 지구 사이에 달이 완전히 가리어 해가 보이지 않게 되는 현상

敬
공경할 **경**

艹(풀 초) + 句(글귀 구) + 攵(칠 복)
회초리로 때리면서 글귀를 가르치는 엄한 스승을 나타낸다. 그런 스승은 '공경할' 만하다. 艹는 회초리를 나타낸다.
敬禮경례 : 경의를 표하고자 인사하는 일.　尊敬존경 : 높여 공경함

Tip 何以하이는 '무엇으로'의 뜻이다. 숙어로 한문에서 자주 나온다.

別
구별할 **별**

兄(맏형〈변형〉) + 刂(칼 도)
맏이가 칼로 먹을 것을 잘라 형제들에게 나누어 주는 모양이다. 자르는 것, 나누는 것이 '구별하는' 것이다.
區別구별 : 종류에 따라 갈라 놓음.　離別이별 : 서로 갈려 떨어짐. 헤어짐

子遊 問孝. 子　曰　今之 孝者
자유가 / 효를 물었다 공자가 / 말하기를 // 지금의 / 효라는 것은 //

是謂　　能養　　　至於　犬馬
일컫는 것이다 / 능히 봉양하는 것을 // ~에 이르기까지 / 개와 말 //

皆能有 養　　不敬　　何以　別乎?
모두 / 능히 있다 / 봉양함이　공경하지 않으면 // 무엇으로 / 구별하겠느냐?

🔹 자유가 효를 물었다. 공자가 말하기를
"지금의 효라는 것은 능히 봉양하는 것을 일컫는 것이다. 개와 말에 이르기까지 모두 능히 봉양함이 있다. 공경하지 않으면 무엇으로 구별하겠느냐?"

이 글에는 효의 본질이 명쾌하게 드러나 있다. 효라고 하는 것은 부모님에게 잘하는 것이다. 부모님에게 잘하는 것은 무엇일까? 부모님을 편안하게 해 드리는 것이다. 그런데 이 '편안하게 해 드리는 것'이 자칫하면 물질적인 봉양을 의미하는 것으로 생각될 수 있다. 부모님을 잘 입히고, 좋은 것 잡수시게 하는 것이 효도라고 말이다. 부모님을 잘 입히고, 좋은 것 잡수시게 하는 것이 어찌 나쁘랴. 그러나 공자는 이러한 물질적 봉양만으로 효도를 다하고 있다고 생각하는 것을 나무라고 있다.

물질적으로 풍요롭다고 해서 반드시 마음까지 편하란 법은 없다. 부자 자식이 부모님에게 물질적으로는 부족함이 없이 해 드리지만 부모님의 마음을 불편하게 한다면 그것이 어찌

효라고 할 수 있겠는가. 또한 물질적인 봉양이 효의 본질이라고 한다면 가난한 자식들은 어떻게 효를 다할 수 있겠는가. 공자는 물질적인 봉양은 효가 아니라고 꾸짖고 있다. 물질적인 봉양은 우리가 집에서 기르는 개나 말에게도 하는 것이다. 공자는 효가 만일 이와 같다면 개나 말을 정성스럽게 기르는 것과 무엇이 다르냐고 물었다.

중요한 것은 공경하는 마음이다. 그것이 개나 말을 기르는 것과 효를 구별해 준다. 봉양은 물질이 아니라 마음에서 시작된 것이어야 한다. 그러므로 가난하여 부자들보다 물질적으로 못 해 드린다 하더라도 공경하는 마음이 지극하면 그것이 바로 효이다. 그래서 효는 가난한 자에게나 부유한 자에게나 평등한 미덕이 될 수 있는 것이다.

林放問禮之本. 子曰 大哉問!
임 방 문 예 지 본　　자 왈　　대 재 문

禮 與其奢也 寧儉 喪
예　　여 기 사 야　　영 검　　상

與其易也 寧戚.
여 기 이 야　　영 척

〈八佾팔일〉편 4장

사치스러운 것보다는 인색한 것, 상을 당해서 무덤덤한 것보다 슬퍼하는 것이 예에 가깝다. 전자는 어짊으로 나아갈 바가 없으나, 후자는 나아갈 바가 남아 있기 때문이다.

핵심 한자 풀이

林放임방은 공자의 제자라는 설이 있으나 확실하지 않다. 魯노나라 사람으로 자는 子立자립, 호는 子邱자구이다.

Tip '與其여기 A 寧녕 B'는 'A하기보다는 차라리 B하는 것이 낫다'는 한문 숙어이다. 한문에서 자주 나오는 표현이니 외워 두면 좋다.

易
쉬울 이

이 글자는 '바꿀 역'으로도 쓴다. 갑골문은 '바꾸다'의 의미를 나타낸다. 몸 색깔을 잘 바꾸는 카멜레온 같은 도마뱀의 모양에서 나온 글자이다. 이처럼 바꾸는 것이 쉽다고 해서 '쉽다'는 의미가 파생했다. 도마뱀들이 이동이 빠르므로 이동이 '쉽다'는 의미로 해석하기도 한다. 容易용이 : 쉬움. 어렵지 않음

Tip 易이는 '쉽다'는 뜻이나, 여기서는 '쉽게 여기다'는 의미로 쓰였다. 也야는 문장의 중간에 쓰여 쉼표 역할을 한다.

戚
슬퍼할 척

厂(기슭 엄)＋上(윗 상)＋小(작을 소)＋戉(창 과)
戉는 '弋화살 익'과 비슷하니 혼동하지 말아야 한다. '겨레 척'으로도 읽는다. 아래 용례는 '겨레 척'으로 읽은 것이다.

姻戚인척 : 외가와 처가의 혈족.　戚臣척신 : 임금과 척분이 있는 신하

직역과 해설

林放　問　禮之本.　子　曰　大哉　問!
임방이 / 물었다 / 예의 / 근본을 공자가 / 말하기를 // 크도다　물음이

禮　與其奢也　寧　　儉
예는　//　사치하기보다는 / 차라리 / 부족한 것이 낫고 /

喪　與其易也　寧　　戚.
상은　//　쉽게 여기기보다는 / 차라리 / 슬퍼하는 것이 낫다

◎ 임방이 예의 근본을 물었다. 공자가 말하기를
"물음이 크도다! 예는 사치하기보다는
차라리 부족한 것이 낫고, 상은 쉽게 여기기보다는
차라리 슬퍼하는 것이 낫다."

임방은 예의 본질이 무엇인지를 물었다. 예의 개념화와 개괄화를 요구한 것이다. 그러나 공자는 이러한 개념화나 개괄화를 회피하고 있다. "물음이 크도다!" 하는 말에서 그 어려움이 묻어난다. 큰 물음은 대답하기 곤란하다. 공자가 일부러 일러 주지 않는 것이 아니다. 그것은 한 마디로 대답될 수 있는 성질의 것이 아니기 때문이다. 그러므로 공자는 구체적인 외연의 한 단면을 드러냄으로써 예에 접근할 수밖에 없다.

儉검은 여기서 다소 인색하고 쩨쩨한 것을 말한다. '검소'는 예나 지금이나 좋은 미덕이다. 儉검을 '검소'로 해석하면 무미건조한 교훈으로 읽히고 만다. 인색하고 쩨쩨한 것으로 해석해야만 공자가 말하고자 하는 미묘한 뉘앙스가 전달된다. 그리고 문맥상으로도 사치의 반대이니, 검약이 아니고 인색한 것으로 해석해야 옳다. 사치하는 것보다는 인색하고 모자라게 예를 차리는 것이 낫다. 사치하는 것은 사람을 오만하게 만들어 자기 수양을 해치지만, 군색한 것은 적어도 그렇지는 않기 때문이다. 상을 당했는데도 무덤덤한 것보다는 비통해하는 것이 예에 가깝다. 예가 형식의 문제가 아니라 마음의 문제라는 것을 말해 준다.

죽음을 바라보는 태도

다음 이야기를 보면 도교와 유교의 죽음을 바라보는 태도가 얼마나
극명하게 다른지 확인할 수 있다.

秦失진실은 노담(노자의 본명)이 죽었다는 소식을 듣고 조상을 갔다. 그
는 영전에서 세 번 곡하고 그대로 나와 버렸다. 그것을 본 노자의 제자
가 진실을 힐책했다.

"선생께서는 돌아가신 분과 오랜 친구 사이가 아니십니까?"

"그렇지."

"그렇다면 친구인 선생께서 그런 식으로 조상을 해서야 되겠습니까?"

"괜찮네. 평소에 나는 선생을 존경할 만한 분이라고 생각해 왔으나 이
제 그 생각이 달라졌네. 아까 안방에서 조상을 하면서 보니, 늙은이 젊
은이 할 것 없이 모두 마치 자기 육친을 잃은 것처럼 울고 있었네.

이렇게 조상꾼들이 몰려든 것은 죽은 이가 평소 자네들에게 그렇게
하게끔 말과 행동을 해 왔기 때문이네. 물론 선생은 슬퍼해 달라거나 울
어 달라고 하지는 않았을 것이나, 말이 없는 가운데 그렇게 해 주기를
원하고 있었던 것이네.

선생은 하늘의 이치에서 벗어나고 인간 본래의 진실을 외면한 것이네. 즉, 하늘에서 받은 인간의 본분을 잊어버린 것이네. 옛사람들은 이것을 天理천리에 어긋나는 죄라고 했네. 선생이 이 세상에 태어난 것은 태어날 때를 만났기 때문이며, 세상을 떠난 것은 떠나야 할 때가 되었기 때문이네.

하늘이 정해 준 때를 마음 편히 여기고 운명에 순응하면 슬픔과 즐거움이 끼어들 수가 없게 되네. 이러한 경지를 옛사람들은 天帝천제가 준 생사의 고통에서 벗어난다고 하였네. 하나하나의 장작개비는 타서 없어져 버리지만 불은 영원히 타고 있는 것이네."

— 《莊子장자》 3편 〈養生主양생주〉

이 글은 사람이 죽는 것은 전혀 슬퍼할 성질의 것이 아니라고 주장하고 있다. 하늘이 정해 준 때를 만나 태어나고 죽는 것이니 슬플 것도 말 것도 없다는 담담한 심정이 담겨 있다. 천리의 도가 그러하다는 것이다. 하늘의 도는 인간의 도와 달리 본래 무심한 것이다. 하늘의 도를 깨친 자는 하늘처럼 인간의 삶과 죽음을 초월할 수 있다는 얘기다.

반면에 유교는 타인의 죽음을 슬퍼하는 것을 나쁘게 생각하지 않는다. 정이 깊었던 사람의 죽음을 슬퍼하는 것은 人之常情인지상정이고, 가장 인간다운 행위이기 때문이다. 남을 편안하게 하려면 남에 대한 극진한 마음을 가질 수밖에 없다. 그 극진한 마음이 어찌 진한 情정을 낳지 않으랴.

子曰 泰伯其可謂至德也已矣.
자 왈 태 백 기 가 위 지 덕 야 이 의

三以天下讓 民無得而稱焉.
삼 이 천 하 양 민 무 득 이 칭 언

〈泰伯태백〉편 1장

작은 덕은 쉽게 사람들에게 드러나지만 큰 덕은 잘 드러나지 않는다. 큰 덕은 미치지 않는 곳이 없지만, 그 은덕을 헤아리기 힘들다는 점에서 햇볕과 닮았다.

핵심 한자 풀이

泰伯
태 백

周주나라 文王문왕의 큰아버지이다. 문왕의 할아버지인 太王태왕에게는 장남 태백, 차남 仲雍중옹, 셋째 季歷계력이 있었다. 태왕은 계력의 아들 昌창이 덕이 있다 하여 "周室주실은 창의 시대에 가서 번영하리라" 예언하였다. 이에 계력에게 왕위를 물려주려고 하는 아버지 태왕의 의중을 알아차린 태백과 중옹은 이에 방해되지 않으려고 약을 캐러 간다는 핑계로 荊蠻형만 지방으로 가서 몸에 문신을 새기고 머리를 잘라 자신들은 임금이 될 수 없음을 확실히 하였다. 태왕이 죽자 계력이 왕통을 잇고 이어 창이 왕위에 오르니, 이가 곧 문왕으로 천하의 3분의 2가 그의 수중에 들어왔다. 태백은 형만에서 왕위에 올라 오나라의 始祖시조가 되었다 한다. 이 글에서 천하를 세 번 사양했다는 것은 왕위를 세 번이나 사양함을 말한다.

Tip 其기는 '당연히 ~해야 한다'라는 뜻의 조동사로 쓰였다.

泰
클 태

屯(싹 둔⟨변형⟩)+水(물 수⟨변형⟩)

땅에서 싹이 나오는 모양이다. 수분이 충분해야 나무가 크게 자랄 수 있다.

泰山태산 : 높고 큰 산.   泰平태평 : 몸이나 마음이나 집안이 평안함

伯
우두머리
백

人(사람 인)+白(흰 백)

'우두머리'는 보통 연륜이 있고 나이가 지긋한 백발이다.

伯父백부 : 큰아버지.   伯仲백중 : 맏형과 그 다음

天
하늘 **천**

一(한 일)+大(클 대)

큰 머리를 가진 사람의 그림이다. 그러나 여러 학자들의 연구를 통해 이 글자가 고대의 원시적인 神신을 나타낸다는 결론이 내려졌다.

天下천하 : 하늘 아래의 온 세상.   天地천지 : 하늘과 땅

Tip 以이는 '~을'의 뜻으로 쓰였다.

讓
사양할 **양**

言(말씀 언)+襄(우러를 양)

남을 우러르는 말이 '사양'이다.

讓步양보 : 어떤 것을 사양하여 남에게 미루어 줌.   辭讓사양 : 겸사하고 받지 아니함

民
백성 **민**

國民국민 : 나라의 백성.   民亂민란 : 국민들이 일으킨 소요

子 曰 泰伯 其 可謂
공자가 / 말하기를 // 태백은 / 당연히 / 말할 수 있다 /

至德 也已矣. 三以天下 讓
지극한 덕이라고 / (어조사) 세 번이나 / 천하를 / 사양하였으나 //

民 無 得而稱 焉.
백성이 / 없었다 / 얻어 일컬을 것이 / (어조사)

▶ 공자가 말하기를 "태백은 지극한 덕이라고 당연히 말할 수 있다. 세 번이나 천하를 사양하였으나 백성이 얻어 일컬을 것이 없었다."

세속적인 기준에서 보았을 때 가장 큰 謙讓겸양(겸손하게 양보함)은 무엇일까? 그것은 아마 '천하를 다스리는' 국가권력을 다른 사람에게 양보하는 일일 것이다. 그런데 태백은 세 번이나 국가권력을 사양했다. 그러므로 공자가 그것을 지극한 덕이라고 칭찬한 것이다.

태백은 장남으로서 당연히 권력을 물려받을 위치에 있었다. 그러나 아버지 태왕은 셋째 아들 계력에게 왕위를 물려주고자 했다. 만약 태백이 권력을 포기하지 않았다면, 역사에서 흔히 보듯 권력 승계를 둘러싸고 형제간, 부자간에 쟁투가 벌어졌을 것이다. 그 쟁투는 가족의 재앙이기도 하지만, 국가의 재앙이 될 수도 있다. 태백은 스스로 권력을 포기함으로써 이러한 재앙을 막았다. 그 재앙이 발생했다면 역사적 사건으로 남았겠지만, 그 재앙이 발생하지 않았으므로 역사적 자취가 없다. 그리고 백성들도 그런 재앙이 어떻게 해서 발생하지 않았는지 알 길이 없고, 그런 재앙을 막은 태백을 칭송하지도 않는다. 공자는 그 보이지 않는 덕을 "지극한 덕"이라고 말했나.

햇볕은 미치지 않는 곳이 없고 많은 생명들을 길러 내지만, 우리는 그것을 좀처럼 실감할 수 없다. 지극한 덕은 그 햇볕과 같다. 지극한 덕 역시 미치지 않는 곳이 없고 많은 생명들을 지켜 내지만, 사람들은 그것을 알기 힘들고, 또 그것을 '무엇'이라 일컫기도 힘들다.

예는 중용을 실천하는 것이다

子曰 恭而無禮則勞 愼而無禮則葸
자왈 공 이 무 례 즉 노 신 이 무 례 즉 사

勇而無禮則亂 直而無禮則絞.
용 이 무 례 즉 란 직 이 무 례 즉 교

〈泰伯태백〉편 2장

공손한 것, 신중한 것, 용감한 것, 곧은 것은 겉보기에 좋은 덕목으로
생각된다. 그러나 그것이 예에 기반하지 않으면 악덕으로 전환될 수
있다.

핵심 한자 풀이

恭
공경할 공

共(함께 공)+忄(마음 심〈변형〉)
마음과 몸이 따로 노는 것이 아니라 마음과 몸이 함께하여 예
를 갖추어야 '공손한' 것이다.

恭賀공하 : 공경하여 축하함. 恭敬공경 : 공손히 섬김

Tip 而이는 '∼하되'로 해석하는 것이 문맥상 자연스럽다.

禮
예절 예

示(보일 시)+豊(굽 높은 그릇 예)
구슬이 두 개 들어 있는 제사용 그릇의 그림이다. 제사용 그
릇을 앞에 놓고 정중히 하듯이 남에게 하는 것도 그렇게 '예'
를 지켜야 한다.

虛禮허례 : 겉으로만 꾸민 예절.   禮節예절 : 예의와 범절

勞
피로할 **노**

火(불 화 2개)+冖(덮을 멱)+力(힘 력)
불이 났는데, 그것을 덮어서 끄려고 애쓰고 있다. 火火는 큰 불을 나타낸다. 큰 불길을 잡기란 매우 '피곤한' 일이다.
勞力노력 : 힘들여 일함.   勞動노동 : 사람이 몸을 움직여 일을 함

愼
신중할 **신**

忄(마음 심)+眞(참 진)
참마음을 가진 사람은 언제나 '신중하고' 진지하다.
愼重신중 : 매우 조심스러움.   謹愼근신 : 언행을 삼가고 조심함

直
곧을 **직**

直線직선 : 곧은 선.   强直강직 : 마음이 강하고 정직함

蒽
겁먹을 **사**

艹(풀 초)+思(생각 사)
艹는 풀이 땅에서 난 모양을 나타낸 것이다. 이 글자는 '눈 휘둥그레질 사'로도 읽는다.

絞
목 조를 **교**

糸(실 사)+交(맡길 교)
밧줄로 사람을 '목 졸라' 죽이는 것을 밧줄에 몸을 맡기는 것으로 표현했다.
絞殺교살 : 목매달아 죽임

子 曰 恭而 無禮則 勞
공자가 / 말하기를 // 공손하되 / 예가 없으면 / 피곤하게 되고 //

愼而 無禮則 葸 勇而
신중하되 / 예가 없으면 / 겁먹게 되고 // 용감하되 /

無禮則 亂 直而無禮則 絞.
예가 없으면 / 어지럽히고 // 곧되 / 예가 없으면 / 목을 조인다

⟫ 공자가 말하기를 "공손하되 예가 없으면 (사람이)
피곤하게 되고, 신중하되 예가 없으면 (사람이)
겁먹게 되고, 용감하되 예가 없으면 (세상을) 어지럽히
고, 곧되 예가 없으면 (사람의) 목을 조인다."

이 글은 의미의 섬세한 결을 느껴야만 참뜻을 이해할 수 있
다. 우선 "공손하되 예가 없으면 피곤하게 된다"를 보자. 공손
하면서 예가 없을 수 있는가? 이 말은 묘한 어감을 갖고 있다.
결론은 공손이 곧 예는 아니라는 것이다. 모든 공손이 예가
되는 것이 아니라 '마음으로부터 우러나는 적절한 공손'이 예
가 되는 것이다. 예는 '적절한 마음의 표현'이다. 여기서 벗어
난 공손은 예가 아니다. 공손함이 지나친 것은 상대방의 마음
을 불편하게 만든다. '남을 편안하게 하자'는 것이 예이고 공
손함인데 그것이 오히려 사람의 마음을 불편하게 하는 것이
다. 공경과 존경을 과장하는 행동은 가식적으로 느껴지기 마
련이다. 그런 공손함은 사람을 '피곤하게' 만든다.
　다음, "신중하되 예가 없으면 겁먹게 된다"를 보자. 신중한

태도는 좋은 것이다. 행동이 가볍지 않기 때문이다. 그러나 예로써 조정하지 않으면, 지나쳐서 만사에 주저하기만 하고 아무 것도 실행하지 못한다. 마치 겁먹은 사람처럼 아무것도 안 하면서 무언가가 이루어지기를 바라는 수동적인 사람이 되는 것이다. 그 역시 예를 갖추고 있지 못하기 때문이다. 예는 중용의 실천이다.

"용감하되 예가 없으면 어지럽힌다"를 보자. 용감한 것은 그 자체만으로는 좋다 나쁘다 판단할 수 없다. 용감한 사람은 의로운 사람이 될 수도 있지만 깡패가 될 수도 있기 때문이다. 용감한 것은 세상을 바르게 하는 데에 소용되어야지, 세상을 어지럽히는 데 소용되어서는 안 된다. 여기서 그 기준이 되는 것이 바로 예이다. 공자는 예와 의로움과 중용을 하나의 뿌리, 즉 인에 귀속시키고 있다.

"곧되 예가 없으면 목을 조인다"를 보자. 곧은 것을 '바른 것'으로 오해해서는 안 될 것 같다. 곧은 것은 '줏대가 있고 꼿꼿한 태도'를 말한다. 물론 이러한 태도는 어떤 신념에 기반한 것이다. 그러나 그것이 지나치면 상대방을 '숨쉬기도 곤란한 지경'으로 몰아간다. 그것은 폐쇄적인 사고 체계를 드러내는 것이기도 하고, '남을 편안하게 하자'는 어짊에 위배되는 것이기도 하다. 어진 사람이 부드러운 것은 그 어짊이 '남을 편안하게 하는 것'이기 때문이다. 공자가 얼마나 섬세한 가르침을 행했는지를 알 수 있다.

子曰 德之不修 學之不講
자 왈 덕 지 불 수 학 지 불 강

聞義不能徙
문 의 불 능 사

不善不能改 是吾憂也.
불 선 불 능 개 시 오 우 야

〈述而술이〉편 3장

군자의 근심은 자신의 내부를 향해 있다. 세상은 나를 통해서만 만날 수 있다. 그러므로 자신을 닦는 것이 곧 세상을 닦는 것이다.

핵심 한자 풀이

修
닦을 **수**

攸(닦을 유)＋彡(터럭 삼)
빗자루 같은 것으로 쓸고 '닦는' 모습이다. 彡은 빗자루를 나타낸다.

修身수신 : 심신을 닦는 일. 修養수양 : 심신을 닦아 지덕을 계발함

講
해석할 **강**

言(말씀 언)＋冓(짤 구〈변형〉)
言은 사람이 얇은 모자를 쓰고 말하고 있는 얼굴 모양이다. 口는 말하고 있는 입이다. 언어를 옷감 짜듯 짜는 모양이 '해석'이다.

講義강의 : 글이나 학설의 뜻을 강설함.　受講수강 : 강습이나 강의를 받음

聞
들을 문

門(문 문)+耳(귀 이)
耳는 귀 모양을 단순화시킨 것이다. 방문에 귀를 대고 남의 말을 몰래 엿듣는 모양이다.

新聞신문 : 새로운 소식.　見聞견문 : 보고 들음

徙
옮길 사

彳(조금 걸을 척)+止(멈출 지)+疋(발 필〈변형〉)
무거운 물건을 '옮기느라' 조금 옮기고 멈추고, 조금 옮기고 멈추고 하는 것을 반복하는 모양이다.

移徙이사 : 집을 다른 곳으로 옮김

직역과 해설

子　曰　德之　不修　學之　不講
공자가 / 말하기를 // 덕의 / 닦지 못함 // 배움의 / 해석하지 못함 //

聞義　不能徙　　不善　　不能改
의를 듣고도 / 능히 옮기지 못하는 것 // 착하지 못한 점을 / 능히 고치지 못하는 것 //

是　吾　憂也.
이것이 / 내가 / 근심하는 것이다

⭕ 공자가 말하기를 "덕을 닦지 못하는 것, 배운 것을 해석하지 못하는 것, 의를 듣고도 능히 (실천에) 옮기지 못하는 것, 착하지 못한 접을 능히 고치지 못하는 것, 이것이 내가 근심하는 것이다."

공자의 근심은 바깥을 향해 있지 않다. 공자는 세상일을 근심하고 인심의 흉흉함을 근심하고 춥고 배고픈 것을 근심하지 않는다. 혹은 누구 때문에 자신의 일이 잘 풀리지 않는다고 걱정하지 않는다. 공자의 근심은 철저하게 자신의 내부를 향한다. 덕을 닦지 못하는 것, 배운 것을 깨우치지 못하는 것, 의를 듣고도 나아가지 못하는 것, 착하지 못한 점을 고치지 못하는 것을 근심하는 것이다.

공자의 이러한 태도는 세상에 대한 무관심에서 나오는 것이 아니다. 세상을 다스리기 위해서는 오히려 끊임없이 자신에게 침잠해야 함을 일깨우고 있다. 자신에게 침잠함으로써 역설적으로 자신을 벗어나고 그럼으로써 道도를 얻는다. 자기 수양을 통해서만 진정으로 세상에 나아갈 수 있다.

修身수신을 게을리하면 필연적으로 세상과의 고리를 잃어버리게 되며, 세상을 바꿀 원천적인 힘을 상실하게 된다. 마음이 세상을 향하지 않고 자신을 향하는 것은 세상으로부터 자신을 소외시키는 것이 아니라 오히려 적극적으로 세상에 동참시키는 것이다. 모든 인간은 자신을 통해서만 세상과 접촉할 수밖에 없다는 것을 생각한다면 이러한 이치를 이해할 수 있을 것이다.

或曰 以德報怨 何如?
혹 왈   이 덕 보 원   하 여

子曰 何以報德?
자 왈   하 이 보 덕

以直報怨 以德報德.
이 직 보 원   이 덕 보 덕

〈憲問헌문〉편 36장

상대의 바르지 못함에서 원한이 생겼다면, 그를 무조건 자비와 용서
로 감싸는 것보다 그를 올바르게 하는 것이 더 중요하다.

핵심 한자 풀이

或
어떤 사람
혹

口(입 구)+一(한 일)+戈(창 과)

칼과 창을 가진 낯설고 수상한 사람을 말한다. 수상하고 알
수 없으니 '어떤 사람'이다. 口는 사람이고 一은 칼이다.

或者혹자 : 어떤 사람.   或是혹시 : 만일에. 어떤 경우에

Tip 惑혹은 '어떤'이라는 뜻이나, 여기에서는 '어떤 사람'의 준말로 쓰였다.
何如하여는 '어떻습니까?' 하는 뜻의 숙어이다.
何하는 '어찌'가 아니라 '무엇'으로 쓰였다.

報
갚을 **보**

幸(바랄 행) + 卩(구부린 사람 절) + 又(손 우)

적을 무릎 꿇리고 적이 손으로 비는 것을 보고 싶어 하는 마음이다. 그것이 원수를 '갚는' 모양이다.

報酬보수 : 근로의 대가로 주는 물품이나 금전.　畫報화보 : 세상에서 일어난 일을 그림이나 사진을 통해서 보도하는 인쇄물

怨
원한 **원**

夕(저녁 석) + 㔾(무릎 꿇은 사람 절) + 心(마음 심)

㔾은 사람이 무릎을 꿇은 모양이다. 마음이 한밤중처럼 어두워져 고개를 떨구고 앉아 있는 모습이다. 남을 '원망하는 마음'이 이러하다.

怨望원망 : 남이 한 일을 억울하게 또는 못마땅하게 여겨 탓함.　哀怨애원 : 애절히 원망함

직 역 과　해 설

或　日　以德　報怨　何如?

어떤 사람이 / 말하기를 // 덕으로써 / 원한을 갚으면 / 어떻습니까?

子　日　何以　報德?

공자가 / 말하기를 // 무엇으로 하겠습니까 / 덕을 갚는 것은

以直　報怨　以德　報德.

올곧음으로써 / 원한을 갚고 // 덕으로써 / 덕을 갚아야 합니다

⬤ 어떤 사람이 말하기를 "덕으로써 원한을 갚으면 어떻습니까?" 공자가 말하기를 "(그러면) 덕을 갚는 것은 무엇으로 하겠습니까? 올곧음으로써 원한을 갚고 덕으로써 덕을 갚아야 합니다."

이 글 역시 공자의 섬세하고도 날카로운 사고의 단면을 가감 없이 보여 주고 있다. 이 사람은 '원한이 있어도 그것을 덕으로 갚는 것이 훌륭한 일이 아니냐?'며 공자의 동조를 기대하며 물었을 것이다. 그는 어쩌면 은근히 자신의 어짊에 대한 인식이 이만큼 이르렀음을 자랑하고 싶었는지도 모르겠다. 그러나 공자는 그에 동조하지 않았다. 대신 공자는 '원한을 덕으로 갚으면 덕은 무엇으로 갚아야 하느냐?' 하고 되물었다.

군자가 사람을 미워하고 좋아하는 기준은 올곧은 것, 즉 의로움에 있다. 의로움은 사사로운 감정이 아니다. 상대가 자신에게 어떠한 피해를 주었더라도 의로움에 비추어 보아 옳으면 미워하는 마음을 가지지 말고 오히려 기뻐해야 하며, 상대가 자신에게 어떠한 이익을 주었더라도 의로움에 견주어 보아 옳지 않으면 기뻐하지 않아야 한다. 자신의 손익을 따지는 것이 아니라, 의로운지 그렇지 않은지를 따져 보아야 하는 것이다.

무조건 자비와 용서를 베푸는 것이 능사가 아니다. 만약 상대가 잘못된 행동으로 나에게 원한을 샀다면, 무조건 좋게 대해 주기보다는 그의 잘못을 지적해 주는 것이 옳다. 그것이 "올곧음으로써 원한을 갚는" 것이다. 그리고 상대가 덕을 베풀었다면 나 역시 그에 덕으로써 보답해야 한다. 원한을 올곧음으로 갚고, 덕을 덕으로 갚는 것은 개인적 차원의 보답을 넘어 사회적으로 仁인을 확대시켜 나가는 과정이다.

子貢曰 君子之過也 如日月之食焉.
자공왈 군자지과야 여일월지식언

過也 人皆見之. 更也 人皆仰之.
과야 인개견지 경야 인개앙지

〈子張자장〉편 21장

군자의 행동거지는 해나 달과 같아서 모든 사람이 바라본다. 그래서 그 잘못은 잘못대로 그 미덕은 미덕대로 드러난다. 군자란 잘못하지 않는 사람이 아니라 잘못을 알고 고치는 사람이다.

핵심 한자 풀이

過
잘못 **과**

辶(달릴 착)+骨(뼈 골〈변형〉)
전쟁터에서 적들과 싸우러 달려나가는 것은 辶으로 형상화 되었고, '잘못되어' 죽은 것은 骨로 형상화되었다.
過勞과로 : 지나치게 일하여 고달픔.　過誤과오 : 잘못. 과실. 실책

> **Tip** 如여는 '~과 같다'로 쓰였다.
> 日月之食일월지식은 일식과 월식을 가리킨다.
> 焉언은 어조사로 쓰였다. 특별한 뜻이 없다.

更
고칠 **경**

'다시 갱'으로도 읽는다.
變更변경 : 나라의 경계가 되는 변두리 땅.　更新갱신 : 다시 새롭게 함
更新경신 : 이미 있던 것을 고쳐 새롭게 함

仰

仰
우러를 앙

亻(사람 인)＋卬(나 앙)

사람들이 나를 올려다보는 것, 즉 '우러러보는' 것을 형상화하고 있다.

崇仰숭앙 : 높이어 우러러봄

직역과 해설

子貢 曰 君子之過也
자공이 / 말하기를 // 군자의 / 잘못은 /

如 日月之食 焉.
같아서 / 일식 월식과 / (어조사)

過也 人 皆 見之.
잘못하면 // 사람들이 / 모두 / 그것을 보고

更也 人 皆 仰之.
고치면 // 사람들이 / 모두 / 그것을 우러른다

➡ 자공이 말하기를 "군자의 잘못은 일식 월식과 같아
서 잘못하면 사람들이 모두 그것을 보고,
고치면 사람들이 모두 그것을 우러러본다."

군자는 많은 사람들의 도덕적 기대를 한 몸에 받는 존재이
다. 그러므로 군자가 잘못을 하면 많은 사람들이 그것을 금
새 안다. 공자는 이를 일식·월식에 비유해 표현했다. 月食월
식은 '月蝕월식'으로도 쓴다. 월식에서 蝕식은 '좀먹는다'는 뜻이
다. 월식은 좀이 먹어 들어가는 듯한 부정적인 어감을 가지고

있다. 군자가 어떤 잘못을 하면 '군자의 도덕성이 좀먹어 들가지나 않을까?' 하는 마음으로 많은 사람들이 그것을 주목하게 되는 것이다.

 "군자의 잘못"이란 군자도 잘못을 할 수 있음을 전제로 한 말이다. 이 말은 공자가 군자를 '도덕적으로 완벽한 사람'으로 보지 않았음을 드러낸다. 군자도 사람이므로 잘못을 할 수 있다. 다만 군자는 자신의 잘못을 알았을 때 결코 변명하지 않는다. 바로 이 점이 군자와 소인의 다른 점이다. 자신의 잘못을 알아챈 군자가 그것을 바로 고치면, 사람들은 '과연 군자로다!' 하면서 우러러본다. 도덕에 관한 한 군자는 자존심 따위는 없다. 오히려 잘못을 알았을 때 그것을 바로 고치는 것이 군자의 자긍심이다.

중국 산둥성 곡부현에 있는 공자 사당의 '공자상'.

어진 임금의 위력

樊遲번지가 어짊에 대해서 묻자 공자가 말하였다.

"사람을 사랑하는 것이다."

앎에 대해 묻자 공자가 말하였다.

"사람을 아는 것이다."

번지가 미처 이해하지 못하자 공자가 말하였다.

"곧은 것을 들어 굽은 것 위에 놓으면 능히 굽은 자를 곧게 할 수 있다."

번지가 물러나와 자하를 보고 말했다.

"아까 내가 선생님을 뵙고 앎에 대해 묻자 선생님께서 '곧은 것을 들어 굽은 것 위에 놓으면 능히 굽은 자를 곧게 할 수 있다'고 하셨는데 무엇을 말씀하신 겁니까?'

자하가 말하였다.

"뜻 깊은 말씀이군. 순임금은 천하를 다스리게 됨에 뭇 사람 중에서 골라 皐陶고요를 등용하시니 어질지 못한 자들이 멀어져 갔고, 탕임금은 천하를 다스리게 됨에 뭇 사람 중에서 골라 李尹이윤을 등용하시니 어질지 못한 자들이 멀어져 갔소."

樊遲問仁. 子曰 愛人. 問知. 子曰 知人. 樊遲未達. 子曰 擧直措諸枉 能
使枉者直. 樊遲退. 見子夏曰 鄕也 吾見於夫子而問知 子曰 "擧直措諸
枉 能使枉者直" 何謂也? 子夏曰 富哉言乎! 舜有天下 選於衆 擧陶 不仁
者遠矣. 湯有天下 選於衆 擧李尹 不仁者遠矣.

—〈顔淵안연〉편 23장

임금이 어진 사람을 등용하는 것은 어진 사람의 보필을 받게 되니 임
금이 어질어지는 일이다. 어진 이들이 높은 벼슬에 오르면, 이들이 또
한 주변의 아는 어진 이를 추천하니 어진 이들이 왕의 주변으로 더욱
모이게 된다. 또한 어질지 못한 하위 관료들의 행실이 바르게 되거나
이들이 관직에서 떠나게 된다. 그러면 관료들이 모두 백성을 위해 일
하게 되니, 백성들 또한 임금을 진심으로 따르게 될 것이다. 이런 과정
을 통해 모든 것이 바르게 되는 것이다.

그러므로 임금 자신의 修身수신을 위해서도 어진 이를 등용해야 하
고, 나라를 바르게 다스리기 위해서도 어진 이를 등용해야 한다. 이는
공자가 보기에 선택이 아니라 필수였다. 공자의 이러한 생각은 다음의
이야기에서도 잘 드러난다.

仲弓중궁이 季氏계씨의 家宰가재(재상)가 되어 정사에 대해 묻자 공자가
말하였다.

"관리들을 먼저 바로잡되 작은 잘못은 용서하고 훌륭한 인재를 등용
하여라."

중궁이 말했다.

"훌륭한 인재인지 어떻게 알고 등용합니까?"

공자가 말하였다.

"네가 아는 사람을 등용하여라. 네가 알지 못하는 사람이야 남들이 그를 내버려 두겠느냐?"

仲弓爲季氏宰 問政. 子曰 先有司 赦小過 擧賢才. 曰 焉知賢才而擧之? 曰 擧爾所知 爾所不知 人其舍諸?

— 〈子路자로〉편 2장

"네가 아는 사람을 등용하라"는 구절을 인맥 위주의 등용으로 여기고 학연·지연으로 인한 부패의 기원을 공자에게서 찾는다면 이 글을 잘못 받아들인 것이다. 인간은 일정한 시간과 공간 속에 갇힌 실존적 존재일 수밖에 없다. 그러므로 어진 인재를 구하는 것도 이 차원 안에서 행해질 수밖에 없다.

공자의 말이 친한 사람을 등용하여 패거리 정치를 하라는 말이 아니다. 그것은 소인이나 하는 행동이다. 공자는 아는 사람 중에서 '어진 이'를 등용하라고 권한 것이다. "네가 알지 못하는 사람이야 남들이 그를 내버려 두겠느냐?" 하는 말은, 그렇게 하면 네가 모르는 어진 이가 몰려올 것이라는 얘기다. 얼마나 현실적인 대안인가. 공자는 일의 순차를 아는 합리적인 사람이었다. 이 말을 군자의 처지에서 보면 이렇게도 읽힌다. 설사 군자가 산림에 묻혀 있더라도 남들이 그 어진 사람을 가만히 두겠느냐, 즉 뜻있는 군주가 권력을 잡으면 대개 등용되기 마련이라는 말이다.

　이런 말을 했다고 해서 공자가 벼슬에 나아가는 것에 연연했다고 생각해서는 안 된다. 공자는 군자가 벼슬로만 쓰인다고 생각지 않았다. 군자는 어디에 어떤 처지로 있더라도 제 몫을 다한다고 보았다. 공자는 군자가 눈에 보이지 않는 중요한 역할을 해냄으로써 하나의 거대한 흐름을 만들어 낸다고 확신했다.

樊遲
번지
　공자의 제자로 공자보다 36세 어렸다. 이름은 樊須번수, 자는 子遲자지이다. 《孔子家語공자가어》에 노나라 사람이라 전하며, 季氏에게 벼슬을 살았다. 《논어》에 등장하는 그는 나이가 어린 탓인지 지적 수준이 상대적으로 낮아 보이는 것을 제외하곤 뚜렷한 특징이 없다.

皐陶
고 도
　고대 중국의 전설적 賢臣현신이다. 舜순임금의 신하로 刑政형정을 담당하는 士사의 직에 있었다 한다.

湯
탕
　은나라를 세운 왕이다. 이름은 履이. 원래 夏하나라의 제후인 葛갈을 섬겼으나 하나라의 마지막 왕인 桀걸이 폭정을 행하여 민심을 잃자 군사를 일으켜 걸을 친 후 은나라를 세웠다. 周주의 武王무왕과 함께 군사력을 이용한 왕조 교체를 대변하며, 그 점에서 讓位양위를 대변하는 堯舜요순과 대조된다.

伊尹
이윤
　은나라 湯탕임금의 賢臣현신이다. 伊이는 성이며, 尹윤은 벼슬 이름이다. 이름은 摯지이다. 탕임금은 초야에 묻혀 살던 그를 재상으로 삼았다. 탕임금이 죽은 후에도 탕의 嫡孫적손을 세워 극진히 보필했다.

子曰 賜也 女以予爲多學而
자 왈 사 야 여 이 여 위 다 학 이

識之者與?
식 지 자 어

對曰 然. 非與? 曰 非也.
대 왈 연 비 여 왈 비 야

予一以貫之.
여 일 이 관 지

〈衛靈公위영공〉편 3장

공자의 진면목은 박식에 있지 않다. 공자는 만사의 이치를 하나로 꿰
뚫고 있었다. 공자는 세계를 통찰한 선각자였다.

핵심 한자 풀이

賜
줄 사

貝 (조개 패) + 易 (바꿀 역)

貝는 돈을 의미한다. 고대에는 조개를 돈으로 썼다. '見볼 견과
비슷하니 유의하여야 한다. 어떤 물건을 주고 돈과 바꾸는 모
양이다.

賜藥사약 : 죄를 지은 신하 등에게 임금이 독약을 내림.   特賜특사 : 특별
사면. 형의 선고를 받은 특정 범인의 형 집행이 면제되거나 유죄 선고의 효

력이 상실되는 조치

나 여

予여는 我아와 함께 한문에서 많이 쓰인다.

~로 여길 위

爪(손톱 조)＋象(코끼리 상)
'하다' '되다' '위하여'의 뜻도 가지고 있다.

 '以이 A 爲위 B'는 'A를 B로 여기다(생각하다)'는 뜻을 가진 숙어이다.

많을 다

月(고기 육)＋月(고기 육)
고기가 '많은' 것을 형상화하고 있다. 고대에는 먹을 것이 많은 것이 가장 소중했다. 多數다수 : 수효가 많음. 多樣다양 : 여러 가지 모양

Tip 而이는 '~해서'로 번역하는 것이 문맥상 자연스럽다.
與여는 문장의 끝에 쓰여 의문이나 반문을 나타낸다.

대답할 대

寸촌은 손가락 마디를 뜻한다.
對答대답 : 묻는 말에 답함. 對談대담 : 마주 대하여 말함

然

그럴 연

月(고기 육〈변형〉)＋犬(개 견)＋灬(불 화)
火는 장작을 태울 때 불꽃이 튀는 모양이고, 灬는 불꽃 모양만을 나타낸 것이다.

貫
꿸 관

毌(꿰뚫을 관〈변형〉)＋貝(조개 패)
조개껍질을 '꿴' 모양이다.

貫通관통 : 꿰뚫음.   貫徹관철 : 어려움을 뚫고 나아가 목적을 이룸

Tip
以이는 '~함에 있어서'로 쓰였다.
之지는 '그것'으로 쓰이나, 여기서는 특별히 지칭하는 것이 없다.

직역과 해설

子　日　賜也　女　以　予　爲
공자가 / 말하기를 // 사야 // 너는 / 나를 / ~로 여기느냐 /

多　學而識之　者　與?
많이 / 배워서 / 아는 / 사람으로 / (어조사)

對　日　　然.　非與?
대답하여 / 말하기를 // 그렇습니다 아닙니까?

日　非也　予　一　　以貫　之.
말하기를 // 아니다　나는 / 하나로 한다 / 꿰에 있어서 / 그것을

🔘 공자가 말하기를 "사야, 너는 나를 많이 배워서
아는 사람으로 여기느냐?" (자공이) 대답하여 말하기를
"그렇습니다. 아닙니까?" (공자가) 말하기를
"아니다. 나는 그것을 꿰에 있어서 하나로 하느니라."

賜사는 제자 子貢자공의 이름이다. 이 글은 공자의 정신세계

를 보여 주는 명쾌한 자기 내면의 고백이라고 할 수 있다. 이 글을 이해하려면 공자가 제자들에게 어떤 모습으로 비춰졌을지를 상상해 보아야 한다. 무엇이든 묻는 것은 척척 대답해 주는 공자는, 어린 제자들이 보기에 모르는 것이 없는 만물박사쯤으로 보였을 것이다. 그런 제자에게 공자가 묻는다. "너는 나를 많이 배워서 아는 사람으로 여기느냐?" 대답은 공자가 예상대로 "그렇다"이다. 이에 공자는 나는 "一以貫之일이관지"한 자라고 대답한다. 즉, '세상의 모든 것(지식)을 하나로 뀈' 사람이라고 자신의 실체를 밝힌 것이다.

이 대답은 제자들에게 매우 중요하다. 공자처럼 되는 게 목표인 제자들에게 공자가 만물박사쯤으로 인식된다면, 제자들은 지식의 양만 늘리면 공자처럼 지혜로운 사람이 될 수 있다고 생각할 것이기 때문이다. 여기서 공자가 '무엇으로' 하나로 뀈고 있는지를 묻는다면, 그것은 한 마디로 설명하기 어렵다. 군이 말하자면 공자가 주장하는 인을 포괄한 어떤 이치일 것이다. 전체적으로 보면 그것은 지식이 아니라 깨달음이요, 세계에 대한 통찰일 것이다. 지식의 양적 확장이 아니라 정신의 질적 도약일 것이다.

깨달음과 통찰은 단지 지식의 양만 늘린다고 얻어지는 것이 아니다. 그렇다고 지식을 쌓는 것이 불필요하다는 말도 아니다. 문제는 어디에 뜻을 두고 배움에 매진하느냐이다. 그에 따라 습득된 지식의 의미도 달라지고, 정신적 도약이 이루어질지의 여부도 결정될 것이다.

子曰 不仁者 不可以久處約
자 왈 불 인 자 불 가 이 구 처 약

不可以長處樂.
불 가 이 장 처 락

仁者安仁 知者利仁.
인 자 안 인 지 자 이 인

〈里仁(이인)〉편 2장

어질지 않은 자도 자신의 몸과 마음을 다잡을 때가 있다. 그러나 오래가지 못한다. 어짊에 뜻을 두지 않았기 때문이다.

핵심 한자 풀이

Tip 可以가이는 '~할 수 있다'는 뜻이다.

久
오랠 **구**

久遠구원 : 아득히 멀고 오램.　悠久유구 : 길고 오램

約
구속할 **약**

糸(실 사)+勺(쌀 포)+丶(점 주)
쌀 포대를 밧줄로 묶은 모양이다. '묶다'에서 '구속하다'는 뜻이 파생되었다. '묶을 약'으로도 읽는다.

約束약속 : 장래에 할 일을 상대방과 서로 언약하여 정함.   節約절약 : 객쩍은 비용을 내지 않고 꼭 필요한 데에만 씀

Tip 約약은 '구속하다'는 뜻이나 여기서는 '자신을 다잡는다'는 뜻으로 쓰였다.

子 曰 不仁 者 不可以 久處
공자가 / 말하기를 // 어질지 못한 / 사람은 // ~할 수 없고 / 오래 머물 수 /

約 不可以 長處 樂.
자신을 다잡음에 // ~할 수 없다 / 길게 머물 수 / 즐거움에

仁者 安仁 知者 利仁.
인자는 / 어짊을 편안하게 여기고 // 지자는 / 어짊을 이롭게 여긴다

◉ 공자가 말하기를 "어질지 못한 사람은 자신을 다잡음에 오래 머물 수 없고 즐거움에 길게 머물 수 없다. 인자는 어짊을 편안하게 여기고 지자는 어짊을 이롭게 여긴다."

어질지 못한 사람도 자신의 몸과 마음을 다잡을 수 있다. 그러나 "作心三日작심삼일"이라는 말처럼 그 상태가 오래가지 않고 금새 흐트러진다. 평소 修身수신하는 습관이 없는 탓이다.

여기서 말하는 "즐거움"은 쾌락적인 즐거움을 말하는 것이 아니다. 그 즐거움이란 배우고 깨우치는 데서 오는 즐거움,

261

자기 수양을 행하는 데서 오는 즐거움, 인을 실천하는 데서 오는 즐거움을 가리킨다. 어질지 못한 자는 이러한 즐거움에 길게 머물지 못하고, 쾌락과 방탕의 즐거움으로 돌아간다.

보통 사람은 이러한 자기 제어와 인의 실천을 불편한 것으로 여긴다. 그리고 남에게 어짊을 실천하는 것을 자신에게 손해되는 일로 여긴다. 공자는 세간의 이러한 편견을 깨는 말을 하고 있다. "인자는 어짊을 편안하게 여기고 지자는 어짊을 이롭게 여긴다"고.

인은 타인을 편안하게 만듦으로써 자신도 편안해지는 것이다. 이는 곰곰히 생각해 보면 매우 합리적인 말이다. 타인을 불편하게 놔두고서, 혹은 타인을 불편하게 만들면서 나만 편안할 수 있는 방법은 없다. 공자의 말은 추상적인 주장이 아니다.

子曰 學而時習之 不亦說乎?
자 왈 학 이 시 습 지 불 역 열 호

有朋自遠方來 不亦樂乎?
유 붕 자 원 방 래 불 역 락 호

人不知而不慍 不亦君子乎?
인 불 지 이 불 온 불 역 군 자 호

<學而학이>편 1장

공자의 즐거움은 배우고 배워서 안 것을 실천하는 것이며,
동지들을 만나는 것이다. 이런 즐거움에 취해 남이 알아주지 않아도
걱정하지 않는 사람이 군자다.

핵심 한자 풀이

時
때에 맞출
시

日(날 일)+寺(절 사)
절에서는 때에 맞추어 법고를 울린다든지 목어나 범종을 친
다든지 하는 의례가 있다. 그렇게 '때에 맞추어' 이루어지는
의례의 모습이다. 日은 시간을 뜻한다.

時間시간 : 과거·현재·미래가 내리 무한하게 유전하여 연속하는 것. 時計
시계 : 시간의 측정이나 시각의 지시에 쓰는 장치의 총칭

習
익힐 **습**

羽(깃 우)＋白(흰 백)

羽는 새의 깃털 모양을 표현한 것이다. 몸에 깃털 달린 옷을 입은 왕자가 군주가 갖추어야 할 법도를 날이 새도록 '익히는' 모습이다.

習性습성 : 버릇이 되어 버린 성질.   慣習관습 : 습관

Tip 時習시습은 '때로 익히다'가 아니고, 생활 속에서 '때에 맞게 적당한 몸가짐을 익힌다'는 뜻이다.
之지는 '그것'으로 쓰였으나 특별히 가리키는 것이 없다.

亦
또한 **역**

亦是역시 : 또한. 전과 마찬가지로. 전에 생각했던 대로

Tip 여기에서 說은 '말할 설'이 아니라 '기쁠 열'로 쓰였다.

朋
벗 **붕**

月(달 월)＋月(달 월)

'친구' 둘이 다정하게 걸어가며 이야기하는 모양이다. 月은 글자의 의미와 직접적인 관계가 없이 사람이 걸어가는 모습이다.

朋黨붕당 : 뜻을 같이하는 사람들이 모인 단체

自
～에서 **자**

여기에서 自자는 '스스로'가 아니라 '～에서'의 뜻으로 장소를 나타낸다. 용례는 '스스로 자'로 쓰인 것이다.

自然자연 : 우리의 경험 대상 전체.   自發자발 : 스스로 발동함

Tip 乎호는 문장의 끝에 쓰여 의문이나 반문을 나타낸다.

慍
성낼 온 ‖ 忄(마음 심)+囚(죄수 수)+皿(그릇 명)
감옥에 갇힌 죄수의 식사의 질이 오죽하겠는가. 그래서 밥그
릇만 보면 '화가 나는' 것이다.
慍色온색 : 성난 얼굴빛

직역과 해설

子 曰 學而 時 習之
공자가 / 말하기를 // 배우고 / 때에 맞추어 / 그것을 익히니 //

不亦 說 乎?
또한 ~하지 아니한가 / 기쁘지 / (어조사)

有朋 自遠方 來 不亦 樂 乎?
벗이 있어 / 먼 곳에서 / 오니 // 또한 ~하지 아니한가 / 즐겁지 / (어조사)

人 不知而 不慍 不亦 君子 乎?
남이 / 알아주지 않아도 / 섭섭하지 않으니 // 또한 ~하지 아니한가 / 군자가 / (어조사)

➡ 공자가 말하기를 "배우고 때에 맞추어 그것을 익히
니 또한 기쁘지 아니한가? 벗이 있어 먼 곳에서 오니
또한 즐겁지 아니한가? 남이 알아주지 않아도
섭섭해 하지 않으니 또한 군자가 아닌가?"

學학과 習습은 다르다. 學학은 공부하는 것이고, 習습은 때에
맞게 행해야 할 바를 익히는 것이다. 習습은 장소와 상황과 시
간에 맞게 적절한 행동과 예를 어떻게 실천해야 할지를 익힌
다는 말이다.

朋붕은 단순한 친구가 아니다. 여기서는 두 가지로 해석할 수 있다. 첫째로 어짊에 뜻을 같이하는 사람, 즉 同志동지일 수 있다. 둘째는 군자가 있다는 소문을 듣고 가르침을 구해 찾아온 사람일 수 있다. 그것은 위정자일 수도 있고, 뜻있는 선비일 수도 있다. 공자는 이렇게 동지들과 함께하는 기쁨, 동지들을 만나는 기쁨을 말하고 있다.

공자는 자신을 찾아오는 사람이면 지위고하를 막론하고 만났다. 심지어는 평판이 좋지 않은 사람도 마다하지 않았다. 공자는 소문으로 사람을 평판하지 않았을 뿐 아니라, 설사 소문대로 기질이 좋지 않은 사람이라 하더라도 자신을 찾아온 그 뜻을 소중하게 생각하였다. 자신을 알아주지 않아도 남을 원망하지 않는 것에 대해서는 앞서 설명했으므로 다시 이야기하지 않는다.

子畏於匡 顔淵後.
자 외 어 광 안 연 후

子曰 吾以女爲死矣.
자 왈 오 이 여 위 사 의

曰 子在 回何敢死?
왈 자 재 회 하 감 사

〈先進선진〉편 24장

절체절명의 위기 상황 속에서도 스승의 안전을 걱정하는 제자 안연의 마음과 제자의 생사를 걱정하는 공자의 마음은 인간의 신뢰가 얼마나 아름다운지를 보여 준다.

핵심 한자 풀이

顔淵
안연

공자가 가장 사랑한 제자였다. 공자보다 30세 어렸으며, 魯노나라 사람으로 이름은 顔回안회, 자는 子淵자연이었다. 내성적인 성격에 말수가 적었고 가난하면서도 학문을 좋아했다. 한 사발의 국으로 생활할 만큼 가난했으나 道도를 즐겼다는 簞瓢陋巷단표누항의 故事고사가 있다. 공자는 자신보다 안연이 더 뛰어나다고 말했고, 안연이 병으로 일찍 죽자 "하늘이 나를 버리셨다"고 한탄했다. 그만큼 그에 대한 기대와 사랑이 컸다. 안연이 지적 능력이나 품성에서 자신보다 낫다고 생각할 정도였다.

畏
두려워할
외

畏는 '두려워하다'는 뜻이나, 여기서는 '두려운 일을 당하다'는 뜻으로 쓰였다.

畏敬외경 : 두려워하고 공경함

 於어는 '~에서'의 뜻으로 장소를 나타낸다.

匡
바로잡을
광

匚(상자 방)+王(임금 왕)
여기에서 匡은 지명으로 쓰였다. 위나라의 한 읍이라는 설도 있고 송나라의 한 읍이라는 설도 있으나 확실하지 않다.

顔
얼굴 안

文(무늬 문)+厂(기슭 엄)+彡(터럭 삼)+頁(머리 혈)
정면에서 본 사람의 얼굴 모양이다. 文은 눈·코·입을, 厂은 얼굴의 윤곽을 나타낸 것이며, 彡은 수염을, 頁은 머리카락을 나타낸다. 龍顔용안 : 임금의 얼굴. 顔色안색 : 얼굴의 빛깔

淵
연못 연

氵(물 수)+片(조각 편 2개〈변형〉)
'연못'에 나뭇조각들이 떠다니는 풍경이다. 氵는 연못을 나타내고, 片은 나뭇조각을 나타낸다. 深淵심연 : 물이 깊은 곳. 淵源연원 : 사물의 근본

後
늦을 후

彳(조금 걸을 척)+幺(작을 요)+夂(칠 복)
後는 '늦다'라는 뜻이나, 여기서는 '늦게 나타났다'는 뜻으로 쓰였다.

後發후발 : 뒤에 출발함. 最後최후 : 맨 마지막

 '以이 A 爲위 B'는 'A를 B로 생각하다'는 뜻을 가진 숙어이다.

死
죽을 사

歹(앙상한 뼈 알〈변형〉)+亻(사람 인〈변형〉)
해골 곁에 무릎 꿇은 사람을 그린 것이다.

死亡사망 : 죽음. 생명을 잃음. 死刑사형 : 범인의 목숨을 끊는 형벌

在
있을 **재**

現在현재 : 이제. 이 세상. 과거와 미래와의 경계.　在學生재학생 : 학교에 학적을 둔 사람

回
돌아올 **회**

囗(지역 국)+口(입 구)
일정한 경계 내에서 뱅뱅 도는 모양이다. 뱅뱅 돌면 '돌아오게' 되어 있다.

回軍회군 : 군사를 돌이켜 돌아옴.　再回재회 : 다시 돌아옴

敢
감히 **감**

人(사람 인〈변형〉)+耳(귀 이)+攵(칠 복)
어떤 사람이 '감히' 따귀를 치는 모습이다.

勇敢용감 : 용기가 있어 사물에 임하여 과감함.　果敢과감 : 과단성이 있고 용감함

직역과 해설

子　　畏　　　於匡　顔淵　後.
공자가 / 두려운 일을 당했을 때 / 광에서 // 안연이 / 늦게 나타났다

子　曰　吾　以女　爲死矣.
공자가 / 말하기를 // 나는 / 너를 / 죽은 것으로 생각했다

曰　子　在　回何　敢　死
말하기를 // 선생님이 / 계신데 // 회가 / 어찌 / 감히 / 죽겠습니까?

◉ 공자가 광에서 두려운 일을 당했을 때 안연이 뒤늦게 나타났다. 공자가 말하기를 "나는 너를 죽은 것으로 알았다." (안연이) 말하기를 "선생님께서 계신데 제가 어찌 감히 죽겠습니까?"

일찍이 노나라에 陽虎양호라는 장수가 있었다. 이 사람이 광 땅을 침략하여 포악한 짓을 하고 물러갔다. 그런데 공자와 제자 일행이 광에 도착하자 그곳 사람들이 공자의 외모가 양호와 비슷한 걸 보고 오해하여 사로잡아 죽이려고 하였다. 비록 아무도 다치지 않았으나, 공자 일행은 그 일로 5일 동안 고초를 겪어야 했다. 이것이 광 땅에서 겪은 일이다. 이 글은 사태가 진정된 후 안연이 나타났을 때 두 사람이 나눈 이야기다.

이 글에서 우리는 공자와 애제자 사이의 애틋한 정을 느낄 수 있다. 목숨이 위태한 상황 속에서도 사랑하는 제자가 잘못되지 않았을까 노심초사 걱정하는 공자의 마음도 감격적이거니와, 스승을 모시는 제자로서 어찌 죽음조차 마음대로 할 수 있겠느냐는 존경과 사랑의 고백이 아름답다. 스승을 버려두고 자신의 목숨만 구하고자 도망쳤다고 의심할 수도 있을 텐데 그러한 섭섭한 마음은 한 치도 끼어들 틈이 없을 정도로 공자와 애제자 사이는 완전한 신뢰로 가득 차 있다. 현대사회에서는 참으로 보기 힘든 인간관계가 아닌가.

子曰 可與共學 未可與適道.
자 왈　가 여 공 학　미 가 여 적 도

可與適道 未可與立.
가 여 적 도　미 가 여 립

可與立 未可與權.
가 여 립　미 가 여 권

〈子罕자한〉편 30장

함께 배운 친구들이 죽을 때까지 인의 길을 함께 갈 수 있으면 얼마나 좋으랴? 그러나 인의 길을 가는 데는 여러 가지 어려움들이 있다.

핵심 한자 풀이

Tip 未可미가는 '~할 수 없다'는 뜻의 숙어이다.

共
함께 공

共同공동 : 여러 사람이 같은 자격으로 모이는 결합.　共産黨공산당 : 공산주의를 제창하고 그 실천을 위해 조직된 당

適
갈 적

辶(달릴 착)+啇(물방울 적)
땀 흘리며 달려 '가는' 모양이다. '적당할 적'으로도 읽는다. 아래 용례는 '적당할 적'으로 쓰인 것이다.

適期적기 : 적당한 시기.　適當적당 : 정도가 알맞게 적합함

權
저울질할
권

木(나무 목)＋萑(황새 관)

황새는 다리가 길고 양 날개가 길어서 '저울'처럼 생겼다. 고대에는 저울을 나무로 만들었으므로 저울은 곧 나무로 만든 황새의 모양을 하고 있었다.

權力권력 : 강제로 복종시키는 힘.　權利권리 : 일을 자유로이 처리할 수 있는 권한

 權권은 '저울질하다'는 뜻이나, 여기서는 '현실에 맞게 적용하다'는 뜻으로 쓰였다.

두 가지 음과 뜻을 가진 한자

두 가지 음과 뜻을 가진 한자의 경우, 어떤 음과 뜻을 취할 것인지는 문장의 내용에 따라 택할 수밖에 없다.

惡 : 악할 악, 미워할 오

'악할 악'으로 쓰이는 경우는 惡魔악마, 善惡선악이 있고,

'미워할 오'로 쓰이는 경우는 憎惡증오, 嫌惡혐오가 있다.

說 : 말씀 설, 기쁠 열

'말씀 설'로 쓰이는 경우는 演說연설, 說敎설교가 있고,

'기쁠 열'로 쓰이는 경우는 喜悅희열, 悅樂열락이 있다.

更 : 고칠 경, 다시 갱

'고칠 경'으로 쓰이는 경우는 更迭경질, 更正경정이 있고,

'다시 갱'으로 쓰이는 경우는 更新갱신, 更年期갱년기가 있다.

子 曰 可 與共學
공자가 / 말하기를 // 할 수는 있으나 / 더불어 함께 / 배울

未可 與 通道.
할 수는 없다 / 더불어 / 길을 갈 수는

可 與 通道 未可 與 立.
할 수는 있으나 / 더불어 / 길을 갈 수는 // 할 수는 없다 / 더불어 / 설 수는

可 與 立 未可 與 權.
할 수는 있으나 / 더불어 / 설 수는 // 할 수는 없다 / 더불어 / 적용할 수는

⭕ 공자가 말하기를 "더불어 함께 배울 수는 있으나
더불어 길을 갈 수는 없다. 더불어 길을 갈 수는 있으나
더불어 설 수는 없다. 더불어 설 수는 있으나
더불어 적용할 수는 없다."

"더불어 함께 배울 수는 있으나 더불어 길을 갈 수는 없다."
는 말은 함께 배운다고 해서 같은 길을 가는 것은 아니라는
말이다. 함께 배우기는 쉬운 일이다. 그러나 같이 배웠다고
해서 모두 군자의 길을 가는 것은 아니다. 군자의 길을 가겠
다는 뜻을 품은 자만이 그 길을 갈 수 있고 뜻이 없는 자는 갈
수 없다.

"더불어 길을 갈 수는 있으나 더불어 설 수는 없다."는 함께
길을 간다고 해서 모두 군자의 길에서 주체로 일어서는 것은
아니라는 말이다. 품은 뜻이 같으면 같은 길을 갈 수 있다. 그

러나 같은 뜻을 품었다고 해도 노력과 의지가 굳센 사람만 주체로 설 수 있다. 그렇지 못한 사람은 일어서지 못할 것이다.

"더불어 설 수는 있으나 더불어 적용할 수는 없다."는 함께 주체로 일어섰다고 해도 인을 현실에 적용시킬 때는 각자의 기질과 처지, 상황에 따라 조금씩 다를 수 있다는 말이다.

공자의 이 말은 인의 길을 가는 데 일어날 수 있는 문제들, 동지들 사이에 일어날 수 있는 문제들을 순차적으로 지적하고 있다.

子曰 其身正 不令而行.
자 왈 기 신 정 불 령 이 행

其身不正 雖令不從.
기 신 부 정 수 령 부 종

〈子路자로〉편 6장

아랫사람이나 백성을 따르게 하는 것은 군자의 덕이다. 덕은 몸을 바르게 하는 것이다. 윗사람이 몸을 바르게 하면 아랫사람은 자연히 따르게 될 것이다.

핵심 한자 풀이

Tip 其기는 '그'이다. 명사 앞에서는 주로 지시대명사로 쓰인다.

正
바를 정
一(한 일) + 止(발 지)
비틀거리지 않고 一자로 똑바로 걸어가는 것이 '바른' 것이다.
訂正정정 : 잘못을 고쳐 바로잡음.   正式정식 : 일정한 방식. 일정한 의식

令
명령할 령
人(사람 인) + 一(한 일) + 卩(꿇어앉은 사람 절〈변형〉)
윗사람이 단상 위에 서서 단상 밑에 꿇어앉은 사람에게 '명령하는' 모습이다. 一은 단상을 나타내고, 人은 윗사람을 나타낸다.   命令명령 : 윗사람이 아랫사람에게 내리는 분부.   司令官사령관 : 사령부의 장

從
따를 종

彳(조금 걸을 척)＋人(사람 인 2개)＋止(발 지〈변형〉)
시종인 듯 보이는 두 사람이 종종걸음으로 주인을 '따르는' 모
습이다.

追從추종 : 뒤를 따라서 쫓음.　從事종사 : 어떤 일을 일삼아서 함

직역과 해설

子　曰　其身　正　不令而　行.
공자가 / 말하기를 // 그 몸이 / 바르면 // 명령하지 않아도 / 행하고

其身　不正　雖令　不從.
그 몸이 / 바르지 않으면 // 비록 명령한다 하더라도 / 따르지 않는다

💬 공자가 말하기를 "그 몸이 바르면 명령하지 않아도
행하고, 그 몸이 바르지 않으면
비록 명령한다 하더라도 따르지 않는다."

이 글은 계급 관계를 전제로 한 것이다. 명령하는 자는 지
배자·군주가 되고, 행하고 따르는 자는 피지배자·백성이
된다. 즉, '군주의 몸가짐이 바르면 명령하지 않아도 백성들
이 행하고 그렇지 않으면 백성들이 따르지 않는다'는 말이다.
'몸이 바르다'는 것은 지배자의 몸가짐이 바른 것을 뜻한다.
몸가짐은 일정한 훈련만으로 습득되는 것이 아니다. 몸가짐
이 바르기 위해서는 덕을 쌓아야 한다. 덕이 몸가짐을 통해
드러나기 때문이다.
이는 우리의 일상생활을 떠올려 보면 쉽게 이해할 수 있다.

어떤 사람에게는 명령을 받아도 이행하기 싫은 경우가 있는
가 하면, 또 다른 사람에게는 명령을 받지 않아도 알아서 잘
하고 싶은 마음이 든다. 그 차이는 윗사람의 평소 행실이 바
른가 그렇지 않은가에서 비롯된다. 반대로 내가 윗사람으로
서 아랫사람에게 어떤 명령을 내렸는데 아랫사람이 따르지
않는 경우가 있는가 하면, 명령을 내리지 않았는데도 아랫사
람이 알아서 따르는 경우가 있다. 그 역시 윗사람으로서의 나
의 평소 행실이 어떠했는지에 따라 달라진다. 그러므로 아랫
사람이 명령을 따르지 않는 경우, 우선 나의 평소 행실을 반
성해 보아야 한다.

한문
클리닉

장소를 나타내는 한자

다음은 장소를 나타내는 한자를 정리한 것이다. 이 한자 뒤에
지명이나 장소의 이름이 오면 다음과 같은 뜻으로 쓰인다.

自자 : ~에서
由유 : ~에서, ~로부터
於어 : ~에서
在재 : ~에서

子路問曰 何如斯可謂之士矣?
자 로 문 왈   하 여 사 가 위 지 사 의

子曰 切切偲偲怡怡如也 可謂士矣.
자 왈   절 절 시 시 이 이 여 야   가 위 사 의

朋友切切偲偲 兄弟怡怡.
붕 우 절 절 시 시   형 제 이 이   〈子路자로〉편 28장

선비란 깨우치기 위해 애태우고, 진지하게 숙고한다. 깨우친 후에는
그것을 잊을까 혹은 실천하지 못할까 하여 슬그머니 미소만 짓는 사
람이다.

핵심 한자 풀이

> **Tip** 何如하여는 '어찌합니까?'라는 뜻이다.
> 'A 斯사 B'는 'A하는 것이 B하는 것이다'는 뜻이다.
> 可謂가위는 '말할 수 있다'는 뜻이다.
> 之지는 '그것'으로 쓰였으나, 번역에서는 빼는 것이 자연스럽다.

切
끊을 절
匕(비수 비〈변형〉)+刀(칼 도)
칼과 비수는 무엇을 잘라 '끊기'에 알맞은 도구이다.
哀切애절 : 몹시 애처롭고 슬픔.   切斷절단 : 끊어 냄

Tip 切切절절은 간절한 모양을 나타내는 의태어이다. 흔히 '가슴 절절하다'고 할 때의 '절절'이다.

똑똑할 시 | イ(사람 인)+思(생각 사)
열심히 생각하는 사람이 그렇지 않은 사람보다 아무래도 '똑똑하다.'

Tip 偲偲시시는 깊게 생각하는 모양을 나타낸다. 여기서는 '진지하다'로 번역하였다.

怡
기쁠 이 | 忄(마음 심)+台(기뻐할 태)
의미 그대로 '기뻐하는' 마음이다.

Tip 怡怡이이는 희열에 찬 모습이다. 깨우침을 얻었을 때의 흐뭇한 모양을 그렸다.
如여는 형용사의 뒤에 붙어서 상태를 나타낸다. 번역상으로는 그 뜻이 나타나지 않는다.

兄
맏 형 | 口(입 구)+儿(사람 인)
兄은 머리가 제일 큰 사람을 말한다. 형제가 자랄 때는 '형'이 가장 머리통이 실할 수밖에 없다.

아우 제 | 兄弟형제 : 형과 아우.　妻弟처제 : 아내의 여동생

子路問　曰　何如斯　可謂
자로가 / 물어 / 말하기를 // 어찌하는 것이 / 말할 수 있습니까 /

之　士　矣?　子　曰　切切
그것을 / 선비라고 / (어조사) 공자가 / 말하기를 // 간절하고 /

偲偲 怡怡如 也　可謂　士　矣.
진지하고 / 흐믓하면 / (쉼표 역할) // 말할 수 있다 / 선비라고 / (어조사)

朋友 切切 偲偲　兄弟 怡怡.
벗과는 / 간절하고 / 진지하며 // 형제와는 / 흐믓하다

⭕ 자로가 물어 말하기를 "어찌하는 것이
그것을 선비라고 말할 수 있습니까?" 공자가 말하기를
"간절하고 진지하고 흐믓하면 선비라고 말할 수 있다.
벗과는 간절하고 진지하며 형제와는 흐믓하다."

이 글은 선비의 일상생활을 드라마틱하게 구성하고 있다.
"切切절절"하다는 것은 배움에서 뜻을 얻으려는 마음이 간절
한 것을 말한다. 이렇게 하면 뜻이 얻어질까, 저렇게 하면 뜻
이 얻어질까 가슴을 졸이며 발을 동동 구르는 것이 절절한 모
습이다. "偲偲시시"는 깨우치기 위해 깊이 생각하는 모습이다.
하나의 화두를 잡으면 그것을 깊이 생각하고 또 생각하며, 그
러고도 알 수 없으면 스승에게 묻고, 벗과 토론한다. "怡怡이
이"는 그런 과정을 통해서 마침내 깨우침과 지적 카타르시스
를 맛보는 장면이다. 기쁨과 희열에 차 있지만 그것을 실천하

지 못할까 봐 경거망동하지 않고 입가에 보일 듯 말 듯한 미소를 짓는 모습, 그것이 흐뭇한 것이다. 공자는 이것이 바로 선비의 노습이라고 말하고 있다. 이 얼마나 감동적인 모습인가!

이것이 바로 忠충이다. 자기 자신에게 지극히 성실한 것, 이것이 공자가 말한 忠충의 실체이다. 자신에게 성실하다는 것은 자신의 이익을 위해서 열심히 산다는 뜻이 아니다. 자신의 내면을 성찰하는 데는 가혹하게 하고, 어짊을 배우고 실천하는 데 충실한 것이다. 한 마디로, 충이란 어짊의 길을 가는 데 충실함을 의미한다. 이러한 충의 개념이 국가에 충성하는 것으로 변질된 것은 국가주의 이념이 공자의 사상을 오염시킨 탓이다.

"朋友切切偲偲 兄弟怡怡붕우절절시시 형제이이"는 제자들이 원문 옆에 주를 단 것이 원문으로 오해되어 전해진 것이 아닌가 싶다. 이 말은 공자가 말하고자 했던 바와는 거리가 멀어 보인다.

애태우지 않으면 가르치지 않는다

공자가 말했다.

"결내지 않으면 깨우쳐 주지 않고 표현하려 애쓰지 않으면 말문을 틔워 주지 않으며, 한 귀퉁이를 들어 주었을 때 세 귀퉁이로써 반응하지 않으면 가르치지 않는다."

子曰 不憤不啓 不悱不發 擧一隅以三隅反 則不復也.

— 〈述而술이〉편 8장

'결낸다'는 것은 알려고 '기를 쓰는 것'이다. 결을 내는 것, 표현하려 애쓰는 것, 한 귀퉁이를 들어 주었을 때 세 귀퉁이로써 반응하는 것은 알려고 하는 간절한 마음에서 비롯된다. 이처럼 애쓰지 않는 자에게는 아무리 가르쳐 주어도 소용이 없다. 어짊을 구하고자 하는 뜻이 없기 때문이다.

높은 벼슬에 오르는 것만이 유일한 꿈인 자에게 아무리 어짊을 가르쳐 보아야 그는 이 배움을 다만 지식으로 여겨 벼슬하는 도구로 삼으려 할 것이요, 장사꾼에게 아무리 어짊을 가르쳐 보아야 그는 이 배움을 다만 처세술로 여겨 사람 다루는 법이라든지 돈 버는 방법으로 이해할 것이다. 이처럼 뜻이 다르면 가르침의 내용이 같아도 받아들이는 것이 다를 뿐 아니라 그 내용을 곡해시키기까지 한다. 뜻이 바르게 서지 않으면 百藥백약이 소용없는 것이다.

> 공자가 말했다.
> "사랑한다면 애태우지 않을 수 있겠느냐? 진지하다면 깨우쳐 주지 않을 수 있겠느냐?"
> 子曰 愛之 能勿勞也? 忠焉 能勿誨也?
>
> ─〈憲問헌문〉편 8장

누군가를 사랑해 본 적이 있는 사람이면 알 것이다. 사랑을 이루기까지 얼마나 가슴을 졸여야 하는지를. 다른 사람에게는 아무렇지도 않은 일이 당사자에게는 살얼음을 걷는 듯 조심스럽고 한 걸음 한 걸음 나아가는 것이 쉽지 않다. 그 사랑의 길이 멀면 멀수록 그 소망은 더욱 간절해지고 가슴앓이는 더욱 커진다.

어짊도 마찬가지다. 어짊을 사랑하면 배움에 애태우지 않을 수 없다. 사랑을 하면 상대방에 대해 알고 싶듯이, 어짊을 사랑하면 그에 대해 알고 싶고, 그것을 실천하고 싶고, 그것을 편안하게 여기고 싶어진다. 간절한 바람은 목이 마른 것과 같으며, 가르침은 단비와도 같은 것이다. 목마른 자는 한 방울의 물이라도 몸 전체로 빨아들이는 것이다. 어짊을 간절히 원하는 자에게는 가르침이 아무리 사소한 것이라도 큰 자양분이 된다. 그 가르침을 되새기고 생각하고 되새기고 생각하기를 수도 없이 반복한다. 간절함은 진지함을 낳는 법. 그러므로 진지함은 개인적 성격의 문제가 아니라, 자기 수양에 간절히 임하는 사람이면 누구나 갖지 않을 수 없는 보편적 현상이다.

葉公問孔子於子路. 子路不對.
섭 공 문 공 자 어 자 로　　자 로 불 대

子曰 女奚不曰 其爲人也
자 왈　여 해 불 왈　기 위 인 야

發憤忘食 樂以忘憂
발 분 망 식　락 이 망 우

不知老之將至云爾.
부 지 노 지 장 지 운 이

〈述而술이〉편 20장

세속적인 척도로 보자면, 공자는 보잘것없는 늙은이였다. 권력과 부귀와는 거리가 멀고 학문의 일가를 이룬 것도 아니었다. 공자의 위대함은 오직 평생 어짊을 추구하는 삶을 살았다는 것이다.

핵심 한자 풀이

Tip 於어는 '～에게'라는 뜻으로 쓰였다.

對
대답할 대

對答대답 : 묻는 말에 답함.　對談대담 : 마주 대하여 말함

奚 어찌 해 | 爪(손톱 조)+么(작을 요)+大(클 대)
의문문에 자주 쓰이는 한자이다.

爲 될 위 | 爪(손톱 조)+象(코끼리 상⟨변형⟩)
'하다'의 뜻도 있지만, '되다'의 뜻도 가지고 있다. 여기에서는 '되다'로 쓰였다.

發 일어날 발 | 癶(등질 발)+弓(활 궁)+殳(손동작 수)
'쏠 발'로도 읽는다. '쏘다'에서 '발생하다' '일어나다'가 갈려 나왔다. 활통을 등에 지고 시위를 당기는 모양이다.
發生발생 : 일이 비롯하여 일어남.   勃發발발 : 일이 갑자기 크게 일어남

憤 흥분할 분 | 忄(마음 심)+賁(결낼 분)
의미 그대로 결내는 마음이 '흥분된' 것이다.
憤怒분노 : 분해서 성냄.   憤痛분통 : 몹시 분개하여 마음이 쓰리고 아픔

忘 잊을 망 | 亡(죽을 망)+心(마음 심)
마음속에서 기억이 죽는 것이 '잊는' 것이다.
忘却망각 : 잊어버림. 기억에서 사라진 상태.   未忘미망 : 잊을 수가 없음

老 늙을 로 | 耂(늙을 로)+人(사람 인⟨변형⟩)
의미 그대로 '늙은' 사람이다.
老人노인 : 늙은이.   敬老경로 : 노인을 공경함

將 장차 장 | 爿(판때기 장)+月(고기 육⟨변형⟩)+寸(마디 촌)
사냥꾼이 사냥감을 가리키며 저것을 잡으면 '장차' 구운 고기를 판에 놓고 마음껏 먹을 수 있을 것이라고 말한다.
將次장차 : 차차. 앞으로.   將來장래 : 앞으로 닥쳐올 때. 앞날

至

도래할 지

본래 '이르다'는 뜻이나, 여기서는 '도래하다'는 뜻으로 쓰였다.

冬至동지 : 일 년 중 밤이 가장 긴 날.　 至大지대 : 더없이 큼

Tip 云爾운이는 둘 다 '어조사 운' '어조사 이'로 읽는다. 문장의 끝남을 나타낸다.

직역과 해설

葉公　問　孔子　於子路. 子路　不對.
섭공이 / 물었다 / 공자를 / 자로에게　 자로는 / 대답하지 못했다

子　曰　女奚　不曰　其爲人　也
공자가 / 말하기를 // 너는 / 어찌 / 말하지 않았느냐 // 그 / 사람됨이 / (쉼표 역할) //

發憤　忘食　　樂　　以忘憂
발분하면 / 먹는 것을 잊고 / 즐거우며 / 근심을 잊음으로써 //

不知老之將　至　云爾.
모른다고 / 늙음의 / 장차 / 도래함을 / (어조사)

❯ 섭공이 공자에 대해 자로에게 물었다.
자로는 대답하지 못했다. 공자가 말하기를
"너는 어찌 (이렇게) 말하지 않았느냐?
그 사람됨이 발분하면 먹을 것을 잊고,
근심을 잊음으로써 즐거우며 장차 늙음이
도래하리라는 것을 모른다고."

섭공이 자로에게 "공자라는 분은 어떤 분인가?" 하고 물었다. 이 물음에 자로는 대답을 못하고 말았다. 왜 그랬을까? 자로는 스승의 위대함을 인식하고는 있지만 그 위대함을 표현할 말을 찾지 못했던 것이다. 섭 지방을 통치하고 있는 큰 정치인 앞에서 공자가 갑자기 아무것도 내세울 것 없는 늙은이로 여겨졌는지도 모른다. 사실 공자는 세속적인 관점에서 내세울 만한 것이 아무것도 없었다. 무슨 지위와 권력이 있는 것도 아니고 재산이 많은 것은 더욱 아니며, 그렇다고 학문에서 어떤 큰 일가를 이룬 것도 아니었다. 그래서 자로는 뭐라 할 말이 없었던 것이다.

여하튼 자로는 자신의 이 당혹스러움에 대해 공자의 생각을 듣고 싶었을 것이다. 이에 대해 공자는 "발분하면 먹을 것을 잊고, 근심을 잊음으로써 즐거우며 장차 늙음이 도래하리라는 것을 모르는 사람이라고 왜 말하지 않았느냐?" 하고 자로에게 말했다. 이 말을 들은 자로의 반응은 어땠을까? 여전히 당혹스러움이 풀리지는 않았을 것이다. 공자의 이 말 속에는 여전히 대단한 무엇이 있는 것이 아니기 때문이다. 어쩌면 자로는 아무것도 아닌 것을 공자가 대단한 것인 양 말하고 있다고 생각했을지도 모른다. 그러나 여기에는 대단한 역설이 숨어 있다. 아무것도 아닌 것이 가장 위대할 수 있다는.

發憤발분은 배움에서 무언가를 알아 갈 때 찾아오는 격한 흥분을 말한다. 이런 희열에 휩싸여 있을 때 어찌 먹는 것이 대수이겠는가? 깨우침의 즐거움, 인의 즐거움에 휩싸여 있는 군자는 근심이 없다. 이런 희열에 싸여 있는데 어찌 늙음을 걱정하겠는가?

공자는 '나라는 사람은 배우고 깨우치는 사람이며, 그 즐거움 속에 있는 사람'이라고 주장하고 있다. 배우고 깨우치는 사람, 그는 세속적인 기준으로 보자면 아무것도 내세울 것이 없는 사람이 맞다. 그러나 늙어서까지 계속 배우고 깨우치며 앞으로 전진하는 사람이라는 자기 정의는 매우 무서운 말이다. 권력을 목표로 한 사람은 권력을 차지한 후로는 퇴보하기 마련이고, 부를 목표로 한 사람은 부를 차지한 후로는 뒤떨어지기 마련이다. 그러나 공자와 같은 사람은 죽을 때까지 후되가 없다. 그것이 어찌 보통 사람이 할 수 있는 말이며, 위대한 자기 정의라 하지 않을 수 있겠는가.

在陳絶糧 從者病 莫能興.
재 진 절 양 종 자 병 막 능 흥

子路慍見 曰 君子亦有窮乎?
자 로 온 견 왈 군 자 역 유 궁 호

子曰 君子固窮 小人窮斯濫矣.
자 왈 군 자 고 궁 소 인 궁 사 람 의

〈衛靈公위영공〉편 2장

군자는 곤궁을 잘 견디나 소인은 궁하면 도를 넘어선다.
그것은 군자가 인내심이 많고 소인이 인내심이 없기 때문이 아니다.
군자는 어짊에 뜻을 두고 소인은 그렇지 않기 때문이다.

핵심 한자 풀이

陳
진

진나라를 말한다. 魯노나라의 남서쪽에 있던 작은 나라로, 지금으로 말하자면 하남성 일대에 위치해 있었다. 북방의 齊제나라, 晉진나라, 남방의 楚초나라, 吳오나라 등 강대국 사이에 끼어서 많은 고통을 받았다. 공자는 12년 동안의 외유 중에 3년을 진나라에서 머물렀다. 공자가 죽은 이듬해 진은 결국 초나라에 멸망당했다.

在
~에서 재

'있다'는 뜻도 있으나 여기에서는 '~에서'의 뜻으로 쓰였다.

現在현재 : 이제. 과거와 미래와의 경계.　**在學生**재학생 : 학교에 학적을 둔 사람

陳
펼 진

阝(언덕 부)＋東(나무 동)

언덕에는 나무들이 쭉 펼쳐져 있다. 그 나무들처럼 군사들을 쭉 '편다'는 뜻이다.

陳法진법 : 군사 용어로 진을 치는 법.　**陣地**진지 : 적과 교전할 목적으로 전투부대가 의지하여 공격·방어를 할 준비 및 배치가 되어 있는 지역

絶
없어질 절

糸(실 사)＋色(빛깔 색)

목에 줄을 걸어 사람을 사형시키는 것을 형상화했다. 糸는 밧줄이고, 色는 얼굴이다.

絶斷절단 : 끊어 냄.　**絶地**절지 : 멀리 떨어진 외진 땅

糧
양식 양

米(쌀 미)＋量(헤아릴 양)

쌀이 얼마나 남았나 헤아리고 있다. 항시 '양식' 걱정을 했던 옛사람들의 마음이 떠오른다.

糧食양식 : 식용인 곡식. 식량.　**糧穀**양곡 : 양식으로 쓰는 곡식

病
질병 병

疒(병들 역)＋丙(남녘 병)

疒은 뜻을 나타내고, 丙은 음을 나타내고자 차용된 것이다.

莫
하지 못할 막

艹(풀 초)＋日(태양 일)＋大(클 대)

'없다'는 뜻도 가지고 있다.

興
일어설 흥

臼(절구 구)+同(함께 동)+一(한 일)+八(여덟 팔)
도끼를 들고 많은 사람들이 함께 '일어서는' 모양이다. 臼는 도끼 두 개를 마주한 모양이며, 八은 사람의 다리를 나타낸다. 輿여와 비슷하니 혼동하지 말아야 한다.
興奮흥분 : 감정이 북받쳐 일어남.　勃興발흥 : 갑자기 일어나서 잘됨

窮
궁할 **궁**

穴(구멍 혈)+身(몸 신)+弓(활 궁)
'다할 궁'으로도 읽는다. 몸에 화살을 맞아 구멍이 나서 죽으면 목숨이 다한 것이다. 다한 것은 끝난 것이다. 여기에서 양식이 다 떨어져 '궁하다'는 뜻이 파생되었다.
窮乏궁핍 : 곤궁하고 피폐함.　窮極궁극 : 극도에 달함. 마지막

> **Tip** 'A 斯사 B'는 'A하면 B하다'는 숙어이다.

固
굳셀 **고**

固는 '굳세다'는 의미이나, 여기서는 '잘 견딘다'는 의미로 쓰였다.
頑固완고 : 완강하고 고루함.　固執고집 : 자기 의견을 굳게 지킴

濫
넘칠 **람**

氵(물 수)+臣(신하 신)+人(사람 인〈변형〉)+一(한 일)+皿(그릇 명)
氵는 물이 흐르는 것을 그린 것이다. 冫얼음 빙과 혼동하지 말아야 한다. 물이 그릇에 넘치는 모양새이다. 臣·人·一은 넘치는 물의 모양을 표현한 것으로 보인다.
氾濫범람 : 물이 넘쳐 흐름.　猥濫외람 : 분수에 넘쳐 죄송함

> **Tip** 濫람은 '넘치다'는 뜻이나, 여기서는 '도를 넘어선다'는 뜻으로 쓰였다.

在陳　絶糧　　從者　　病
진나라에서 / 식량이 떨어져 // 따라온 사람들이 / 병이 나서 /

莫能興. 子路 慍　見　曰　君子
일어서지를 못했다 자로가 / 화가 나서 / 뵙고 // 말하기를 // 군자

亦　有　窮　乎? 子　曰　君子
또한 / 있습니까 / 곤궁함이 / (어조사) 공자가 / 말하기를 // 군자는 /

固　窮　小人 窮斯 濫矣.
굳세나 / 곤궁함에 // 소인은 // 곤궁하면 / 도를 넘어선다

⏩ 진나라에서 식량이 떨어져 따라온 사람들이 병이 나서 일어서지를 못했다. 자로가 화가 나서 (공자를) 뵙고 말하기를 "군자 또한 곤궁함이 있습니까?" 공자가 말하기를 "군자는 곤궁함에 굳세나 소인은 곤궁하면 도를 넘어선다."

《孟子맹자》와 《孔子世家공자세가》는 이 사건이 공자가 천하를 주유하던 중 채나라를 떠나 진나라에 들렀을 때 일어난 것으로 기록하고 있다. 진나라와 채나라 사이에서 공자 일행이 식량마저 떨어지는 사태에 처한 것이다. 이 일을 두고 진나라와 채나라 사이에서 만난 재앙이라 하여 '陳蔡之厄진채지액'이라 한다.

그 원인에 대해 전한 시대 古註고주의 孔安國공안국은, 진나라가 오나라의 침략을 받아 전란에 휩쓸려 공자 일행을 아무

도 돌보지 않았기 때문이라고 했다. 사마천은 《史記사기》에서 달리 설명하는데, 남방의 대국 초나라가 공자를 초청하였는데, 공자가 초나라의 대신으로 등용될 경우 자신들이 위태로워질 것을 염려한 대부들이 사람을 보내 공자의 초나라행을 막았기 때문에 그러한 곤경에 처하였다고 기록했다. 《맹자》에서는 공자가 상하 간에 사귐이 없었기 때문이라고 설명한다. 이 말은 공자 일행이 위로는 위정자들에게, 아래로는 젊은이들에게 따돌림을 당하지 않았나 추측하게 한다.

자로가 공자에게 성을 낸 것은 단순히 '쌀이 떨어진 데 대한 불만이 아니라 항시 이웃이 있어야 할 군자가 어찌 이런 지경을 맞을 수 있느냐' 하는 불만에서 나온 것이다. 그에 대해 공자는 군자도 난처한 경우에 처할 수 있으며, 그럴 때 대처하는 태도가 중요하다고 말하고 있다. 군자는 그 곤궁함을 잘 참고 견디는 데 반해, 소인은 참지 못하고 넘지 말아야 할 선을 넘는다는 것이다. 군자와 소인의 차이는 평상시에는 잘 드러나지 않는다. 그 차이는 위기의 순간에 두드러진다. 군자는 가야 할 길이 멀고 험하다. 그런 점에서 곤궁한 상황에서도 일정한 선을 넘지 않는 것은 인의 길을 가는 자에게 필수적인 태도라 할 수 있다.

子貢問曰 鄉人皆好之 何如?
자 공 문 왈 향 인 개 호 지 하 여

子曰 未可也.
자 왈 미 가 야

鄉人皆惡之 何如? 子曰 未可也.
향 인 개 오 지 하 여 자 왈 미 가 야

不如鄉人之善者好之 其不善者惡之
불 여 향 인 지 선 자 호 지 기 불 선 자 오 지

〈子路자로〉편 24장

모든 사람이 좋아하는 사람이 군자는 아니다. 착한 사람이 좋아하고
착하지 않은 사람이 싫어하는 사람이 오히려 군자에 가깝다.

핵심 한자 풀이

鄉
마을 **향**

卩(사람 절〈변형〉)＋良(아름다울 량〈변형〉)＋阝(언덕 부)
사람이 언덕에서 '마을' 풍경을 보고는 참으로 아름답다고 생
각하고 있다. 故鄉고향 : 제가 나서 자란 곳. 鄉土향토 : 시골. 고향 땅

皆
모두 개

比(견줄 비)+白(흰 백)

많은 사람이 모여 있는 모양이다. 比는 견주다는 뜻과 관계없이 두 사람이 뛰는 모양이다. 白은 百의 뜻으로 쓰였다. 많다는 뜻이다.

皆勤개근 : 하루도 빠짐없이 출석함.　皆既日蝕개기일식 : 해와 지구 사이에 달이 완전히 가리어 해가 보이지 않게 되는 현상

> **Tip** 鄕人皆好之향인개호지에서 之지는 '그'로 사람을 가리킨다.
> 何如하여는 '어떻습니까?'이다.
> 未可미가는 '옳지 못하다'는 뜻이다.

惡
미워할 오

亞(흉할 아)+心(마음 심)

惡寒오한 : 몸이 오슬오슬 춥고 괴로운 증세.　憎惡증오 : 몹시 미워함

> **Tip** 不如불여는 '~만 못하다'는 뜻이다.
> 鄕人之善者향인지선자에서 之지는 '~중에서'의 뜻으로 '마을 사람 중에서 착한 사람'이라는 의미가 된다.

子貢問 曰　鄕人 皆 好之 何如?
자공이 / 물어 / 말하기를 / 마을 사람들이 / 모두 / 그를 좋아하면 // 어떻습니까

子　曰 未可也. 鄕人 皆 惡之
공자가 / 말하기를 // 옳지 않다　마을 사람들이 / 모두 / 그를 미워하면 //

何如? 子　曰　未可也. 不如 鄕人
어떻습니까　공자가 / 말하기를 // 옳지 않다　~만 못하다 / 마을 사람들 /

之善者　好之 其 不善者　惡之.
중에서 / 착한 사람이 / 그를 좋아하는 것 // 그 / 착하지 않은 사람이 / 그를 미워하는 것

▶ 자공이 물어 말하기를 "마을 사람들이 모두 그를
좋아하면 어떻습니까?" 공자가 말하기를 "옳지 않다."
(자공이 말하기를) "마을 사람들이 모두 그를 미워하면
어떻습니까?" 공자가 말하기를 "옳지 않다.
마을 사람들 중에서 착한 사람이 그를 좋아하고
그 (마을 사람들 중에서) 착하지 않은 사람이
그를 미워하는 것만 못하다."

자공은 성격이 원만하고 예절 바른 사람이었다. 그래서 叔
孫武叔숙손무숙 같은 위정자에게 "중니(공자)보다 낫다"는 평을
들을 정도로 사람들과 관계가 좋았다. 많은 사람들에게 환영
을 받는 성격의 소유자였던 것이다. 자공은 이러한 자신의 인
간됨이 인에 가까운 것이라고 생각했던 것 같다. 그래서 스승
이 이러한 인간됨을 칭찬해 줄 것으로 기대했으나, 공자의 대

답은 "옳지 않다"는 것이었다.

  그에 당혹스러워진 자공은 그렇다면 "마을 사람들이 모두 그를 미워하면 어떻습니까?" 하고 묻는다. 그에 대한 대답 역시 "옳지 않다"였다. 공자는 자공이 자부하는 바와 그것을 인으로 오해했을 경우 제자에게 일어날 해악을 누구보다 잘 알고 있었다. 그래서 모든 사람이 좋아하는 것은 선한 사람이 좋아하고 불선한 사람이 싫어하는 것만 못하다고 함으로써 자공의 오해를 섬세하게 바로 잡아 주었다. '~만 못하다'는 표현은 선한 사람이 좋아하는 사람을 꼭 어진 사람이라고 말할 수는 없지만, 적어도 자공이 말한 것보다는 어진 사람에 가깝다는 의미를 전달한다.

子曰 予欲無言.
자왈　　여욕무언

子貢曰 子如不言 則小子何述焉?
자공왈　　자여불언　즉소자하술언

子曰 天下言哉?
자왈　　천하언재

四時行焉 百物生焉 天下言哉?
사시행언　백물생언　천하언재

〈陽貨양화〉편 19장

진리는 언어로 표현될 수 있는 것이 아니다. 천하의 道도는 사철을 운행
시키고 만물을 생장시키지만 너무 커서 그것을 일컬을 것이 없다.

핵심 한자 풀이

如
만약 여

女(여자 여)＋口(입 구)
여기서는 '처럼'이 아니라 '만약'의 뜻으로 쓰였다. 한문에서
자주 쓰이는 용법이다.

Tip 小子소자는 자신을 낮추어 부르는 말이다. '저'라는 뜻이다.
述술은 '말하다'는 뜻이나 여기서는 傳述전술, 즉 '전하여 말하다'는 뜻으로

쓰였다.

 辶(달릴 착)+木(나무 목〈변형〉)+ 丶 (점 주)

論述논술 : 논하여 의견을 진술함.　述語술어 : 주어에 붙어 동작·상태·성
질을 풀이하는 말

말할 **술**

Tip 哉재는 문장의 끝에 쓰여 의문이나 반문을 나타내는 어조사이다.
四時사시는 '사시사철'이라는 뜻이다.

 一(한 일)+白(흰 백)

百은 일백이라는 숫자를 의미하기도 하지만 막연히 '많은 것'
을 나타내기도 한다. 一當百일당백 : 한 사람이 백 사람을 당함.　百

일백 **백**

姓백성 : 일반 국민의 예스러운 말

 牛(소 우)+勿(칼 물)

육질 좋은 소고기와 그것을 자를 칼만 있으면 무엇이 부러우
랴. 그 물건이 최고의 '물건'이다.

물건 **물**

事物사물 : 일과 물건.　物件물건 : 자연적으로나 인공적으로 되어 존재하
는 모든 유형체

Tip 百物백물은 '만물'이라는 뜻이다.
生생은 '나다'는 뜻이나, 여기서는 '생장하다'는 의미로 쓰였다.

子　曰　予　欲無言. 子貢 曰

공자가 / 말하기를 // 나는 / 말하지 않으려 한다　자공이 / 말하기를 //

子　如 不言則 小子何　述焉?

선생님이 / 만약 / 말하지 않으시면 // 저는 / 어찌 / 전하여 말할 수 있겠습니까

子　曰　天下 言哉?

공자가 / 말하기를 // 천하가 / 말을 하더냐

四時 行焉 百物 生焉　天下 言哉?

사철이 / 운행하고 // 만물이 / 생장할 뿐 // 천하가 / 말을 하더냐

➡ 공자가 말하기를 "나는 (이제) 말하지 않으려 한다."
자공이 말하기를 "선생님이 만약 말하지 않으시면
저는 어찌 전할 수 있겠습니까?" 공자가 말하기를
"천하가 말을 하더냐? 사철이 운행하고 만물이
생장할 뿐 천하가 말을 하더냐?"

　　인간이 의사표현을 가장 정확히 하는 방법은 바로 '언어'를
통해서이다. 그러나 그 언어도 한계가 있다. 특히 깨우침을
얻은 선각자들이 진리를 전달할 때 그 한계는 더욱 분명해진
다. 깨달음은 크고 말은 작기 때문이다. 공자도 이런 언어의
한계를 절감했던 것 같다. 특히 見月엽指견월망지(달을 보라고
가리켰더니 달은 안 보고 손가락만 본다)하는 제자들에게 일종의
답답함을 느꼈을 것이다. 가르침은 말로 하는 수밖에 없는데,
그 말이 가리키는 바를 보지 못하고 말 그 자체가 진리라고

301

생각하는 제자들에게 가르침의 한계를 느꼈을지도 모른다.

이 글에서 자공이 보이는 태도에서 그런 점이 느껴진다. "선생님이 만약 말하지 않으시면 저는 어찌 전할 수 있겠습니까?"라는 말에서 제자들이 바라보는 것이 진리가 아니라 '공자'임을 알 수 있다. 제자들은 공자의 말에 집착하고 있는 것이다. "천하가 말을 하더냐? 사철이 운행하고 만물이 생장할 뿐 천하가 말을 하더냐?" 하는 공자의 말에서 답답함, 안타까움, 연민 등 복합적인 심정을 읽을 수 있다.

진리는 언어를 넘어서는 곳에 있다. 진리는 언어를 넘어선 통찰을 할 때 비로소 마주할 수 있다. 언어로부터 자유로워지는 경지에 이르러서야 사물의 근본을 직시할 수 있는 것이다. 앞서 지극한 덕은 햇볕과 같다는 말을 했다. 그와 마찬가지로 지극한 道도는 사철을 운행하고 만물을 생장시키지만 무어라 일컬을 말이 없다. 이 글은 공자가 천하의 도를 깨치는 데 이르렀음을 은연중에 나타내고 있다. 그 도를 가르칠 방도가 없는 막막함과 깨우친 자의 고독까지도 전해진다.

子夏曰 君子信而後勞其民
자 하 왈　군 자 신 이 후 노 기 민

未信則以爲厲己也
미 신 즉 이 위 려 기 야

信而後諫. 未信則以爲謗己也.
신 이 후 간　　미 신 즉 이 위 방 기 야

〈子張자장〉편 10장

신뢰가 있은 후에야 충고가 받아들여진다. 같은 말이라도 신뢰가 없는 사람이 하면 받아들이지 않는다. 신뢰는 절친으로서 획득되는 것만은 아니다. 어짊을 추구하면 많은 사람에게서 신뢰를 얻을 수 있다.

핵심 한자 풀이

Tip　信신은 '믿다'는 뜻이나, 여기서는 '믿게 하다'는 의미로 쓰였다.
勞노는 '일'이라는 뜻이나, 여기서는 '일을 시키다'는 의미로 쓰였다.
以爲이위는 '～라 여기다'는 뜻의 숙어이다.

厲
괴롭힐 **여**　│　厂(기슭 엄)＋萬(일만 만)
'엄숙하다'는 뜻도 있지만, 여기서는 '괴롭히다'는 뜻으로 쓰였다.

諫
간할 **간**

言(말씀 언)＋柬(분간할 간)
옳고 그른 것을 분간하여 그것을 고치도록 말씀 드리는 것이
'간하는' 것이다. 諫言간언 : 간하는 말

謗
비방할 **방**

言(말씀 언)＋旁(두루 방)
남에 대한 나쁜 말을 여러 사람에게 두루 말하고 다니는 것을
말한다. 그것이 '비방하는' 것이다. 誹謗비방 : 남을 헐뜯어 말함

직역과 해설

子夏 曰 君子 信而 後 勞
자하가 / 말하기를 // 군자는 / 믿게 하고 / 그 후에 / 일을 시킨다 /

其民 未信則 以爲
그 백성에게 // 믿지 못하면 / 여긴다 /

厲己 也. 信而 後 諫.
자신들을 괴롭힌다고 / (어조사) 믿게 하고 / 그 후에 / 간한다 //

未信則 以爲 謗己 也.
믿지 못하면 / 여긴다 / 자기를 비방한다고 / (어조사)

▶ 자하가 말하기를 "군자는 믿게 한 후에야 백성에게
일을 시킨다. 믿지 못하면 자신을 괴롭힌다고 여긴다.
믿게 한 후에야 간한다. 믿지 못하면 자기를
비방한다고 여긴다."

신뢰가 없으면 아무리 진심 어린 충고라 하더라도 상대방이 받아들이지 않는다. 똑같은 말도 신뢰하는 사람이 하면 따르고, 그렇지 않은 사람이 하면 따르지 않는 법이다. 말의 내용이 문제가 아닌 것이다. 사람을 믿느냐 믿지 않느냐 하는 것이 중요하다. 믿음이 있다면 가혹해 보이는 비판이나 명령도 받아들인다. 그것을 자신을 위한 애정의 발로라고 생각하기 때문이다. 그러나 믿음이 없다면 좋은 말로 해도 상대는 받아들이지 않는다. 믿음이 없다면 '네가 왜 상관하느냐'고 반응할 것이다. 자신을 괴롭힌다고 여기기 때문이다. 문제는 언제나 신뢰이다.

그러면 믿음을 어떻게 얻을 것인가. 절친함으로 얻을 것인가? 만약 절친함으로 얻는다면 여러 사람의 믿음을 얻기는 힘들 것이다. 한 사람이 절친한 관계를 맺는 것은 한계가 있을 수밖에 없기 때문이다. 또 우리는 절친한 사람뿐만 아니라, 생전 처음 본 사람을 믿기도 한다. 비록 한 번도 마주 대한 적은 없지만 믿을 만한 정치인, 문학가, 예술인 등을 신뢰하는 것이 그 예이다. 어느 개인의 신뢰가 아니라 만인의 신뢰를 얻는 것은 일관성 있는 정신과 그 결과로서의 실천 때문이다. 공자는 그 신뢰가 자기 비正질정을 통한 어짊의 실천에 있다고 보았다.

子路曰 君子尚勇乎?
자 로 왈 　 군 자 상 용 호

子曰 君子義以爲上.
자 왈 　 군 자 의 이 위 상

君子有勇而無義爲亂
군 자 유 용 이 무 의 위 란

小人有勇而無義爲盜.
소 인 유 용 이 무 의 위 도

〈陽貨양화〉편 23장

용기 그 자체는 선도 악도 아니다. 용기는 의로움을 기준으로 해야만
비로소 미덕이 된다. 군자의 길을 가는 사람이 의로움은 없고 용기만
있으면 난을 일으킨다.

핵심 한자 풀이

Tip 以爲이위는 '여기다'는 뜻이다.
爲위는 '하다'는 뜻으로, '爲亂위란' 하면 '난을 일삼다'는 뜻이 된다.

尚
숭상할 **상**

小(작을 소)＋冂(문 경)＋口(입 구)
문 입구에서 존경하는 분에게 허리를 굽히는 모양, 그것이 '숭
상하는' 것이다. 小는 몸을 작게 하는 것, 즉 허리를 굽히는 것

을 말한다.

崇尙숭상 : 높여 소중히 여김

盜
훔칠 도

氵(물 수)+欠(입 벌릴 흠)+皿(그릇 명)
먹을 것이 가득 담긴 그릇을 보고 먹고 싶어서 입을 벌리고
침을 흘리는 모양이다. 氵는 침이 뚝뚝 떨어지는 모양이다.

盜賊도적 : 도둑. 竊盜절도 : 남의 재물을 훔침

직역과 해설

子路 曰 君子 尙 勇 乎?
자로가 / 말하기를 // 군자는 / 숭상합니까 / 용기를 / (어조사)

子 曰 君子 義 以爲 上.
공자가 / 말하기를 // 군자는 / 의를 / 여긴다 / 으뜸으로

君子 有勇而 無義 爲亂
군자가 / 용기만 있고 / 의가 없으면 / 난을 일삼고 //

小人 有勇而 無義 爲盜.
소인이 / 용기만 있고 / 의가 없으면 / 도둑질을 일삼는다

➡ 자로가 말하기를 "군자는 용기를 숭상합니까?"
공자가 말하기를 "군자는 의를 으뜸으로 여긴다.
군자가 용기만 있고 의가 없으면 난을 일삼고
소인이 용기만 있고 의가 없으면 도둑질을 일삼는다."

자로는 자신이 옳다고 생각하는 일이면 뒤도 안 돌아보고

돌진하는 성격이었다. 한 마디로 直情的적정적이면서 용기가 있었다. 그런 자로가 용기에 대해서 물은 것은 사실상 스승이 자신을 어떻게 평가하는지를 묻는 것과 다름없었다. 자로는 용기가 군자에게 필요한 주요한 덕목이라고 공자가 말해 주길 기대했을 것이다. 그러나 공자의 답변은 용기란 義의에 준거해야 한다는 것이었다.

만약 군자라는 사람이 의에 준거하지 않고 용기만 백배하여 행동한다면 그 폐해는 소인의 그것에 비할 바 아니다. 왜냐하면 군자에게는 그를 따르는 사람들이 있기 때문이다. 군자의 무분별한 용기는 패거리 싸움을 낳고, 그것은 세상을 크게 어지럽히는 일이 된다. 군자의 바른 몸가짐이 그 선함에서 증폭되듯이 그 악함 역시 그러하다. 그것은 소인이 도둑질을 일삼는 것에 비견될 것이 아니다.

사실 의로움이 없고 용기만 있는 사람을 애초부터 군자라고 부를 수 있을지 의문이다. "군자가 용기만 있고 의로움이 없으면"이라고 한 것은 그 내용 자체가 모순이다. 그러므로 여기서 '군자'는 '군자의 길을 간다는 사람' 정도로 해석해야 옳다.

子貢問曰
자 공 문 왈

有一言而可以終身行之者乎?
유 일 언 이 가 이 종 신 행 지 자 호

子曰 其恕乎! 己所不欲 勿施於人.
자 왈 기 서 호 기 소 불 욕 물 시 어 인

〈衛靈公위영공〉편 24장

군자는 스스로 하고자 하는 것을 남에게 권한다. 군자는 어짊을 구하
므로 남도 어짊의 길로 인도한다. 남에게 베풀어야 할 것은 연민이나
자비가 아니라 어짊의 길로 인도하는 것이다.

핵심 한자 풀이

> **Tip** 可以가이는 '~할 수 있다'는 뜻이나, 여기서는 '~할 만하다'는 뜻으로 쓰
> 였다.
> 終身종신은 '종신토록', 즉 '평생 동안'이라는 뜻이다.
> 者자는 '사람'이 아니라 '것'으로 쓰였다.

恕
용서할 서

如(따를 여)+心(마음 심)
인간에게는 누구나 동정심이 있어서 사람을 용서하게 된다.
본연의 마음을 따르면 '용서'하게 된다는 의미다.

309

容恕용서 : 관용을 베풀어 벌하지 않음

 恕서는 '용서하다'는 뜻이나, 여기서는 '남을 이해하는 것'을 말한다.

바 **소**

尸(지게 호)＋斤(도끼 근)
여기에서는 쓰임새가 者자와 비슷하다. '～하는 것'으로 해석
해도 무방하다. 옛적에는 나무를 하러 다녀야 했으므로 지게
와 도끼는 무엇보다 소중한 물건이었다. 그로부터 '것'이라는
뜻이 파생되었다.

勿
말 **물**

'말다' '아니다' '없다' 등의 부정적인 의미로 쓰이는 한자이다.
용례에서는 '없다'로 쓰였다.

勿論물론 : 말할 것도 없음. 논할 것도 없음

施
베풀 **시**

方(사방 방)＋人(사람 인〈변형〉)＋也(잇달아 야)
진정한 '베풂'은 특정한 사람이 아닌 사방에 있는 사람들을 향
한 것이다.

施惠시혜 : 은혜를 베풂.   普施보시 : 은혜를 널리 베풂

 於어는 '～에서'가 아니라 '～에게'로 쓰였다.

子貢問　曰　有一言而　可以　終身
자공이 / 물어 / 말하기를 // 한 마디 말이 있어 / 할 만합니까 / 평생 동안 /

行之 者 乎?　子 曰　其 恕乎!
그것을 행할 / 것 / (어조사) 공자가 / 말하기를 // 그것 / 서다

己　　所不欲　　勿施 於人.
자기가 / 하고자 하지 않는 바를 // 베풀지 말라 / 남에게

⊙ 자공이 물어 말하기를 "한 마디 말이 있어 평생 동안
행할 만한 것이 있습니까?" 공자가 말하기를
"그것은 恕서다. 자기가 하고자 하지 않는 바를
남에게 베풀지 말라."

"한 마디 말이 있어 평생 동안 행할 만한 것이 있습니까?"는
"평생 동안 행동의 지침으로 삼을 한 마디가 있습니까?" 하는
의미다.

恕서는 어짊의 근본이다. 恕서를 이해하지 못하고서는 어짊
을 이해할 수 없다. "자기가 하고자 하지 않는 바를 남에게 베
풀지 말라"는 자기가 하기 싫은 것을 남에게 시키지 말라는 일
차원적 의미가 아니다. 그것은 바꿔 말하면 '자신이 하고자 하
는 것만을 남에게 베풀라'는 말이다. 그러면 공자가 누차 강조
한 '하고자 하는 것'은 무엇일까? 그것은 바로 어짊이다. 그러
므로 이 글은 어짊이 아닌 것은 행하지 말라는 의미가 된다.

어짊을 행하는 것은 내가 다른 사람을 어질게 대하는 것을

말한다. 그러나 더 본질적으로는 다른 사람도 나와 마찬가지로 어짊의 주체가 되게 하는 일이다. 즉, 남도 어짊의 길로 들어서게 하는 것이다. 어짊에 이르는 방법은 오직 자기 수양밖에는 없으므로, 남에게도 자기 수양을 권하고 그 길로 인도하는 것이다. 자신의 내부에서 어짊을 구하도록 권하는 것, 그것이 바로 恕서다.

두 가지 음과 뜻을 가진 한자

다음은 이 책에 나오는 숙어를 총정리한 것이다. 영어 공부를 할 때도 숙어는 무조건 외워야 하듯이 한문 공부에서도 숙어는 무조건 외워야 한다.

何以하이 : 무엇으로

與其여기 A **寧녕** B : A하기보다는 차라리 B하다

可以가이 : ～할 수 있다

不如불여 : ～만 못하다

譬如비여 : 비유하자면

何如하여 : 어떻습니까

以이 A **爲위** B : A를 B로 여기다

未可미가 : ～할 수 없다, 옳지 못하다

司馬牛問君子.
사 마 우 문 군 자

子曰 君子不憂不懼.
자 왈 군 자 불 우 불 구

曰 不憂不懼 斯謂之君子已乎?
왈 불 우 불 구 사 위 지 군 자 이 호

子曰 内省不疚 夫何憂何懼?
자 왈 내 성 불 구 부 하 우 하 구

〈顔淵안연〉편 4장

군자가 근심이 없는 까닭은 자신을 돌아보아 마음에 걸리는 일이 없기 때문이다. 군자가 두려움이 없는 까닭은 인의 길의 가치를 알고 그것을 확신하기 때문이다.

핵심 한자 풀이

司
맡을 사

又(손 우〈변형〉)＋口(입 구)

무슨 일을 맡으면 손과 입이 바빠지게 마련이다. 그래서 손과 입으로써 '맡다'는 뜻을 나타내었다.

公司공사 : 회사의 중국식 명칭.　司法사법 : 삼권의 하나. 법에 대한 민사·형사의 재판 및 그에 관련된 국가 작용

内
안 **내**

入(들어올 입)+冂(문 경)
문 '안'으로 걸어 들어오는 사람의 모습이다. 入은 다소 낮은
문을 통과하기 위해 고개를 숙이고 들어오는 사람의 모양이
다. 案内안내 : 인도하여 일러 줌.　内部내부 : 안쪽의 부분

省
살필 **성**

少(적을 소)+目(눈 목)
무엇을 살필 때 사람의 눈은 다소 가늘어진다. 눈을 가늘게
뜨고 무언가를 '살피는' 모습이다.

省察성찰 : 반성하여 살핌.　反省반성 : 자기의 과거 행위에 대하여 선악·
가부를 고찰함

疚
오랜 병 **구**

疒(병들 역)+久(오랠 구)
말 그대로 '오래된 병'이다. 여기서는 육신의 병보다는 인간
됨됨이에 있는 결점, 부끄러운 점을 말한다.

夫
무릇 **부**

一(한 일)+大(클 대)
한문에서 자주 나오는 글자로, 문장의 앞에 쓰여 환기시켜 주
는 역할을 한다. '사나이 부' '지아비 부'로도 읽는다. 용례는
이 두 가지 뜻으로 쓰였다.

夫婦부부 : 남편과 아내.　大丈夫대장부 : 사내답고 씩씩한 남자

Tip '何하'는 문장의 내용상 '어찌'가 아니라 '무엇'으로 해석하는 것이 옳다.

司馬牛 問 君子.
사마우가 / 물었다 / 군자를

子 曰 君子 不憂 不懼.
공자가 / 말하기를 // 군자는 / 근심하지 않고 / 두려워하지 않는다

曰 不憂 不懼斯 謂 之
말하기를 // 근심하지 않고 / 두려워하지 않으면 / 말할 수 있습니까 / 그를 /

君子已乎? 子 曰 內 省 不疚
군자라 / (어조사) 공자가 / 말하기를 // 안으로 / 살펴보아 / 병이 없으면 //

夫 何 憂 何 懼?
무릇 / 무엇을 / 근심하고 / 무엇을 / 두려워하겠느냐?

⟹ 사마우가 군자를 물었다. 공자가 말하기를
"군자는 근심하지 않고 두려워하지 않는다." (사마우가) 말
하기를 "근심하지 않고 두려워하지 않으면 군자라
할 수 있습니까?" 공자가 말하기를 "안으로 살펴보아
병이 없으면 무엇을 근심하고 무엇을 두려워하겠느냐?"

"군자란 어떤 사람입니까?" 하는 질문은 크다. 큰 질문에는
답하기 어렵다. 배우는 사람의 처지에서는 그것은 '한 마디로
무엇이다!' 하는 명쾌한 대답을 듣기를 원할 터이나 그런 대
답은 불가능하다. 아무리 공자라 해도 마찬가지다. 아무리 현
명한 대답이라도, 그것은 부분을 표현한 것일 뿐 전체를 표현

한 것일 수 없다.

사마우의 오해는 여기에서 비롯된다. 공자가 "군자는 근심하지 않고 두려워하지 않는다"고 한 것은 군자의 일면을 이야기한 것이지 전체를 이야기한 것이 아니다. 그런데도 사마우는 이것이 군자의 모든 것인 양 오해하여 "근심하지 않고 두려워하지 않으면 군자라 할 수 있습니까?" 하고 물었다. 사마우는 공자의 말을 깊이 있게 이해하지 못하고 곧이곧대로 이해했다. 근심하지 않기로 말하자면, 만사를 태평스럽게만 생각하거나 모든 일에 무책임한 사람이 제일일 수 있다. 두려워하지 않는 것으로 말하자면, 의로움도 모르는 망나니가 제일일 수 있다. 그러나 이들을 어찌 군자라 할 수 있겠는가. 근심과 두려움 없음도 그 종류와 양상이 사뭇 다른 것이다.

군자가 근심이 없는 이유는 자신을 돌아보아 마음에 걸리는 것이 없기 때문이다. 마음에 걸리는 것이 없는 이유는 어짊을 추구하기 때문이다. 군자는 떳떳한 것이다. 군자가 두려움이 없는 이유는 자신이 가는 길의 가치를 알고, 그에 대한 확신이 있기 때문이다.

顔淵季路侍. 子曰 盍各言爾志?
안 연 계 로 시　　자 왈　　합 개 언 이 지

子路曰 願車馬 衣輕裘 與朋友共
자 로 왈　　원 거 마　　의 경 구　　여 붕 우 공

敝之而無憾. 顔淵曰 願無伐善
폐 지 이 무 감　　안 연 왈　　원 무 벌 선

無施勞.
무 시 로

子路曰 願聞子之志.
자 로 왈　　원 문 자 지 지

子曰 老者安之 朋友信之 少者懷之.
자 왈　　노 자 안 지　　붕 우 신 지　　소 자 회 지

〈公冶長공야장〉편 26장

늙은이는 어짊을 즐기고 벗은 어짊을 믿고 젊은이는 어짊을 마음속
에 품는 세상, 그것이 공자가 꿈꾸던 세상이었다.

季
끝 계

禾(벼 화) + 子(아들 자)
'막내 계'로도 읽는다. 막내아들이 볏짚을 머리에 이고 장난을 치며 노는 모습이다. '막내'에서 '끝'이라는 의미가 파생했다. 季節계절 : 일 년을 춘·하·추·동으로 나눈 그 한동안   四季사계 : 봄·여름·가을·겨울의 사계절

路
길 로

足(발 족) + 各(여러 각)
여러 사람이 걸어 다니는 장소가 길이다. 길에는 여러 사람의 발이 보이므로 '여러 사람의 발'로 '길'을 표현했다.
道路도로 : 통행하는 길.   路線노선 : 일정한 목표를 향하여 나가는 길

侍
모실 시

亻(사람 인) + 寺(절 사)
사람이 절에서 부처님을 모시는 모습이다. 待기다릴 대와 모양이 비슷하니 눈여겨보아야 한다. 待는 '彳조금 걸을 척' 변으로 절에서 천천히 걷듯 기다리는 것이다.
侍從시종 : 왕 옆에서 항상 御服어복과 御物어물을 나누어 맡던 직분.   内侍내시 : 내시부의 관원

盍
어찌 아니
합

去(갈 거) + 皿(그릇 명)
'어찌 ～하지 않느냐'의 뜻으로 何不하불과 같다. 盍言爾志개언이지는 '어찌 각자 뜻을 말하지 않느냐' 하는 뜻이 되나, 내용상 '각자 뜻을 말해 보지 않겠느냐' 정도로 해석하는 것이 낫다.

 爾이는 동사 뒤에서 어조사로 쓰였다.

願
원할 **원**

原(들 원)+頁(머리 혈)
고대 사람들은 넓은 들판에 자신의 종족이나 부족이 가득 찰 정도로 번성하기를 '원했다'.
念願염원 : 내심 생각하여 원함.   祈願기원 : 바라는 일이 이루어지기를 빎

車
수레 **거**

수레바퀴의 모양을 그린 것이다. '수레 차'로도 읽는다.
自動車자동차 : 가스·휘발류·중유 등을 연료로 하는 발동기를 달고 그 동력으로 바퀴를 굴려 달리게 만든 차.   人力車인력거 : 큰 두 바퀴에 사람이 타는 자리를 만들어 그 위에 포장을 들씌우고 사람이 끌도록 만든 수레

衣
옷 **의**

원래 '옷'이라는 뜻이나, 여기에서는 '옷을 입다'는 동사로 쓰였다.
衣服의복 : 옷.   上衣상의 : 웃옷

輕
가벼울 **경**

車(수레 차)+巠(물이 질펀하게 흐르는 모양 경)
홍수가 나서 물이 질펀하게 흐르면 무거운 수레도 '가볍게' 물 위에 뜬다.
輕微경미 : 가볍고도 극히 적음.   輕傷경상 : 조금 다침, 또는 그 상처

裘
가죽옷 **구**

求(모피옷 구)+衣(옷 의)
求는 털이 밖으로 잔뜩 나 있는 옷의 모습이다.
求가 '구하다'는 뜻으로 더욱 자주 쓰이자 衣를 덧붙여 '가죽옷 구'를 만들었다.

敝
옷이 해질 **폐**

巾(수건 건)+丶(점 주 4개)+攵(칠 복)
옷을 방망이 같은 것으로 자꾸 치면 해져서 너덜너덜하게 된다. 巾은 옷을, 丶는 옷감이 떨어져 나온 모양을 나타낸다. 여기에서 '못쓰게 되다'는 뜻이 파생되었다.

<table>
<tr><td>憾
한 **감**</td><td>忄(마음 심)+感(느낄 감)
憾은 恨한과 뜻이 같다. 우리는 일상적으로 나의 마음을 느끼지만, 한이 많은 사람은 그 느낌의 농도가 훨씬 진할 것이다.</td></tr>
</table>

<table>
<tr><td>伐
자랑할 **벌**</td><td>亻(사람 인)+戈(창 과)
사람이 창을 들고 뽐내는 모습이다. 어른이 되어 멋진 창을 가지게 되었으니 '자랑할' 만하다. '벨 벌'로도 읽는다.</td></tr>
</table>

討伐토벌 : 군대로써 도둑·반항자의 무리를 물리침.　北伐북벌 : 북쪽에 있는 나라나 군사를 토벌함

Tip 伐벌은 '자랑하다'는 뜻이나, 여기서는 '내세우다'는 뜻으로 쓰였다. 그러므로 伐善벌선은 '선을 자랑하다'는 뜻이 아니라 '선을 내세운다'는 뜻이다. 安안은 여기에서 '편안하다'는 뜻이 아니라 '즐기다'는 뜻으로 쓰였다.

직 역 과 해 설

顔淵 季路　侍. 子　日　盍
안연과 / 계로가 / 모시었다 공자가 / 말하기를 // 어찌 ~하지 않느냐/

各 言爾志? 子路 日　願　車馬
각자 / 뜻을 말하다　자로가 / 말하기를 // 원합니다 / 수레와 말을 타기를 //

衣　輕裘　與朋友 共　敝之而
입고서 / 가벼운 가죽옷을　//　친구와 / 더불어 / 그것이 못쓰게 되어도 //

無憾. 顔淵 日　願　無伐善
여한이 없기를　안연이 / 말하기를 // 원합니다 / 선을 내세우는 일이 없고 //

無施勞.　子路　日　願聞 子之志.
노고를 베푸는 일이 없기를　자로가 / 말하기를 // 듣기를 원합니다 / 선생님의 뜻을 //

子　曰　老者　安之　朋友　信之
공자가 / 말하기를 // 늙은이는 / 그것을 즐기고 // 벗은 / 그것을 믿고 //

少者　　懷之.
젊은이는 / 그것을 품는 것이다.

➡️ 안연과 계로가 (공자를) 모시고 있었다.
공자가 말하기를 "각자 뜻을 말해 보지 않겠느냐?"
자로가 말하기를 "가벼운 가죽옷을 입고 친구들과
더불어 수레와 말을 타다가 그것들이 못쓰게 되어도
여한이 없기를 원합니다."
안연이 말하기를 "선을 내세우는 일이 없고 (남에게)
노고를 베푸는 일이 없기를 원합니다."
자로가 말하기를 "선생님의 뜻을 듣기를 원합니다."
공자가 말하기를 "늙은이는 그것을 즐기고 벗은 그것을
믿고, 젊은이는 그것을 품는 것이다."

季路계로는 자로의 字자이다. 이 글에는 자로와 안연 그리고
공자의 인생관과 철학이 잘 드러나 있다. 자로는 수레와 말이
못쓰게 될 때까지 친구들과 더불어 수레와 말을 달려 보고 싶
다는 염원을 말함으로써 호방한 풍류지사로서의 면모를 드
러내었다. 호탕하게 한 생을 즐기며 바람처럼 살다가겠다는
사나이답고 낭만적인 인생의 포부를 느낄 수 있다.
　반면에 안연의 인생관은 자로보다 훨씬 진지하다. 아마도
공자는 안연의 대답을 듣고 말없이 고개를 끄덕이지 않았을
까 싶다. "선을 내세우지 않는다"는 것은 '내가 선을 행하고
있다는 것을 내세우지 않는다', 즉 '선을 행하되 남이 모르게
하겠다'가 된다. 그러나 이 말에는 더 깊은 뜻이 있다. 이 말의

진정한 의미는 나 자신의 선이 완성된 후에야 남에게 선을 베풀겠다는 것이다. "노고를 베푸는 일이 없기를 원한다"에서 이 의미가 더욱 분명하게 드러난다. 그것은 자신의 어짊을 완성함으로써 자신도 모르게 남에게 은혜가 베풀어지게 하겠다는 뜻이다. 자기 완결을 향한 철저한 의지를 엿볼 수 있는 대목이다.

공자가 말한 '之지', 즉 '그것'은 '어짊'이다. 늙은이는 어짊을 즐기고, 벗은 어짊을 믿고, 젊은이는 어짊을 마음속에 품게 하는 것이 공자의 뜻이었다. 젊을 때는 어짊에 뜻을 세워 매진하고, 장년이 되면 그 어짊에 대한 믿음이 생겨나며, 늙으면 어짊을 즐기는 세상, 그것이 공자가 꿈꾸는 세상이었다.

冉子退朝. 子曰 何晏也?
염 자 퇴 조   자 왈   하 안 야

對曰 有政. 子曰 其事也.
대 왈   유 정   자 왈   기 사 야

如有政 雖不吾以 吾其與聞之.
여 유 정   수 불 오 이   오 기 여 문 지

〈子路자로〉편 14장

정치인이 도모한다고 모두 정치는 아니다. 정치는 공적인 일이어야
한다. 정치인이 자기 이익을 위해 일한다면 그것은 정치가 아니라 사
적인 일이다.

핵심 한자 풀이

退
물러날 **퇴**

辶(달릴 착)＋艮(거스를 간)
달리는 것을 거스르는 것, 즉 앞으로 나아가는 것을 거부함이
'물러나는' 것이다. 退步퇴보 : 뒤로 물러남. 勇退용퇴 : 용감하게 물
러남

朝
아침 **조**

十(열 십)＋日(태양 일)＋十(열 십)＋月(달 월)
태양이 동쪽에서 떠오르고 달이 서쪽에서 지는 모양이다. 아
래 十은 수평선이나 지평선을 나타내고, 위 十은 별을 나타낸

다. 태양은 떠오르고 별과 달은 아직 하늘에서 없어지지 않은 신새벽의 모습이다.

早朝割引조조할인 : 극장 등에서 오전에는 입장 요금을 싸게 해 주는 일.

朝餐조찬 : 아침밥

Tip 朝는 '아침'이라는 뜻이나, 여기서는 '朝廷조정'의 준말로 쓰였다.

晏
늦을 **안**

日(날 일)＋安(즐거움에 빠질 안)

사람이 어떤 즐거움에 빠지면 시간 가는 줄 모르고 약속 같은 것이 있어도 깜빡 잊고 '늦는다.' 日은 시간의 흐름을 나타낸다.

Tip 政정은 政事정사의 준말로 쓰였다.
其기는 사물이 아니라 사람을 가리키는 말로 쓰였다. 여기서는 季氏계씨, 즉 季康子계강자를 일컫는다.

以
쓰일 **이**

보통은 '～로써'로 쓰이나, 여기서는 '쓰이다' 혹은 '참여하다'는 뜻으로 쓰였다.

其
당연히 ～할 것이다 **기**

여기서는 조동사로 쓰였다. '吾其與聞之오기여문지' 하면 '나도 당연히 함께 그것을 들었을 것이다'는 뜻이 된다.

冉子　退朝.　子　曰　何晏也?
염자가 / 조정을 물러나왔다　공자가 / 말하기를　//　어째서 늦었느냐?

對　曰　有政.　子　曰　其事也.
대답하여 / 말하기를　//　정사가 있었습니다　공자가 / 말하기를　//　그의 일이다

如有政　雖　不吾以
정사가 있었다면　//　비록 / 내가 참여하지 않더라도　//

吾　其　與　聞之.
나도 / 당연히 / 함께 / 그것을 들었을 것이다

▶ 염자가 조정을 물러나왔다. 공자가 말하기를
"어째서 늦었느냐?" (염자가) 대답하여 말하기를
"정사가 있었습니다." 공자가 말하기를
"그의 일이다. 정사가 있었다면 비록 내가 참여하지
않더라도 나도 당연히 함께 그것을 들었을 것이다."

冉子염자는 염유를 높여 일컬은 것이다. 염유는 季康子계강
자에게 벼슬을 살아 재상을 하고 있었다. 염유가 조정에서 '물
러나왔다'는 말은 조정에서 돌아왔다는 말이다.

이 글은 공자의 정치관을 잘 드러내고 있다. 공자는 정치인
들이 하는 행위라고 해서 모두 '정치'라고 생각하지 않았다.
정치인이 도모하는 일에도 '사적인 것'과 '공적인 것'이 따로
있다. 정치는 본질적으로 공적인 일이다. 공적인 일은 만인에
게 알려지게 마련이지 사사롭게 밀실에서 이루어지지 않는

다. 그러니 제대된 정사라면 '비록 내가 그 자리에 없었더라도 나의 귀에도 들어와야 한다'고 말한 것이다.

공자는 반대로 정치인이 아닌 사람들의 행위라고 해서 '정치'가 아니라고 생각하지도 않았다. '政정'은 '바로잡는다'는 뜻이다. 정치인이 아니라도 사회를 바로잡는 일을 행한다면 그 역시 '정치'이다. 공자가 생각하는 정치란 '바로잡는 모든 행위'이지 '권력기관이나 권력자의 행위'에 국한되지 않았다. 요컨대 공자의 정치관은 '문화'처럼 광범위한 개념이었다. 공자에게 중요한 정치적 목적은 인간과 사회를 더욱 성숙하게 하는 것이었다.

司馬牛憂曰 人皆有兄弟 我獨亡.
사 마 우 우 왈　인 개 유 형 제　아 독 망

子夏曰 商聞之矣.
자 하 왈　상 문 지 의

死生有命 富貴在天.
사 생 유 명　부 귀 재 천

君子敬而無失 與人恭
군 자 경 이 무 실　여 인 공

而有禮 四海之內
이 유 례　사 해 지 내

皆兄弟也. 君子何患乎無兄弟也!
개 형 제 야　군 자 하 환 호 무 형 제 야

〈顔淵안연〉편 5장

유교는 본래 모든 사람을 형제로 생각하는 사해동포주의에
기초해 있다. 군자의 인간 사랑은 평등하다.

獨
홀로 독

犭(개 견)+蜀(나비 애벌레 촉)

문학적 상상력을 동원해 상상해 보자. 푸른 이파리에 나비 애벌레가 붙어 있고, 그 이파리 밑에 개가 웅크리고 있다. 홀로 있는 것을 표현하는 데 한 개체만 그리는 것보다는 서로 무관심한 두 개체를 대비시켜 놓는 것이 '홀로' 있는 모습을 극대화시킨다. 孤獨고독 : 외로움. 獨居독거 : 혼자 삶

亡
죽을 망

亠(갓머리 두)+(언덕 모양)

亠는 갑골문에서 사람의 변형이다. 亡은 '달아날 망'으로도 읽는다. 사람이 언덕 위로 도망가는 모습이다. 투견에서 개가 꼬리를 보이며 도망가면 '죽었다'고 하듯이, '달아나다'에서 '죽었다'는 뜻이 파생되었다.

逃亡도망 : 몰래 피하여 달아남. 亡命망명 : 정치적인 이유로 다른 나라로 피함

商
헤아릴 상

'장수 상'으로도 읽는다. 용례는 이에 따른 것이다.

商社상사 : 상업상의 결사. 회사. 商工業상공업 : 상업과 공업

富
넉넉할 부

宀(집 면)+一(한 일)+口(입 구)+田(밭 전)

집 안에 술병이 많은 모습이다. 옛날에 술이 많다는 것은 곡식이 풍족하다는 것을 뜻했다. 그러므로 곧 '넉넉한' 모습이다. '畐부'는 술병을 나타낸다.

富者(부자) : 재산이 많은 사람. 富豪(부호) : 재산이 많고 지위가 높음

貴
귀할 귀

中(가운데 중)＋一(한 일)＋貝(조개 패)
조개 가운데를 뚫어 하나로 엮은 것이다. 옛날에는 조개가 돈을 대신했으므로 돈꾸러미를 나타낸다. 돈꾸러미이니 당연히 '귀한' 것일 수밖에 없다.
高貴(고귀) : 지위가 높고 귀함. 貴賓(귀빈) : 귀한 손님

Tip 敬경은 '경건'의 줄임말로 쓰였다.
失실은 '과실'의 줄임말로 쓰였다.
與여는 '~에게'라는 뜻으로 쓰였다.

직역과 해설

司馬牛 憂 曰 人 皆 有兄弟
사마우가 / 걱정하여 / 말하기를 // 남들은 / 모두 / 형제가 있는데 //

我 獨 亡. 子夏 曰 商聞 之 矣.
나만 / 홀로 / 죽었구나 자하가 / 말하기를 // 헤아려 들었다 / 그것을 / (어조사)

死生 有命 富貴 在天. 君子 敬而 無失
죽고 사는 것은 / 명에 있고 // 부귀는 / 하늘에 있다 군자가 / 경건하여 / 과실이 없고

與人 恭而 有禮 四海之內 皆 兄弟也.
남에게 / 공손하여 / 예가 있으면 // 사해의 / 안이 // 모두 / 형제요

君子 何 患乎 無兄弟 也!
군자가 / 어찌 / 걱정하리요 / 형제가 없음을 / (어조사)

➡ 사마우가 걱정하여 말하기를 "남들은 모두 형제가 있는데, 나만 홀로 (형제가) 죽었구나." 자하가 말하기를

329

"(일찍이) 헤아려 들은 바가 있다. 죽고 사는 것은 명에
(달려) 있고 부귀는 하늘에 (달려) 있다. 군자가 경건하여
과실이 없고 남에게 공손하여 예가 있으면 사해의
안(에 사는 사람)이 모두 형제요. (그러니) 군자가
어찌 형제가 없음을 걱정하리요."

전하는 바에 의하면 사마우는 向巢향소라는 큰형과 그 아래
桓魋환퇴가 있었으며, 子順자기와 子車자차라는 동생이 있었다.
그런데 둘째 형 환퇴가 宋송나라 景公경공의 미움을 받아 위
나라로 쫓겨가자 향소는 위험을 피해 노나라로, 사마우는 제
나라와 오나라를 거쳐 노나라로 도망갔다. 이 과정에서 형제
들이 뿔뿔이 흩어져 죽임을 당했다. 사마우의 한탄은 이런 배
경에서 나온 것이다.

이처럼 처절한 개인적 불행을 슬퍼하는 사마우에게 자하가
건넨 말은 어설픈 위로가 아니었다. 자하는 그 대신 사마우에
게 생각의 전환을 요구했다. 사람이 살고 죽는 것, 혹은 귀하
고 천하게 되는 것은 천명에 달려 있다. 인간의 힘으로 되지
않는 일이 있음을 겸허하게 인정하지 않으면 안 되는 것이다.
"경건하여 과실이 없고 남에게 공손하여 예가 있으면 모든 사
람이 형제"라는 구절은 어짊을 추구하면 모든 사람이 형제가
된다는 말이다.

흔히 유교가 부모에 대한 효를 중시하고 '修身齊家治國平
天下수신제가치국평천하'하는 것을 가족 이기주의로 오해하는 경
우가 있다. 그러나 유교는 원래 '四海同胞主義사해동포주의'에
입각해 있었음을 이 단편은 보여 준다. 유교는 본래 '온 세상
사람이 형제'라는 거룩한 보편성을 지니고 있었다. '수신제가
치국평천하'는 수신의 중요성을 강조하고, 어짊의 혜택이 번
져 나가는 과정을 표현한 것이지, 가족 이기주의를 주장한 것
이 아니다. 군자의 인간 사랑은 햇빛처럼 평등하다.

互鄉難與言童子見 門人惑.
호 향 난 여 언 동 자 견　문 인 혹

子曰 與其進也 不與其退也.
자 왈　여 기 진 야　불 여 기 퇴 야

唯 何甚?
유　하 심

人潔己以進 與其潔也.
인 결 기 이 진　여 기 결 야

不保其往也.
불 보 기 왕 야

〈述而술이〉편 31장

교육이란 앞으로 나아감에 함께하는 것이다. 그 잘못됨을 크게 보고
앞으로 나아가려는 노력을 작게 보아서는 안 된다.

핵심 한자 풀이

互

서로 **호**

一(한 일)＋(서로 화합하는 모양)＋一(한 일)
하나와 또 하나가 '서로' 연결되어 화합하는 모습이다.

相互상호 : 함께. 다 같이.　互換호환 : 서로 교환함

Tip '互鄕호향'은 지명이다. 노나라 武城무성의 서쪽에 있었으며, 지금의 合鄕
합향을 말한다.

童
아이 **동**

立(설 립)＋里(마을 리)
어머니를 기다리며 마을 입구에 서 있는 '아이'의 모습이다.

童話동화 : 어린이를 상대로 하고, 동심을 기조로 해서 지은 이야기.　童謠
동요 : 어린이의 정서를 표현한 노래

Tip 童子동자는 '사내아이'를 말한다.
'門人문인'은 '孔門공문의 사람들', 즉 공자의 제자들을 일컫는다.

惑
미혹할 **혹**

或(어떤 사람 혹)＋心(마음 심)
或은 칼과 창을 가진 낯설고 수상한 사람을 가리킨다. 口는
사람이고, 一은 칼이다. 이런 낯설고 수상한 사람을 바라보는
마음을 '미혹한 것'으로 표현했다. 여기에서는 '미혹하다'보다
는 '의아해하다' 정도로 번역하는 것이 자연스럽다.

疑惑의혹 : 의심하여 분별에 당혹함.　惑星혹성 : 행성

唯
그런데 **유**

口(입 구)＋隹(새 추)
여기서는 '오직'이 아니라 '그런데'의 뜻으로 쓰여 접속사 역할
을 하고 있다.

甚
심할 **심**

甘(달 감)＋匹(평범할 필〈변형〉)
匹은 조그마한 집에 사는 평범한 사람을 나타낸다. 匸은 조그
만 방을 그린 것이고, 儿은 사람이다. 평범한 사람이 조그만
집에서 편안하고 즐겁게 사는 모습이다. 그러나 이조차도 지
나치면 '심하다.'

酷甚혹심 : 너무 지나침.　極甚극심 : 아주 심함

潔
깨끗할 **결**

氵(물 수)+丰(예쁠 봉〈변형〉)+刀(칼 도)+糸 (실 사)

묵어서 굳은 때를 칼로 긁고 물걸레로 닦아 내면 어떤 물건이라도 예쁘다. 그것이 '깨끗한' 모습이다. 糸는 걸레를 나타낸다.

淸潔청결 : 맑고 깨끗함.　高潔고결 : 성품이 고상하고 순결함

保
보호할 **보**

亻(사람 인)+呆(어리석을 매)

어른이 어린아이를 안고 있는 모습이다. 呆는 어린아이를 나타낸다. '어리다'에서 '어리석다'는 뜻이 파생되었다.

保障보장 : 장애가 없도록 보증함.　保險보험 : 우연한 사고로 인해 일시에 목돈이 들 경우에 대비하여 많은 사람이 미리 일정한 보험료를 적립해 두었다가 사고를 당한 이의 수요에 충당하게 하는 제도

往
갈 **왕**

彳(조금 걸을 척)+主(임금 주)

임금이 천천히 위엄 있게 걷는 모습이다.

往來왕래 : 오고 감.　說往說來설왕설래 : 서로 변론하여 옥신각신함

Tip '其往기왕'은 '그가 걸어온 행적, 그의 과거'를 말한다.

직역과 해설

互鄉　難與言　童子見　門人　惑.

호향에 사는 / 더불어 말하기 어려운 / 아이를 만나니 // 문인들이 / 의아해했다

子 曰　與　其進 也

공자가 / 말하기를 // 함께하는 것이지 / 그 나아감과 / (어조사)

不與　其退 也. 唯 何 甚?

함께하는 것이 아니다 / 그 물러섬과 / (어조사)　그런데 / 무엇이 / 심하나

人　潔己　以進　與　其潔也.

사람이 / 자신을 깨끗이 하면 / 나아감으로써 // 함께하는 것이지 / 그 깨끗함에 / (어조사)

不保　其往也.

감싸 주는 것은 아니다 / 그의 과거를 / (어조사)

● 호향에 사는 더불어 말하기 어려운 아이를 (공자가)
　만나니 문인들이 의아해했다. 공자가 말하기를
"그 나아감과 함께하는 것이지, 그 물러섬과 함께하는
　것이 아니다. 그런데 무엇이 심하냐?
　사람이 나아감으로써 자신을 깨끗이 하면
　그 깨끗함과 함께하는 것이지,
　그의 (잘못된) 과거를 감싸 주는 것은 아니다."

　호향에 산다는 그 아이가 왜 함께 말하기 어려운지는 이 글
만 보아서는 자세히 알 수 없다. 그러나 글의 내용으로 보아
아이에 대한 부정적인 평가가 제자들만의 생각은 아닌 것 같
다. 아이는 속된 말로 '싹이 노란', 많은 사람들이 사람 만들기
를 포기한 망나니일지도 모르겠다. 여하튼 이런 아이를 공자
가 만나서 대화를 나누니 제자들이 의아해하고 좀 심하다고
생각했던 것이다.
　그에 공자는 "그 나아감과 함께하는 것이지, 그 물러섬과
함께하는 것이 아닌데 무엇이 문제냐?" 반문하고 있다. 제자
들의 불만은 자신의 스승이 그런 아이와 '함께 있다'는 사실
자체에 있었지만, 공자는 자신의 '함께함'이 '나아감'에 함께
하는 것이지 '퇴보함'에 함께하는 것이 아니며, 자신의 '함께
함'이 아이의 과거 잘못까지 감싸 주는 것은 아니라고 말하고
있다. 공자는 이 아이 외에도 자신을 찾아오는 사람이면 그

평판에 상관없이 만나 주었다.

　다른 사람들이 이 아이를 포기한 것은 그의 잘못을 크게 생각하고 그의 앞으로 나아가려는 노력을 작게 보았기 때문이다. 그러나 공자는 아무리 작은 것이라도 앞으로 나아가려는 노력이 있다면 그것을 작게 보지 않았다. 아무리 작은 싹이라도 틔워 주려고 노력했다. 뒤처지는 아이들은 모조리 포기해 버리는 오늘날의 교육 현실에 비추어볼 때, 공자의 교육 방식은 인간적이었을 뿐 아니라 교육의 본질에 합당한 것이었다.

부수의 변형

옥편을 사용하여 한자를 찾는 방법은 세 가지다. 음으로 찾는 경우, 총 획수로 찾는 경우, 부수로 찾는 경우. 그런데 가끔 부수로 찾아도 글자가 나오지 않는 경우가 있다. 부수는 어차피 한자를 보고 추정할 수밖에 없는데 이 부수 저 부수로 찾아 보다가 찾지 못하면 낭패감에 빠진다. 이런 경우 대개 부수의 변형을 몰라 헤매는 경우가 적지 않다. 부수의 변형을 알면 한자 찾는 시간을 단축시킬 수 있다. 다음은 우리가 반드시 알아야 할 부수의 변형들이다. 알아 두면 한자 공부에 많은 도움이 될 것이다.

人 사람 인 변형 亻　　　爪 손톱 조 변형 爫

刀 칼 도 변형 刂　　　犬 개 견 변형 犭

卩 무릎꿇은 사람 절 변형 巴　　示 보일 시 변형 礻

子 아들 자 변형 孑　　　网 그물 망 변형 罓 罒

彐 돼지머리 계 변형 彑　　老 늙을 로 변형 耂

心 마음 심 변형 忄 㣺　　肉 고기 육 변형 月

手 손 수 변형 扌　　　艸 풀 초 변형 艹 䒑

攴 칠 복 변형 攵　　　辵 달릴 착 변형 辶

水 물 수 변형 氵　　　邑 고을 읍 변형 阝

火 불 화 변형 灬

주요 참고문헌

孔丘,《論語》(李家源 譯解, 學園出版公社, 1983)
이수태,《논어의 발견》(생각의 나무, 1999)
이수태,《새번역 논어》(생각의 나무, 1999)
이우재,《李遇才의 論語읽기》(세계인, 2000)
김충열,《김충열 교수의 유가윤리강의》(예문서원, 1998)
조셉 니담,《中國의 科學과 文明》1, 2, 3 (李錫浩, 李鐵 柱, 林禎垈 譯, 乙酉
　文化社, 1998)
李濟馬,《格致稿》(박대식 역주, 청계, 2000)
莊周,《莊子》(宋志英 譯解, 學園出版公社, 1983)
李耳,《老子》(宋志英 譯解, 學園出版公社, 1983)
司馬遷,《史記》(崔仁旭, 金瑩洙 譯解, 學園出版公社, 1983)
《春秋左氏傳》
《孔子家語》

사용한 사전

《신화자전》(연변대학출판사, 1990)
《中韓辭典》(高麗大學校 民族文化硏究所, 1990)
《名文新玉篇》(松亭 金赫濟 著, 名文堂, 檀紀4294)
《民衆엣센스國語辭典》(民衆書林, 1994)

부록

《논어》에 대해

《논어》의 시대적 배경

공자의 생애

《논어》에 대해

《논어》는 공자가 쓴 것이 아니다. 공자 사후에 그 제자들이 자신들의 기록과 기억을 더듬어 공자의 말을 구성해 놓은 것이다. 대체로 공자의 2대 제자들이 《논어》를 편찬했을 것이라고 추정된다. 공자는 소크라테스와 마찬가지로 아무런 저서도 남기지 않았다. 공자와 소크라테스는 각각 동양과 서양 철학의 시조로서 저서를 남기지 않았다는 공통점이 있다. 플라톤을 통해서만 소크라테스를 만날 수 있는 것처럼, 공자 역시 제자들이 편집해 놓은《논어》를 통해서만 접할 수 있다.

《논어》는 처음에는 가편집 형태로 만들어졌다가 오랜 시간이 지난후 문인들에 의해 편집된 것으로 보인다. 오늘날 우리가 접하는《논어》는 완전한 판본이 아니다. 오랜 시간 동안 여러 사람의 손을 거쳐편집되면서 빠진 부분도 있고, 곡해된 부분도 있으며, 심지어 조작된부분도 있다. 그러니 일각으로 빙산을 추정하듯 공자의 사상을 가늠하는 수밖에 없다.

《논어》의 특징은 말의 정황에 대한 설명이 생략되어 있다는 점이다. 따라서 어떠한 상황에서 공자가 이런 말을 했는지가 불분명한 것이 많다. 이런 특징은《논어》가 애초 제자들의 내부 학습용으로 제작되었다는 것을 암시한다. 제자들은 공자가 어떤 상황에서 이런 말을 했는지다 알고 있었기 때문에 굳이 그 상황을 설명할 필요를 느끼지 않았던 것이다. 《논어》의 이런 특징은 후세에 다양한 주석을 낳게 되었다.

《논어》를 읽다 보면 〈학이〉편이니, 〈팔일〉편이니, 〈선진〉편이니 하는 편명이 나온다. 그러나 각 편명에 그리 중요한 뜻이 있는 것은 아니다. 각 편명은 대개 첫 장의 처음 두세 글자를 따서 정해졌다. 예를 들어 《논어》의 〈학이〉편은 1장의 "子曰 學而時習之…"에서 "學而"를 따서 지었다. 맨 앞에 나오는 글자는 "子曰"이지만 '〈자왈〉편'이라고 짓지 않은 것은, "子曰"이 첫 구절로 나오는 편이 많아 변별력이 없기 때문이다. 〈공야장〉편도 1장의 "子謂公冶長 可妻也…"에서 "子謂"를 뺀 맨 첫 세 글자를 땄다. "子謂" 역시 "子曰"과 그 뜻이 다르지 않아 빠졌다.

이런 이름 짓기는 당시로서는 흔한 일이 아니었다. 대개 편명은 주제가 무엇인지에 따라 정해졌다. 일례로 《노자》의 〈逍遙遊소요유〉편은 '자유로운 정신의 비상'이라는 뜻이다. 《논어》의 편명이 이렇게 지어진 것은 《논어》가 공자의 말을 적은 어록이라는 점 때문인 것 같다. 이러한 편명 작법은 공자의 계승자를 자임하는 《맹자》로 이어진다.

| 《논어》의 시대적 배경 |

중국 대륙은 지금 보아도 참으로 넓다. 이런 대륙을 한 왕조가 통치하려면 얼마나 힘들었을지 상상하기란 그리 어렵지 않다. 더구나 지금처럼 통신과 행정력이 발달하지 않은 상태에서는 더 힘들었을 것이다. 이처럼 정권 획득보다 어려운 것이 통치였다.

폭군 紂주를 타도하여 殷은나라를 멸망시키고 周주나라를 건설한 武王무왕은 넓은 대륙을 분할해 통치했다. 공이 많은 신하에게 封土봉토를 주고, 그 봉토의 군주로 봉하여 통치하게 했다. 친형제, 아들, 친척, 혹은 공신으로 이루어진 군주들은 처음에는 결속력이 강했으나 점차 관계가 와해되어 마침내는 서로 물고 뜯기는 약육강식의 시대로 돌입했다. 그것이 이른바 '춘추전국시대'(기원전 8세기~기원전 3세기)이다. 그렇게 71개의 제후국들이 서로 동맹과 배반을 번복하며 쟁탈전을 벌이는 동안 주 왕실은 허울만 남게 되었던 것이다.

권력 질서의 문란은 왕실과 제후국 간의 문제만이 아니었다. 제후국 내부에서도 같은 문제가 일어났다. 이 경향을 公室공실의 쇠퇴와 私家사가의 대두로 요약할 수 있다. 그러니까 제후국은 주 왕실을 깔보고 제후국 내의 권세가는 제후국 군주를 깔보는 식이었다. 이를 보여 주는 대표적인 사건이 공자가 태어난 노나라에서 발생한 三桓삼환의 대두였다.

'삼환'이라는 명칭은 노나라 桓公환공의 세 아들로부터 비롯되었다.

환공에게는 慶父경보·牙아·友우라는 세 명의 서자가 있었는데, 이들이 각각 성을 바꾸어 孟孫氏맹손씨·叔孫氏숙손씨·季孫氏계손씨의 시조가 되었다. 이들 사가는 군사력을 갖추어 군주를 무력화시키고, 나라의 영토를 삼분하여 나누어 가졌다. 공자가 태어난 시기는 이들 사가의 경쟁에서 계손씨의 위세가 가장 등등하여 노나라의 정치를 좌지우지하던 때였다. 《논어》에 등장하는 昭公소공이나 定公정공은 실상 이름뿐인 군주였다.

제후국들 간의 피비린내 나는 전쟁이 빈번하고 그 와중에 수많은 백성들이 목숨을 잃었다. 의로움은 땅에 떨어지고, 군주들은 오직 힘으로만 다른 나라의 땅을 빼앗고 백성들을 다스리는 형국이었다. 제후국들은 주 왕실을 반목하고, 사가는 군주를 반목하여 질서의 문란이 극에 달했다. 젊은이들은 눈앞의 목적을 성취하고자 날뛰고, 벼슬아치들은 재산과 권력에 눈이 멀었다.

공자는 이런 시대적 상황에서 인간이 궁극적으로 추구해야 할 바가 무엇이겠는가 하는 문제에 천착한 구도자였다. 질시와 반목에서 벗어나 조화와 화해를 이루고, 인간의 관계를 풍요롭게 하는 질서가 무엇이겠는가를 고뇌하고 또 고뇌했다. 그 고뇌의 결과가 바로 仁인, 즉 어짊이었다. 그 어짊의 전제는 義의이고, 실천의 방도는 禮예에 있다는 것이 공자의 생각이었다. 자기 이익만을 위해 전쟁을 일삼는 춘추전국시대에 그의 사상은 비현실적이고 세상 물정 모르는 늙은이의 견해로 취급받기도 했다. 그러나 그의 사후 사람들이 그 사상의 진면목을 알아가기 시작했다. 그리고 마침내 공자의 사상은 2,500년 동안 동양 사회를 지배하는 사상적 근간으로 자리잡았다.

| 공자의 생애 |

공자는 지금으로부터 약 2,500년 전 사람이다. 공자는 기원전 551년 魯 노나라의 수도였던 曲阜곡부 인근의 鄹邑추읍에서 태어났다. 노나라는 중원 가운데 위치한 나라로서, 周주나라의 문화적 유산이 많이 남겨진 곳이었다.

《孔子世家공자세가》에는 叔梁紇숙량흘과 顔氏안씨의 딸 徵在징재가 野合야 합하여 공자를 얻은 것으로 되어 있으나, 아버지가 숙량흘이라는 믿을 만한 증거가 없다. 확실하게 알려진 가족 관계는 공자에게 형이 있고, 아들 伯魚백어와 딸 하나가 있었다는 정도이다. 《논어》에 따르면 아들 백어는 공자보다 일찍 죽었으며, 딸은 제자 공야장에게 시집갔다. 공자 가 딸을 시집보내겠다고 결심할 당시, 공야장은 어떤 사건에 연루되어 구속된 상태였다. 공자의 어머니는 그가 장성한 후에 죽고, 아버지와 형 은 그가 제자들을 거느릴 당시에도 여전히 생존해 있었던 것 같다.

공자가 "나는 젊어서 미천하였기 때문에 보잘것없는 일들에 대해 다 능하게 되었다"(자한 6장)고 말한 것으로 보아, 귀한 집 출신은 아니었던 것 같다. 기술을 익혀 생계를 꾸려 가야 할 정도로 미천한 가문 출신이 었던 것으로 보인다. 이러한 신분적 한계가 그로 하여금 학문에 매진 하게 한 심리적 원동력이 되지 않았을까 추측할 수 있다. 공자에게는 특별한 스승이 없었던 것으로 보이며, 친구나 동료에 대한 기록 역시 보이지 않는다.

공자는 조금씩 사람들 사이에서 예사롭지 않은 인물 혹은 현인이라는 평가를 받았으며, 당시 노나라의 위정자들은 그런 공자를 주목했다. 그리고 그에게서 통치의 지혜를 구하고자 했다. 《논어》에 三家삼가와 노나라 군주가 공자와 담화를 나누는 단편이 등장하는 것으로 보아, 공자가 노나라 위정자들과 파벌에 관계없이 골고루 인연을 맺고 있었던 것은 분명해 보인다.

《사기》에 의하면, 공자는 定公정공 14년(기원전 496년) 56세 때 노나라를 떠나 외유 길에 오른다. 여러 정황으로 유추해 볼 때 일종의 정치적 망명이었던 것으로 보인다. 공자가 외유를 떠나는 시점은 쿠데타로 정권을 잡았던 陽虎양호가 물러나고, 季桓子계환자가 다시 권력을 잡은 후였다. 원래 양호는 季平子계평자의 가신이었다. 무소불위의 권력을 휘두르던 계평자가 죽고 그의 어린 아들 계환자가 뒤를 잇자, 양호는 세력을 확장하기 시작하였다. 그리고 반대파들을 숙청하고 계환자를 잡아 가두고는 권력을 찬탈했다. 계환자는 간신히 양호의 손에서 빠져나와 孟氏家맹씨가에게 도움을 요청했고, 맹씨가는 계환자를 도와 양호를 공격했다. 이 싸움에서 양호는 패해 도망가고 말았다. 그래서 다시 계환자가 권력을 잡게 된 것이다. 이때 공자와 자로를 포함한 제자들은 계환자에게 소외를 당한 것으로 보인다.

외유 경로는 대충 衛위나라, 陣진나라, 蔡채나라, 宋송나라, 曹조나라, 鄭정나라 순이었던 것으로 알려졌다. 위, 진, 채에는 장기간 체류하고, 나머지 나라에는 잠깐 머물렀던 것으로 보인다. 외유는 그리 순탄치 않았다. 위나라에서는 위영공의 지원을 받았으나 요주의 인물로 감시 당하는 신세였고, 진나라로 떠났으나 匡광 지방에서 죽을 뻔한 일을 당한 후 다시 돌아와야만 했다. 진나라에서 공자는 자신을 찾아오는 위정자와 젊은이들을 가르쳤지만, 그 성과는 만족스럽지 않았다. 공자가 채나라에서 보낸 3년간의 행적에 대해서는 알려진 것이 없다. 다만 그곳에서 葉公섭공을 만나 담화를 나눈 것이 《논어》에 남아 있다.

위나라를 거쳐 다시 노나라로 돌아왔을 때 공자는 이미 68세의 노인이었다. 공자가 돌아온 데에는 노나라에 남아 있던 제자들의 역할이 있었던 것으로 보인다. 자공, 염유, 번지, 유약 등의 제자들이 노나라에서 이미 높은 벼슬에 올라 있었던 것이다. 이런 상황에서 공자는 노나라의 國老국로로서 대접받았다. 계환자의 뒤를 이은 계강자는 공자에게 비교적 호의적이었고, 공자의 의견도 존중하였다. 공자는 哀公애공에 대한 정치적 자문도 간간히 수행하였다. 그런데 귀국한 지 얼마 되지 않아 가장 사랑하는 제자 안연이 죽자 공자의 슬픔은 극에 달했다.

이런 차에 노나라에도 서서히 정치적 변동이 일었고, 자로는 이상과 현실의 괴리에 곤혹스러워했다. 이때 하나의 사건이 발생했다. 小邾소주에서 나라를 배반하고 도망온 대부 射역이 자로의 보증만 있다면 소주에 있는 자신의 땅을 노나라에 복속시키겠다고 제의해 온 것이다. 영역을 넓힐 욕심에 계강자는 자로를 설득했지만, 자로는 나라에 불충한 신하를 돕는 것은 의롭지 않은 일이라며 거절하였다. 이에 자로와 계강자 사이가 틀어져 자로가 더 이상 노나라에 머물 수 없게 되었다.

자로는 위나라로 옮겨 갔다. 당시 위나라는 실질적인 권력자였던 공문자가 죽고 그 뒤를 이어 공회가 대부 자리에 있었다. 자로는 공회의 보살핌을 받았다. 그런데 공문자가 죽자 出公출공의 아버지 蒯聵괴외가 왕위를 찬탈하고자 공회를 공격하였다. 이 과정에서 공회 쪽에서 싸우던 자로는 최후를 맞고 말았다. 자로는 은혜를 입은 공회를 외면하지 않고 싸우다 죽은 것이다. 자로다운 최후였다. 자로가 죽고 석 달 만에 공자도 죽었다. 애공 16년, 그의 나이 73세였다.

논어로 배우는 한자

2008년 7월 10일   초판 1쇄 발행

2016년 11월 20일   2판 1쇄 발행

2017년   8월 10일   2판 2쇄 발행

지은이 ㅣ 박민영

펴낸이 ㅣ 노경인 · 김주영

펴낸곳 ㅣ 도서출판 앨피

출판등록 ㅣ 2004년 11월 23일 제2011-000087호

주소 ㅣ 우)07275 서울시 영등포구 영등포로 5길 19(37-1 동아프라임밸리) 1202-1호

전화 ㅣ 02-336-2776 팩스 ㅣ 0505-115-0525

전자우편 ㅣ lpbook12@naver.com

블로그 ㅣ blog.naver.com/lpbook12

ISBN 979-11-87430-08-7 03710